Unsere Gesellschaft verändert sich radikal, aber fast unsichtbar. Das Private verschwindet, die Macht des Geldes wächst ebenso wie die Ungleichheit. Statt die Chance der Freiheit zu nutzen, die historisch hart und bitter erkämpft wurde, lassen wir uns alle Selbstbestimmung durch eine machtbesessene Industrie abnehmen, deren Lieblingswort »smart« ist. Was heißt das für unsere Gesellschaft? Harald Welzer zeigt, wie die scheinbar unverbundenen Themen von big data über Digitalisierung, Personalisierung, Internet der Dinge, Drohnen bis Klimawandel zusammenhängen. Daraus folgt: Zuschauen ist keine Haltung. Es ist höchste Zeit für Gegenwehr, wenn man die Freiheit erhalten will!

Harald Welzer, geboren 1958, ist Direktor von Futurzwei – Stiftung Zukunftsfähigkeit, Professor für Transformationsdesign an der Universität Flensburg. Daneben lehrt er an der Universität St. Gallen. In den Fischer Verlagen sind von ihm erschienen: ›»Opa war kein Nazi«. Nationalsozialismus und Holocaust im Familiengedächtnis‹ (zus. mit S. Moller und K. Tschuggnall, 2002), ›Täter. Wie aus ganz normalen Menschen Massenmörder werden‹ (2005), ›Soldaten. Protokolle vom Kämpfen, Töten und Sterben‹ (zus. mit Sönke Neitzel, 2011), der ›FUTURZWEI-Zukunftsalmanach 2015/16‹ (2014), ›Selbst denken‹ (2013), ›Autonomie. Eine Verteidigung‹ (zus. mit Michael Pauen, 2015), ›Die smarte Diktatur. Ein Angriff auf unsere Freiheit‹ (2016), ›Wir sind die Mehrheit. Für eine offene Gesellschaft‹ (2017) und zuletzt ›Alles könnte anders sein. Eine Gesellschaftsutopie für freie Menschen‹ (2019). Seine Bücher sind in 21 Ländern erschienen.

Weitere Informationen finden Sie auf www.fischerverlage.de

HARALD WELZER

DIE SMARTE DIKTATUR

DER ANGRIFF AUF UNSERE FREIHEIT

FISCHER TASCHENBUCH

3. Auflage: November 2019

Erschienen bei FISCHER Taschenbuch
Frankfurt am Main, Dezember 2017

Druck und Bindung: CPI books GmbH, Leck
Printed in Germany
ISBN 978-3-596-03552-6

Dem Gedenken an Cioma Schönhaus gewidmet,
der am 22. September 2015 gestorben ist und damit
seine Ermordung um 74 Jahre überlebt hat.

INHALT

KAPITEL 1

ÜBERWACHUNG

Über Heuhaufen im digitalen Zeitalter, warum man heute keine Verfolgten mehr retten kann, die Jagd nach Menschenfleisch und die Tatsache, dass wir heute alle sichtbar sind, aber nicht füreinander.

Die Erde auf Erden

»Die Welt ist mehr Nichtkrise als Krise: sie ist gewiss nicht der Himmel auf Erden, aber auch nicht die Hölle auf Erden, sondern die Erde auf Erden.«[1] Das ist ein Ausgangspunkt. Wir können gestalten.

Freiheit

Sogar immer mehr. Denn die Welt ist mehr Nichtkrise als Krise, weil wir auf einen Zivilisationsprozess zurückblicken, der es über die Jahrhunderte hinweg für mehr und mehr Menschen möglich gemacht hat, in größerer Sicherheit und zugleich in Freiheit zu leben. Davon profitieren natürlich noch immer nicht alle Menschen überall, und zurzeit erleben wir einen Rückschlag. Gegenwärtig häufen sich Kriege, Bürgerkriege, Massaker, Flucht, Vertreibung, Anschläge. Solche Rückschläge begleiten den Zivilisationsprozess; er läuft nicht linear, und er schafft keine Sicherheit vor Rückfällen in unzivilisiertere Verhältnisse. Im Gegenteil: Mit mehr technischen Möglichkeiten und größerer Rationalität wächst auch das Maß an Unmenschlichkeit, das angerichtet werden kann. Der Holocaust war ein Produkt der Moderne, kein »Rückfall in die Barbarei«, wie es in Sonntagsreden immer noch heißt. Barbaren erfinden keine großtechnologischen Menschenvernichtungsanlagen, auch keine Drohnen. Das gegenmenschliche Verhängnis wird immer mit den Mitteln der Zeit hergestellt.

Zivilisation ist nie gesichert, das hat das 20. Jahrhundert auf das Grausamste gezeigt. Und die Kräfte zu ihrer Zerstörung, auch das lehrt die Geschichte, kommen nicht immer von außen. Die Furcht vor der Freiheit und vor der Verlassenheit des Einzelnen sind die gefährlichsten Antriebskräfte, die zum Kampf gegen die Moderne und ihre Freiheitszumutungen führen können. Und diejenigen, die die Werte und die Praxis der modernen Zivilisation bekämpfen, müssen nicht so aussehen wie die Nazis, wie sie uns in Hollywoodfilmen vorgeführt werden. Sie müssen keine Uniformen tragen und Märsche gut finden. Sie müssen auch nicht auftreten wie Skinheads und Neonazis und »Freiwild« gut finden. Und sie müssen nicht aussehen wie die Mörder und Mörderinnen des IS. Die alle bieten uns den Vorteil, dass wir sie als fremd und feindselig erkennen können; wir haben keine Schwierigkeit damit, gegen sie vorgehen zu wollen.

Schwieriger ist es aber mit den Gefährdungen von Freiheit und Demokratie, die aus dem Inneren der freien Gesellschaft selbst entspringen. Deren Vorreiter sehen nämlich genau so aus wie Sie und ich oder wie unsere Kinder. Sie hören auch dieselbe Musik, gehen in dieselben Clubs, sehen dieselben Filme, scheinen dieselben Ansichten zu haben wie wir. Es könnte aber auch sein, dass sie unsere Ansichten schon so weit geformt haben, dass wir nur noch glauben, es seien unsere, während es längst schon ihre sind. Kurz: Ich fürchte, heute haben wir es mit einem neuen Phänomen zu tun; einer freiwilligen Kapitulation vor den Feinden der Freiheit. Die findet statt, weil die heutigen Freiheitsfeinde nicht in Uniformen und Panzern daherkommen. Sie sagen sehr freundlich, dass es ihnen um die Verbesserung der Welt ginge. Sie sind smart. Sie fragen nur nie, ob sie jemand um die Verbesserung der Welt gebeten hat. Und sind plötzlich da wie Gäste auf einer Party, von denen jeder glaubt, dass jemand anderer sie eingeladen hat.

Weltbildstörung

Ein Autounfall. Letztes Schuljahr. Wir, die Anti-Kernkraft-links-alternativ-punk-Clique, waren Pizzaessen gewesen. Beim Herausrangieren aus der Parklücke hatte ich vergessen, nach hinten zu schauen. Links in die Fahrerseite des handgerollt orangelackierten Käfers mit dem »Atomkraft? Wie ungeil!«-Aufkleber rauschte mit hässlichem Geräusch ein Taxi. Das hatte nicht ausweichen können, weil es gerade in diesem Moment von einem Polizeiwagen überholt wurde. Absurderweise fuhr direkt hinter dem Taxi auch noch ein zweites Polizeifahrzeug. Ich konnte von Glück sagen, dass es nicht ins vollbremsende Taxi geknallt war, das jetzt nur leicht beschädigt neben dem lädierten Käfer stand.

Aus dem Taxi stieg ein Fahrgast, Anzug und Schlips, der uns, die wir leicht geschockt aus dem Käfer gekrochen waren, sofort zu beschimpfen begann: »Ihr linken Spinner! Ihr Anarchisten! Wollt uns ans Leben! Gehört alle eingesperrt! Seht aus wie die Affen.« Undsoweiter. Ich nahm das eher wattig auf; das Geräusch von Blech auf Blech hallte in meinen Ohren noch nach und außerdem versuchte ich, die Sache mit den beiden Polizeiwagen kognitiv irgendwie zu verarbeiten.

Der Mann beschimpfte uns weiter. Bis ein Polizist auf ihn zutrat: »Sie setzen sich sofort wieder ins Auto und hören auf, ordentliche Staatsbürger zu beleidigen. Sonst zeigen die Sie an. Und ich sage Ihnen, sie haben sehr gute Zeugen!« Der Mann erstarrte, schaute den Polizisten fassungslos an, verschwand nach einem kurzen Augenblick aber ohne weiteres Wort wieder im Taxi.

Wir hatten dann noch eine gute Zeit. Die Polizisten rieten dem Taxifahrer und mir, einfach die Adressen auszutauschen und den Schaden privat zu regulieren, wir versicherten uns, dass alles ja noch mal gut gegangen sei, alle verstanden sich.

Garantiert Freiheit: Polizei.

Dieser Unfall war nicht nur ein Blechschaden, er war die bis dahin tiefste Verbeulung meines gerade frisch gebildeten Weltbildes. Das waren jetzt »die Bullen« gewesen? Also die, die bei Demos immer auf der falschen Seite standen? Die in den Comics von Gerhard Seyfried »Pop! Stolizei!« riefen, weil sie einfach zu allem zu dumm waren? Und auf der Seite eines Staates standen, an dem wir so ziemlich alles falsch und repressiv und kapitalistisch fanden, irgendwie. Die uns jetzt, obwohl der Unfall ja zweifellos einzig und allein meine Schuld war, sofort verteidigten, gegen einen taxifahrenden Bürger?

Taxi und Polizei fuhren davon. Meine Freunde krochen zurück in den Käfer. Ich blickte den davonfahrenden Polizisten noch lange hinterher.

Eigentlich bis heute. Politische Bildung ist, wie man an diesem Beispiel sehen kann, eine Sache der Praxis. Man hat eine freiheitliche Ordnung dann verstanden, wenn man erfährt, dass es Institutionen gibt, die dafür da sind, einen als Staatsbürger gegen Willkür, Beleidigung, Gewalt zu verteidigen. Wenn man erlebt, dass Freiheit nicht einfach da ist, sondern für sie gehandelt werden muss. Dass moderne Staatlichkeit auf der Idee der Freiheit basiert, aber eine Verwaltung, eine Justiz, eine Polizei braucht, um sie praktisch zu gewährleisten. 2015 warb die Bundeswehr in einer Kampagne um neue Rekruten mit dem Satz: »Wir kämpfen auch dafür, dass Du gegen uns sein kannst.« Ziemlich klug. In diesem Satz ist das Paradox der Freiheit auf die kürzest mögliche Formel gebracht. Ihr Geltungsbereich umfasst auch die, die anders sind oder anders denken. Aber ihre Geltung muss man jederzeit gegen die Feinde der Freiheit zu verteidigen bereit sein.

Wer rettet die Welt?

»Das Problem mit Regierungen ist doch, dass sie von Mehrheiten gewählt werden, die sich um die Artenvielfalt einen feuchten Kehricht scheren. Wohingegen Milliardäre durchaus ein Interesse daran haben. Ihnen ist daran gelegen, dass der Planet nicht völlig vor die Hunde geht, weil sie und ihre Erben diejenigen sein werden, die genügend Geld haben, um ihn noch zu genießen.«[2] Die Romanfigur Walter, die das in Jonathan Franzens Epos »Freiheit« sagt, stellt einen Zusammenhang her, der überrascht, einen Zusammenhang zwischen Artensterben, Demokratie und Geld. Auch wenn Walter im Roman ein problematischer Typ ist: Auf die Herstellung von Zusammenhang kommt es an. Wir haben uns angewöhnt, Klimawandel, soziale Ungleichheit, Finanzmarktkrise, Flüchtlinge, Artensterben, Digitalisierung, Globalisierung, Hyperkonsum, Wirtschaftswachstum, Mobilität, Kriege, Überwachung, Terrorismus als voneinander säuberlich getrennte Erscheinungen zu betrachten, als seien sie auch in der Wirklichkeit voneinander getrennt.

Das sind sie aber nicht: Die wachsenden Emissionsmengen, die den Klimawandel anfeuern, haben ihre Ursache in Konsum und Hyperkonsum, die dafür erforderlichen Material- und Energiemengen müssen, wegen des »globalen Wettbewerbs«, so billig wie möglich gewonnen werden, weshalb Raubbau an Naturressourcen wie an menschlicher Arbeitskraft betrieben wird, was zu sozialer Ungleichheit und auch zu Konflikten und Kriegen und Terrorismus führt, weshalb expansive Überwachungsstrategien verfolgt werden, die durch einen privatwirtschaftlich-staatlichen Komplex der Kontrolle von Staatsbürgerinnen und -bürgern gewährleistet werden, der zugleich für personalisierte Beeinflussung verwendet wird, die zu noch mehr Konsum und Hyperkonsum anleitet, was zu mehr Energie- und Materialverbrauch …

Und die Folgen nennen wir dann »Krisen«. Wir haben also eine Klimakrise, eine Flüchtlingskrise, eine Eurokrise, eine Griechenlandkrise, Südeuropa hat eine Wachstumskrise usw. usf. Aber das sind keine Krisen. Die Sache mit dem Klimawandel werden wir ja nicht los. Das Klima ist träge, sein Wandel folgt den Emissionsmengen mit dem Abstand von etwa einer Generation. Was wir heute als Wandel sehen, ist das Ergebnis des industriellen Stoffwechsels vor dreißig bis fünfzig Jahren. Was heute emittiert wird, bestimmt erst das Klima in der zweiten Hälfte des 21. Jahrhunderts. Und was die Flüchtlinge angeht: Wieso sollten die Zahlen zurückgehen? Sie hängen mit Kriegen, Bürgerkriegen, Vertreibungen, Landverlusten, Folgen des Klimawandels, steigenden Nahrungsmittelpreisen, wachsendem Bevölkerungsdruck zusammen – wieso sollte sich daran in Zukunft etwas ändern? Die Eurokrise ist wie die Griechenlandkrise ein ungelöstes Problem, das durch immer neue Schulden weiter in die Zukunft verschoben wird – wo wäre das Ende der Krise?

"And so, while the end-of-the-world scenario will be rife with unimaginable horrors, we believe that the pre-end period will be filled with unprecedented opportunities for profit."

Gute Zukunft, schlechte Zukunft

Das Prinzip der Wachstumswirtschaft breitet sich mit ungeheurer Dynamik weltweit aus – wie sollten die ökologischen Folgen – Artenrückgang, Überfischung, Versalzung von Flüssen, Versauerung der Meere – weniger werden?

Man könnte das jetzt beliebig fortsetzen, aber man erkennt auch so ohne Mühe: Das wird nicht einfach wieder gut. Das sind keine Krisen. Das ist ein Wandlungsprozess. Was die Welt des kapitalistischen Westens, also Europas und Nordamerikas, zusammengehalten hat, was hinsichtlich Freiheit, Demokratie und Rechtsstaatlichkeit als extrem erfolgreiches Zivilisationsmodell gelten konnte, das hält nicht mehr zusammen. Es gibt Kräfte, die neu dazugekommen sind, geopolitisch, und Kräfte, die sich im Inneren herangebildet haben, finanz- und informationspolitisch. Dieser Kapitalismus ist nicht der, den wir kannten. Er ist räuberischer, desintegrativer, zerstörerischer denn je. Aber das finden nicht alle schlecht.

Der smarte Kollege in der Karikatur von Bob Mankoff hat ja recht. Es sieht nicht gut aus mit der Zukunft im 21. Jahrhundert, womöglich sind wir wirklich »pre-end«. Aber in einer ungleichen Welt trifft auch das Ende unterschiedliche Menschen zu unterschiedlichen Zeitpunkten, und für einige bedeutet »pre-end« eine phantastische Gelegenheit, gute Geschäfte zu machen. Warum? Weil eine der banalsten Wahrheiten im Kapitalismus darin liegt, dass Angebot und Nachfrage den Preis regeln, weshalb knapper werdende Ressourcen zwar schlecht für viele Menschen sind, für einige aber, die Zugang zu diesen Ressourcen haben, sehr gut. Mehr noch: Wenn Ressourcen knapper werden, verstärken sich die Vorteile, die starke Gruppen, Konzerne und Einzelpersonen haben, gegenüber denen, die schwächer sind, ihre Macht- und Organisationsvorteile nämlich. Die Rechnung ist ganz einfach: Der Nachteil der einen ist der Vorteil der anderen.

Den Starken, die die Macht- und Organisationsvorteile haben, wachsen von Tag zu Tag mehr Machtpotentiale zu. Das liegt zum einen am Kapital, das sie haben, zum anderen an den Daten, über die sie verfügen. Beides bedeutet eine Dynamisierung der Möglichkeiten, mit denen man Macht steigern kann. Das nennt man »smart«.

Die Ergebnisse, die aus diesen Vorgängen folgen, machen die meisten Menschen ärmer, dümmer, ohnmächtiger und zerstören ihre Überlebensbedingungen. Oder die derjenigen, die nach ihnen geboren sind und werden. Diesen Vorgang nennt man Raubbau. Oder Landnahme.

Aber diese Begriffe klingen irgendwie sehr alt im Angesicht dessen, was gerade geschieht. Wir haben es mit einem Geschehen zu tun, das schwer zu überblicken ist; einem Geschehen, in dem nationalstaatlicher Einfluss ebenso auf dem Rückzug ist wie Demokratie. Dafür sind Ungleichheit und Ungerechtigkeit auf dem Vormarsch, genauso wie eine Art Neo-Feudalismus, in dem gilt, dass die Schwächeren einfach das Pech gehabt haben, schwächer zu sein. Schicksal. Diese neue Ordnung steht, anders als der historische Feudalismus, nicht auf einem religiösen Fundament, wird nicht als gottgegeben annonciert. Gleichwohl sind Glück und Pech auch hier von einer höheren Macht verteilt, die fordert, dass man an sie glaubt. Sie heißt Markt. Die Forderung, an diese Macht zu glauben, ist antimodern, gegenaufklärerisch, gestrig.

Hier entsteht ein neuer Typ von Diktatur. Die smarte Diktatur. Und wenn man nicht gegen sie kämpft, bedeutet das: das Ende der Freiheit.

Während du schliefst

Am 12. Februar 2015 erschien im New York Times Magazine eine Geschichte mit dem Titel »How one stupid tweet blew up Justine Sacco's life«.[3] Diese Geschichte geht so: Die 30-jährige Justine Sacco, ihres Zeichens Senior Director of Corporate Communications bei der IAC, einem Unternehmen, zu dem die Videoplattform Vimeo gehört, befindet sich auf einer Reise nach Südafrika, um ein paar Tage Ferien zu machen. Die ganze Zeit schon hat sie spaßige Tweets über Mitreisende abgesetzt, über einen »bescheuerten Deutschen« beispielsweise, der schlecht riecht und besser ein Deodorant benutzen sollte. Justine macht es Spaß, zu twittern. Von London Heathrow aus, wo sie ihr Flugzeug nach Kapstadt besteigt, schreibt sie den folgenden tweet: »Going to Africa. Hope I don't get Aids. Just kidding. I'm white!«

Sie besteigt das Flugzeug. Der Flug von London nach Kapstadt dauert elf Stunden. Nach der Ankunft schaltet Sacco ihr Smartphone an. Die erste Nachricht, die sie vorfindet, stammt von einer Person, von der sie seit ihrer Highschoolzeit nichts mehr gehört hat: »Es tut mir so leid, was da gerade geschieht.« Die zweite Nachricht: Ihre beste Freundin, Hannah, bittet sie um einen sofortigen Anruf. Unablässig gehen weitere Nachrichten ein. Dann klingelt das Handy. Hannah ist dran und teilt Justine mit: »Du bist die weltweite Nummer 1 auf Twitter.«

Die Ereignisse hatten sich überschlagen, während Justine in ihrem Flugzeugsitz schlief. Inzwischen gab es nicht nur einen gigantischen Shitstorm, der noch während des Fluges über sie hereingebrochen war, sondern einen Hash-Tag #HasJustine LandedYet, mit dessen Hilfe sich die rasend schnell entstandene Meute wechselseitig informierte. Tatsächlich gab es soziale Netzwerker, die sich in Kapstadt zum Flughafen begaben, um Sacco bei der Ankunft zu fotografieren – die Verfolgung wechselte von online zu offline; das ist der Moment, in dem virtuelle Gewaltbereitschaft in reale übergeht. Justines Arbeitgeber IAC hatte zwischenzeitlich mitgeteilt: »Dies ist ein ungeheuerlicher, beleidigender Kommentar. Die verantwortliche Mitarbeiterin befindet sich im Augenblick auf einem internationalen Flug und ist daher nicht erreichbar.«

Machen wir es kurz: Justine Sacco ist ihre komplette soziale Existenz in den paar Stunden zwischen London und Kapstadt abhanden gekommen. Die IAC hat sie gefeuert, ihre südafrikanischen Verwandten, die lange gegen die Apartheit gekämpft hatten, fühlten sich durch ihren Tweet verletzt, der Shitstorm ebbte nicht ab, sie wurde medial verfolgt, alte Tweets von ihr wurden ausgegraben und umgehend veröffentlicht (»16 tweets Justine Sacco regrets«) usw. usf. Eine besondere Ironie liegt darin, dass ein Flugzeug so ziemlich noch der einzige Ort auf der Welt ist, an dem man nicht erreichbar ist. Sacco konnte also nicht online miterleben, wie gerade ein Prozess gegen sie eröffnet worden war und seinen Lauf nahm. Sie war erst wieder dabei, als das Urteil online schon gesprochen war. Die Strafe erfolgte offline, im wirklichen Leben. Wie war das alles möglich?

Offensichtlich sehr einfach. Im Zeitalter der sogenannten sozialen Netzwerke und der »Überall-Medien« wie Handys, Drohnen und Kameras ist es extrem leicht, Menschen zu Opfern sozialer Ausgrenzung zu machen. Man braucht nur einen minimal skandalisierungsgeeigneten Anlass und eine ausreichende Menge an Followern, um einen veritablen Shitstorm zu entfachen. Zur Begriffserklärung: Follower sind Mitläufer eines Kollektivs, ein Shitstorm ist die kollektive Ausscheidung der Scheiße, die die Mitläufer im Kopf haben. Eigentlich eine anatomische Unmöglichkeit, aber das digitale Zeitalter bringt ja bekanntlich viele Wunder hervor. Man wird nicht sagen können, dass Justines Tweet sonderlich intelligent war, aber ganz sicher war für seine Verwendung als Vernichter ihrer Existenz etwas notwendig: Man musste ihn aus dem Kontext reißen. Denn genau gelesen war ihr getwitterter Satz nicht rassistisch, sondern ein Spiel mit rassistischen Stereotypen.

Als Angehörige einer südafrikanischen Familie ist ihr das geläufige Vorurteil, dass Aids in Afrika vor allem auf das angeblich promiske Sexualverhalten der schwarzen Bevölkerung zurückzuführen sei, natürlich bestens bekannt, und ihr Spiel mit der Angst und der sofortigen Abwiegelung, *sie* könne ja kein Aids bekommen, da sie ja *weiß* sei, ist ein auf Twitter-Länge gebrachter Diskurs über rassistische Phobien, die sexuell grundiert sind. Auf jeder Kabarett-Bühne wäre das als halbwegs gelungener Gag durchgegangen. Der Maschine der sozialen Netzwerke aber ist Ironie wesensfremd. Ironie braucht die Intelligenz des Zusammenhangs, aber gerade die Zerstörung von Zusammenhängen ist das wichtigste Prinzip der Skandaltechnologie. Im Internet kommt dieses Prinzip so zur Geltung wie niemals zuvor in der Geschichte der menschlichen Kommunikation.

Man braucht Justines Satz nur wörtlich zu nehmen, und schon ist er eindeutig rassistisch. Und in den sozialen Netzwerken reicht schon ein dumpfbeuteliger Retweeter, der etwas wörtlich nimmt, was wörtlich nicht zu verstehen war, um eine Lawine loszutreten, wie sie Justine Sacco zum Verhängnis wurde. Der Ausbreitungsmechanismus wird in dem erwähnten Artikel aus dem New York Times Magazine gut dargelegt; letztlich ist er total simpel: Jemand muss den Tweet absichtlich oder unabsichtlich falsch verstehen, alsdann sein Netzwerk dazu bringen, in seine Empörung einzustimmen, dann muss die Welle der Empörung jemanden erreichen, der professionell in der Abteilung ich-bin-dafür-zuständig-jede-diskriminierende-Äußerung-mit-aller-Macht-zu-verfolgen-egal-ob-ich-sie-verstanden-habe-oder-nicht tätig ist, also irgendein Blogger oder selbsternannter Aktivist für risikofreien Widerstand, und dann muss die Zustimmungschance zu den Empörungsreaktionen so groß und attraktiv sein, dass selbst Rassistinnen und Rassisten in den Shitstorm einsteigen können – denn schließlich geht es ja darum, jemanden ohne das allergeringste persönliche Risiko fertigzumachen. Das tun ja besonders Rassisten gern.

Mussten 1933 die SA-Männer, die jüdische Geschäfte blockierten oder Menschen durch die Straßen trieben, was eine frühe Form des Shitstorms war – mussten die immerhin noch Gesicht zeigen, so ist das heute keineswegs mehr erforderlich. Aus der Anonymität des Netzes heraus geht jede Form von Ausgrenzung und Hetze, ohne dass ein Hetzer auch nur im mindesten Gefahr läuft, seinerseits dafür belangt zu werden. Das heißt: Diese Form der Kommunikation erlaubt eine radikal asymmetrische Machtverteilung, den Zusammenschluss Vieler zum Zweck der Beschämung eines oder einer Einzelnen.

Shaming

Das ist widerwärtig, aber nicht neu. Denn »Shaming« ist wahrscheinlich so alt wie die Geschichte der Menschheit. Jede Gesellschaft, die wir kennen, unterscheidet zwischen Zugehörigen und Nicht-Zugehörigen. Diese Unterscheidung kann sich auf sehr viele Merkmale stützen: Sie kann biologisch, national, regional, geschlechtlich, sozial begründet sein, führt aber ganz unabhängig von der jeweiligen Begründung zur Schaffung einer Gruppe von Zugehörigen und einer – meist kleineren – Gruppe von Außenseitern. Die Mitglieder der Mehrheit schreiben sich selbst positive und den Außenseitern negative Eigenschaften zu; die Definition von »Anderen« hat immer die Funktion, die Selbstbewertung und die Kohärenz der eigenen Gruppe zu verbessern. Und die Beschämung der Außenseiter basiert gerade auf der Behauptung, sie würden die Standards der Etablierten nicht erfüllen.[4]

Wie gesagt: Das ist absolut nichts Neues. Die Geschichte hat von den frühesten Stammesgesellschaften bis zu den totalitären Gesellschaften des 20. Jahrhunderts jede Spielart von Ein- und Ausgrenzung vorgeführt. Beides gehört zusammen. Das liegt daran, dass Menschen in Gruppen existieren und Identität sich nicht nur daran definiert, wer man ist, sondern auch daran, wer man *nicht* ist. Was aber neu ist: Heute sind die Kategorien von Zugehörigkeit und Ausgeschlossensein anscheinend total flexibel, sie lösen sich von der identitären Gruppe ab. Und sie brauchen keinerlei Vorgeschichte. Im Gegenteil: Sie zeichnen sich gerade durch das Fehlen jeder Vorgeschichte aus. Eine besonders widerliche Variante liefert eine neue App, die Fotos, die man von Obdachlosen in New York macht, automatisch auf eine Stadtkarte stellt, damit jeder sehen kann, wo jemand liegt oder sitzt. Dann kann man um diese Stelle einen Bogen machen oder, je nach Persönlichkeitsstruktur, vielleicht hingehen, um den Obdachlosen zu beschimpfen, auszurauben oder zusammenzuschlagen.[5]

Das Shaming im digitalen Zeitalter bedeutet aber nicht nur das Beschädigen einer beliebigen Person, die negative Aufmerksamkeit auf sich gezogen hat, sondern dient dem spontanen Kollektiv, sich im Modus des Shaming zu bilden: »eine pluralistische Gesellschaft, die sich nicht mehr an positiv zu bestimmende Werte gebunden fühlt, eine Gesellschaft, die in ganz unterschiedliche Welten und Wirklichkeiten zerfällt, fingiert eine Einheit, eine kollektive Moral in der Abgrenzung und dem gemeinsamen Zorn auf das, was sie als schlecht und böse erkannt hat.«[6] Historisch betrachtet könnte man sagen: Eine bessere Ausgangslage für Mobs und Pogrome gegen tatsächliche oder vermeintliche Andere lässt sich nicht denken.

Dies lässt sich auch an der täglich zunehmenden Hetze, an den aus der Anonymität heraus gemachten Androhungen von Gewalt, an Beschimpfungen und Diffamierungen sehen: Das, was früher ein gesamtgesellschaftlich unbedeutendes Dasein an Stammtischen, vor dem Fernseher und in Fußballstadien führte, dringt mit dem Internet in die Sphäre der öffentlichen Kommunikation ein: hier, und das ist das eigentliche Problem, gilt jede Äußerung gleichviel. Und wie früher die Grenze zwischen verbaler und manifester Gewalt schmal und brüchig war, so ist sie es auch heute, und dabei müssen die Gewalttäter mit den Maulhelden nicht identisch sein, sondern können sich durch letztere auch nur aufgefordert fühlen, zuzuschlagen. Die Grenze liegt jetzt nicht mehr zwischen verbal und manifest, sondern zwischen online und offline.

Ein Traum wird Wirklichkeit

Wie hat man eigentlich das Verhalten von Bürgern und Mitmenschen bewertet, als es noch kein Internet gab? Gar nicht, vorausgesetzt es handelte sich nicht um »Personen des öffentlichen Lebens«, die mussten schon immer einiges über sich ergehen lassen. Privatmenschen waren dagegen allenfalls Objekt von Klatsch, aber ob jemand zu viel Alkohol trank, ein Angeber war, ein Langweiler oder ein Phantast: Das galt als private Angelegenheit, und die private Existenz von Menschen ist in freien

Gesellschaften nicht Gegenstand von Bewertungen. Das alles konnte sich auf den Erfolg im Job oder bei der Partnersuche auswirken, unterlag aber keiner Bewertung durch irgendeine übergeordnete Instanz. Heute gibt es eine solche Instanz, die einen Namen hat, über den die Historiker des 23. Jahrhunderts nachdenken werden. Soziale Netzwerke. Soziale Netzwerke sind eine Sozialform der Kommunikation und Bereitstellung von Bewertungen. Alles, was jemand im Netz an Inhalten absondert, dient zugleich als Datum, das zum Zweck einer Bewertung verwendet werden kann, ebenso wie alle seine Klicks und Likes, seine Suchanfragen und Bestellungen von irgendetwas. Alles zusammen liefert eine komplette Bewertungsmatrix der Person. Die kann vielfältig verwendet werden: um ihr noch mehr Produkte anzudrehen, aber auch zu Zwecken ihrer Disziplinierung.

Die Chinesen haben da schon mal einen Vorschlag. Er heißt »Soziales Kreditsystem« und berechnet sich nach unterschiedlichen Merkmalen und Aktivitäten der Bürgerinnen und Bürger, etwa nach der Kreditwürdigkeit, Aktivitäten in Sozialen Netzwerken, dort geäußerten Meinungen usw. Dazu werden Daten von Banken, Unternehmen und sozialen Netzwerken miteinander verknüpft. Je nachdem nimmt man einen Platz auf einer Rangskala zwischen 350 und 950 Punkten ein. »Wohin man geht, was man kauft, wie viele Strafpunkte man auf dem Führerschein hat – all das wird erfasst und an die Identifikationsnummer gekoppelt. Verwaltet wird das System vom Versandriesen Alibaba und dem Online-Konzern Tencent, die alle sozialen Netzwerke in China betreiben und deshalb Zugang zu gigantischen Datenmengen und Sozialkontakten haben.«[7] Natürlich ist das alles total transparent: Seinen eigenen score kann man mittels einer App mit dem großartigen Namen »Sesame Credit« einsehen; wenn man parteikonforme Meinungen postet und schön bei Alibaba bestellt, steigt er. Einkaufen bei der Konkurrenz oder Kritik schaden sichtlich: Der Score fällt sofort. Das ist nicht alles:

Man kann auf einer Internetseite auch den Score seiner Freunde einsehen, oder den seiner Feinde. Sogar das Verhalten der eigenen Freunde in den sozialen Netzwerken wirkt sich auf die eigene Punktzahl aus – auf diese Weise wird jeder zum Blockwart des anderen. Bei Wohlverhalten wirken Vergünstigungen, etwa Reisevisa; auch bei der Karriere dürfte ein guter Rangplatz auf der Skala wichtig werden. Das Regime führt das soziale Kreditsystem erst mal auf freiwilliger Basis ein, testweise gewissermaßen. Man könnte auch sagen: um die Leute schon mal an ein neues Disziplinarsystem zu gewöhnen. Eines, das sie sich selbst auferlegen. Ab 2020 soll es verbindlich werden. Die digitalen Möglichkeiten sind uferlos. Man sieht es immer wieder.

Genauer gesagt: Die digitalen Möglichkeiten der Einführung von Selbstzwangtechnologien sind uferlos. Heute muss man schon daran erinnern, dass die Zeit nicht so lang zurückliegt, in der es digitale Überwachung überhaupt noch nicht gab. Vor einem halben Jahrhundert gab es zum Beispiel weder Videokameras an Straßenkreuzungen noch SMS-Nachrichten noch WhatsApp noch Instagram noch Twitter. Das Mobiltelefon war noch ein Vierteljahrhundert entfernt, und selbst als es die ersten klobigen Handys gab, hätte noch niemand gedacht, dass man mit einem Telefon einmal fotografieren oder Filme drehen könnte. Die Drohne war ein phlegmatisches Tier aus dem Reich der Bienen, und die Aufdeckung eines Sex-Skandals erforderte aufwendigste Investigation. Das Fehlen all dieser Technologien bedeutete praktisch: Das Leben war auch dann privat, wenn jemand seine geheimsten Wünsche Wirklichkeit werden ließ oder den größten Blödsinn von sich gab. So etwas ging niemanden etwas an, außer den Beteiligten natürlich. Für alle anderen war das, mit einem schönen Wort, unbeachtlich.

Heute ist der Weg vom Privaten ins Öffentliche kurz, so kurz, dass es eigentlich von völlig willkürlichen Faktoren abhängig ist, ob und wie lange etwas verborgen bleibt. Alles, was jemand tut, ist potentiell beachtlich und damit grundsätzlich niemals mehr privat.

Ein paar Daten dazu? Gar nicht so einfach, weil man keine belastbaren Statistiken für die Überwachung im öffentlichen Raum findet – zu viele Kameras sind privat installiert, fliegen in Spielzeugdrohnen, sind an Baumstämme montiert, um Wildwechsel zu beobachten, oder sitzen als sogenannte GoPros auf Helmen von Mountainbikern und sonstigen Abenteuersportlern. 2014 wurden in Augsburg eine 18-jährige und ein 19-jähriger wegen Erregung öffentlichen Ärgernisses verurteilt, weil sie den Namen »Erlebnisgrotte« in der »Felsenlandschaft« der »Titania-Therme« im bayerischen Neusäß allzu wörtlich genommen und dort Sex hatten. Was sie nicht wussten: In der vermeintlichen Grotte war eine Unterwasserkamera installiert.

In Berlin sind offiziell 12 000 Kameras an Straßenkreuzungen, in S-Bahnen, an öffentlichen Gebäuden installiert, in Bayern zählen Land und Kommunen 17 000 Kameras, wohl in beiden Fällen nur die Spitze des Eisbergs. In England kommt auf zehn Einwohner eine Überwachungskamera. Wo irgendeine Ecke nicht ausgeleuchtet ist, schaut ein Hubschrauber oder eine Drohne genauer hin. Die Briten waren die ersten, die mit der Videoüberwachung im großen Stil begonnen haben; heute ist England eines der am stärksten überwachten Länder der Welt.

Der »National Police Air Service« ist, wie man das von Engländern erwartet, eine sehr humorvolle Stasi und kommentiert seine im Internet veröffentlichten Überwachungskamerabilder gern mit Sätzen wie »Herrliches Wetter heute«. Man erlaubt sich auch mal ein Quiz für seine Bürgerinnen und Bürger: »›Bei der Arbeit in Zentrallondon haben wir heute einen gewissen energetisch-lustigen Mann entdeckt … Können Sie erraten, wen?‹ O ja, das konnten die 120 000 Follower, denn es handelte sich um den Star-Comedian Michael McIntyre, der morgens um 8.03 Uhr auf dem Leicester Square fotografiert wurde.«[8]

Dieser freundliche Morgenscherz zog eine Rüge des zuständigen Ministers nach sich; immerhin handele es um ein Überwachungsfoto, das nicht »zum Spaß« aufgenommen wurde. Vorerst müssen die Polizisten also ihren Spaß für sich behalten.

Im Juli 2015 wurde die »Avid Life Media« (ALM) gehackt. Die Firma betreibt unter anderem die Website »Ashley Madison«, ein Seitensprungportal mit etwa 37 Millionen eingetragenen Nutzern. Deren Daten, Fotos, Wünsche und Vorlieben befanden sich nun in der Hand von Kriminellen; Millionen Ehen, Beziehungen, Karrieren waren mithin von einem Augenblick auf den anderen gefährdet. Die Hacker argumentierten moralisch (»Wie blöd für diese Männer, dass der Konzern Sicherheit versprochen hat, aber sein Versprechen nicht eingelöst hat.«), aber vermutlich ging es um Erpressung. ALM war zu diesem Zeitpunkt kurz davor, an die Börse zu gehen, ein Datenskandal dabei sehr hinderlich.[9] Im August 2015 machten die Datendiebe ihre Beute tatsächlich öffentlich.

Solche Dinge liest man so oft, dass die eigentliche Neuigkeit nicht auffällt: die liegt darin, dass sich durch legale Verfügung über Daten wie im Fall des »National Police Air Service« ebenso wie durch kriminelle Aneignung wie im Fall ALM informationelle Macht gewinnen lässt, die nicht gegen eine einzige Person, ein ausgesuchtes Opfer, gerichtet wird, sondern potentiell gegen Millionen. Diese Möglichkeit ist den Gebrauchern und Missbrauchern allein dadurch zugewachsen, dass die Daten permanent gesammelt und unter mehr oder weniger klar definierten Bedingungen abgerufen werden können. So etwas wäre, wie gesagt, vor nur zwei Jahrzehnten nicht möglich gewesen, aber niemanden scheint diese Annullierung der Voraussetzungen unserer privaten Existenz wirklich zu beunruhigen. Selbst der ebenfalls Mitte 2015 durch Wikileaks aufgedeckte Sachverhalt, dass seit den Zeiten von Gerhard Schröder Bundeskanzler nebst Entourage systematisch abgehört wurden, hatte keinen öffentlichen Aufregungswert und war schon am nächsten Tag wieder aus den Medien verschwunden.

Hier ist auf höchst bemerkenswerte Weise ein sozialpsychologisches Phänomen wirksam, das Phänomen der »shifting baselines«. Damit bezeichnet man den Umstand, dass Menschen in sich wandelnden Umgebungen den Wandel nicht registrieren, weil sie ihre Wahrnehmungen permanent parallel zu den äußeren Veränderungen nachjustieren.[10] Es existiert mithin kein Referenzpunkt, an dem sich der kontinuierliche Wandel festmachen lassen würde. Anders als disruptive Ereignisse wie Erdbeben, Regimewechsel, Unfälle wird solcher Wandel nicht als einschneidend wahrgenommen; meist bleibt er überhaupt unterhalb der Wahrnehmungsschwelle.

Im Fall der informationellen Selbstbestimmung ist das aber trotzdem erstaunlich, weil gerade hier eine so große Diskrepanz zwischen der spektakulären Dimension der Veränderung und ihrer Eindringtiefe in die privateste Existenz einerseits und andererseits der achselzuckenden Unaufgeregtheit besteht, mit der das hingenommen wird. Auch die Politik versagt hier radikal – in den Worten der bereits zitierten Süddeutschen Zeitung: »Das liegt auch daran, dass die Politik in den letzten Jahren nie als Korrektiv des marktwirtschaftlichen Datenrauschs gewirkt hat, sondern, wenn sie es denn intellektuell überhaupt geschafft hat, die Technologie zu erfassen, als Beschleuniger.«[11]

In der Tat: Was Strategien des Überwachens und Datensammelns angeht, sind Staaten und ihre Geheim- und Nachrichtendienste nachgerade hyperaktiv. Den größten Schub für den Überwachungsfuror lieferte der Anschlag auf das World Trade Center 2001 und der sodann umgehend ausgerufene »Krieg gegen den Terror«, der die Kooperation von westlichen Geheimdiensten ebenso intensiviert hat wie die Dauerausforschung aller Bürgerinnen und Bürger. Und der dafür gesorgt hat, dass etablierte grundrechtlichte Standards in den demokratischen

Rechtsstaaten an vielen Stellen perforiert wurden. Das bereits erwähnte England beispielsweise hat nicht nur die größte Kameradichte im öffentlichen Raum weltweit, als Mutterland der Demokratie erlaubt es sich heute, terrorismusverdächtige Personen 42 Tage ohne richterlichen Beschluss inhaftieren zu dürfen oder der amerikanischen NSA bei der »Überstellung« verdächtiger Personen zu helfen, die dann auch unter Folter »verhört« werden können.[12] Die Skandale der Übertretung von Bürger- und Völkerrecht seither sind unzählbar; das eigentlich Erstaunliche dabei ist die ausbleibende Beunruhigung aufseiten der Bevölkerungen in den westlichen Demokratien darüber, dass hier die Grundvoraussetzungen von Rechtsstaatlichkeit systematisch unterminiert werden.

Heuhaufen werden digital

Die Zahl der (offiziellen) Mitarbeiter der NSA hat sich gegenüber der Zeit vor nine-eleven um ein Drittel erhöht, der Etat hat sich verdoppelt, die Geheimdienste der USA insgesamt sehen heute mehr als 107 000 Planstellen vor; da sind die privaten Vertragsfirmen, die Dienstleistungen für die NSA erbringen, noch nicht mitgerechnet.[13] Der Datenhunger dieser Behörde ist in einem Satz zusammengefasst, den General Keith Alexander, der frühere NSA-Chef, gesagt hat, den aber ein surrealistischer Dichter nicht besser hätte formulieren können: »Sie brauchen den Heuhaufen, um die Nadel zu finden.«

Der Heuhaufen ist ziemlich groß. Laut Schätzungen des skandinavischen Research-Centers »Sintef« wurden 90 Prozent aller Daten, die die Menschen je generiert haben, in den letzten zwei Jahren produziert. Diese Zahl stammt aus dem Jahr 2013, ist also uralt. »Google sammelt pro Tag 24 Petabyte, Facebook erhält pro Stunde 10 Millionen neue Fotos, und pro Tag geben die

Nutzer dieses sozialen Netzwerks etwa drei Milliarden Kommentare oder ›Gefällt mir‹-Klicks ab. Die Nutzer des Videokanals YouTube laden pro Sekunde eine Stunde Videomaterial hoch. Und die Anzahl der Twitter-Kurznachrichten lag 2012 bei über 400 Millionen pro Tag.«[14]

Keith Alexanders Satz bringt zum Ausdruck, dass der gigantische Apparat aufgebaut wurde, um präventiv Terrorverdächtige auszumachen. Allerdings scheint er für diesen Zweck, nämlich Terroristen daran zu hindern, Anschläge zu verüben, völlig untauglich. Er hat seinen Zweck in sich selbst. Tatsächlich wurde ja weder der Anschlag von Anders Breivik in Oslo und Utoya im Sommer 2011 verhindert, noch der beim Boston-Marathon im April 2013, noch die Ermordung der Charlie-Hebdo-Redakteure in Paris im Januar 2015; wir wissen auch nichts von verhinderten Attentaten in Mumbay, Islamabad, Bagdad usw. usf. durch die rastlosen Aktivitäten der NSA und ihrer verbündeten und unverbündeten Geheimdienste. Offiziell ist von 54 Anschlägen die Rede, die die NSA rechtzeitig erkannt und verhindert habe. Laut einer Recherche von »ProPublica« halten lediglich vier davon einem akribischen Faktencheck stand.[15] Aber man muss gar nicht auf die NSA schauen. Als symptomatisch für die Ineffizienz der Totalüberwachung kann auch die Inhaftierung eines islamistischen Ehepaares in Deutschland im Frühjahr 2015 gelten, das möglicherweise einen Anschlag auf das internationale Radrennen »Rund um den Finanzplatz Eschborn-Frankfurt« geplant hatte. Hier kam der entscheidende Hinweis keineswegs aus den Datenspeichern des BND oder der NSA, sondern von einer aufmerksamen Baumarktmitarbeiterin, der die vom Ehepaar gekaufte Menge Wasserstoffperoxid verdächtig vorkam und die daraufhin die Polizei verständigte.

Angesichts der offenbar äußerst dünnen Erfolge der umfassenden Überwachung erscheint der in den vergangenen 15 Jahren betriebene Datensammel-Aufwand nachgerade absurd –

oder nur für den Fall sinnvoll, dass er anderen Zwecken dient, etwa einer künftigen Unruhen- oder Aufstandsbekämpfung. Dafür sind Massendaten zweifellos sehr gut zu verwenden, denn dann geht es darum, »Rädelsführer«, »Störer« und »Radikalisierte« zu identifizieren und aus dem Verkehr zu ziehen. Mit Terrorismusprävention zu argumentieren ist nicht mehr als Überwachungsmarketing.

Eine hervorragende Zusammenfassung der gegenwärtigen Überwachungspraxis liefert das Buch »NSA-Komplex« der beiden SPIEGEL-Redakteure Marcel Rosenbach und Holger Stark, die die unglaubliche Expansion der Überwachungsaktivitäten der NSA und der mit ihr kooperierenden Geheimdienste minutiös rekonstruiert haben. Sie sprechen von einer bereits heute existierenden »totalen Überwachung«, die mit Hilfe von Spionageprogrammen, Anzapfen von Glasfaserkabeln, Abhören von Telefonaten, Mitlesen von SMS und E-Mails erfolgt und eben nicht nur Terrorverdächtige, was immer das ist, im Netz der informationellen Kontrolle einfängt, sondern buchstäblich Jede und Jeden, sofern er oder sie mit Hilfe elektronischer Mittel kommuniziert.

Dabei kommt der NSA vor allem zugute, dass heutzutage fast jeder die perfekte Überwachungsunit in der Hosen- oder Manteltasche trägt: Diese mit Mikrophonen und Kameras ausgestatteten mobilen Endgeräte machen es möglich, die Bewegungen ihrer Benutzer im Raum genauso zu registrieren wie ihre schriftlichen und mündlichen Kommunikationen – als sogenannte Metadaten, die Profile über das Verhalten von Gruppen zu erstellen erlauben, ebenso wie als individuelle Daten, die einzelnen Personen völlige Transparenz verleihen, selbstverständlich ohne deren Wissen.

Für den gemeinen Staatsbürger mag das einzig Erfreuliche daran sein, dass in diesem Universum der Überwachung tatsächlich mal alle Menschen gleich sind – die Bundeskanzlerin wird ja genauso abgehört wie Sie oder ich, wahrscheinlich sogar intensiver. Aber diese Form des Überwachungssozialismus vermag kaum zu trösten, wenn der Preis dafür der vollständige Verlust von Privatheit ist. Die Computer der NSA durchsuchen die Daten, die über die großen Glasfaserkabel laufen, »nach Stichworten, die von einem für die Erfassung von Zielen zuständigen Referat festgelegt wurden und die einer vom Weißen Haus vorgegebenen Liste mit Länderschwerpunkten folgen. Ausgesiebt werden zwischen 10 und 40 Prozent, Metadaten ebenso wie Inhalte, Telefongespräche und so weiter. Am Ende des Selektionsprozesses werden in zwei Datenbanken 43 Gigabyte und 132 Gigabyte Daten eingespeist, die dann von verschiedenen Abteilungen der NSA weiterverarbeitet werden – all dies geschieht an einem einzigen Tag.«[16]

Der hegemoniale Zugriff der NSA auf alles, was sich im Bereich elektronischer Kommunikation abspielt, geht historisch darauf zurück, dass der Ursprung des Internet in den USA liegt und der größte Netzwerkhersteller Cisco und der größte Cloud-Anbieter Amazon dort ihre Sitze haben. »Google, Amazon, Ebay, Skype, Apple, Microsoft, Facebook & Co. sind Firmen, die Standards setzen und den Markt beherrschen. Die digitale Dominanz amerikanischer Dienste und Konzerne ist erdrückend. Im Netz sind die USA immer noch eine unangefochtene Supermacht.«[17]

Wenn 90 Prozent aller Internetnutzer – das sind heute etwa 3,2 Milliarden Menschen – Google benutzen und es mittlerweile 1,5 Milliarden Facebook-Nutzer gibt (jede Sekunde kommen sechs neue dazu),[18] kann man sich in etwa vorstellen, wie groß die Macht der Überwacher ist: denn jede Nachricht, jede Suche, jeder Klick, jedes Liken, jede Weiterleitung einer Nachricht, jeder Tweet usw. usf. liefert Informationen über alle, die da als unermüdliche Datenlieferanten tätig sind. Hochgeladene Fotos können per Gesichtserkennung zugeordnet werden, Freundschaftsnetzwerke, Einkaufs- und Mobilitätsgewohnheiten dechiffriert, geheime Vorlieben identifiziert werden – all dies ist nicht neu, spricht sich in seiner Funktion als Machterzeugungsmaschine offensichtlich aber noch immer nicht herum. Nimmt man die unendliche Menge an Daten hinzu, die vertrottelte Autokäufer, Haus- und Wohnungsbewohner, die sich mit »smarter« Technologie haben ausstaffieren lassen, Selfie- und sonstige Peinlichkeitsposter ohne Unterlass erzeugen, dann weiß man ungefähr, was hier an Machtquellen zur Verfügung steht.

Vor allem, seit es Smartphones gibt, und das ist seit noch nicht einmal einem Jahrzehnt der Fall, hat sich die Datenverfügbarkeit radikal erhöht. Dass die mit Hilfe des NSA-Programms »Prism« abgeschöpften Unternehmen der Informationsindustrie die geheimdienstlichen Aktivitäten gelegentlich für problematisch halten, verwundert nicht – schließlich leben ihre Geschäftsmodelle vom schlafwandlerischen Vertrauen, das ihre

Teenager benutzen ihr Smartphone im Schnitt einhundertzehnmal pro Tag.

Nutzerinnen und Nutzer in sie setzen. Dieses Vertrauen ist gefährdet, wenn die NSA invasiv Daten dieser Unternehmen abschöpft, was sie mittlerweile auch selbst realisiert: »98 Prozent der ›Prism‹-Ergebnisse beruhen auf Yahoo, Google und Microsoft; wir müssen sicherstellen, dass wir diesen Quellen keinen Schaden zufügen.«[19]

Natürlich ergibt die Kombination der Überwachungs- und Ausforschungsbedürfnisse von Geheimdiensten mit der uferlosen Datensammelwut von Unternehmen aus kommerziellen Gründen die unheilvollste Allianz, die man sich überhaupt vorstellen kann: Beides zusammen macht die einzelne Bürgerin und den einzelnen Bürger vollkommen wehrlos gegenüber den allfälligen Zugriffsmöglichkeiten auf ihr Inneres von Außen. Umso schlimmer, wenn das Bewusstsein über die eigene staatsbürgerliche Verletzlichkeit so verschwindend gering ist, wie es gegenwärtig scheint – da haben NSA-Mitarbeiter allen Grund, sich über iPhone-Käufer als »zahlende Zombies« lustig zu machen, die auch noch Geld ausgeben, um ihre eigene Stasi-Leitstelle mit sich herumzutragen.[20]

Das hat es historisch noch nicht gegeben: Denn zu früheren Zeiten waren Geheimdienste und Geheimpolizeien noch darauf angewiesen, die Daten, die sie zur Ausforschung der Bürgerinnen und Bürger benötigten, selbst über Einbrüche, Lauschangriffe, Anheuern von Spitzeln, Belohnung von Denunzianten, verdeckte Ermittler usw. zu erheben. Heute liefern sie den Diensten alles frei Haus, die Bürgerinnen und Bürger. Organisationen wie die NSA und der BND und alle anderen müssen diese Datenflut nur noch in ihre Kanalisationssysteme leiten. Das macht alle zu Komplizinnen und Komplizen ihrer eigenen Überwachung.

Schönhaus

Ich habe in meinem Leben eine Reihe von Menschen kennengelernt, die mich sehr beeindruckt haben. Einer davon ist Cioma Schönhaus. Schönhaus ist Jude und zählte im Nationalsozialismus als junger Mann damit zur Gruppe der Verfolgten. Wie viele dieser verfolgten Personen stand er 1941 in Deutschland vor der Frage: Soll ich mich deportieren lassen, oder soll ich untertauchen?

Diese Frage war für viele Verfolgte insofern auch sehr komplex, weil sie meist nicht allein die Aufforderung bekamen, sich deportieren zu lassen, sondern weil die ganze Familie betroffen war. Oft waren die älteren Familienmitglieder dazu geneigt, sich deportieren zu lassen, weil sie eher ordnungsgläubig waren und die Hoffnung hegten, es würde schon nicht so schlimm kommen. Während die Jüngeren nicht selten eine größere Sensibilität dafür hatten, dass das tödlich enden würde, so dass die Familien schon in solchen Situationen zerbrechen konnten. Jedenfalls sind die Jüngeren relativ häufiger untergetaucht, während die Älteren sich nach Theresienstadt oder Auschwitz haben deportieren lassen.

Schönhaus arbeitet in einer Fabrik und hat von seinen Arbeitgebern eine Bescheinigung, dass er dort gebraucht wird, seine Eltern haben so etwas nicht. Die Eltern beschließen, sich deportieren zu lassen, Schönhaus sagt: »Ich mache das nicht, versteht das bitte, ich bleibe hier.« Nachdem er zuerst durchkommt mit seiner Bescheinigung, aber dann wenige Wochen später wiederum von der Gestapo aufgefordert wird, sich an der zentralen Sammelstelle einzufinden und sich deportieren zu lassen, beschließt er, unterzutauchen.

Es gab in Berlin zu jener Zeit und in den Folgejahren einige tausend Menschen, die untergetaucht sind und die mit Hilfe von sozialen Netzwerken überleben konnten, womit natürlich nicht die sozialen Netzwerke von heute gemeint sind, sondern informelle Hilfeorganisationen, in denen Menschen, oft mit erheblichem Risiko für ihre eigene Sicherheit, dafür sorgten, dass Verfolgte irgendwo versteckt und mit Nahrung versorgt werden konnten.[21] Natürlich sind auch viele der Untergetauchten, der sogenannten U-Boote, aufgeflogen, unter anderem, weil es Spitzel gab: Menschen, die selbst Verfolgte waren, wurden von der Gestapo angeheuert, suchten systematisch nach anderen U-Booten und verrieten sie. Sie wurden »Greifer« genannt.[22]

Schönhaus entgeht seiner Entdeckung, indem er als Untergetauchter etwas Spektakuläres macht: Er versteckt sich *nicht*. Er versucht auch nicht, unauffällig zu leben. Schönhaus macht das genaue Gegenteil: Er verdient Geld als Passfälscher, verhökert illegal Einrichtungsgegenstände aus geräumten Wohnungen, weshalb er über Geld verfügt. Er lässt sich elegante weiße Anzüge schneidern, geht in die Lokale und Restaurants, in denen führende Nazis verkehren, hat sexuelle Beziehungen mit »arischen« Offiziersgattinnen, deren Männer an der Front sind, kauft sich ein Segelboot, segelt mit den Offiziersgattinnen auf dem Wannsee und so weiter. Und macht mit einer unglaublichen Listigkeit sein Überleben möglich, indem er sich die Erwartungen der anderen zunutze macht, um gewissermaßen kontraintuitiv zu überleben.

Er ist ein Spieler, und er spielt das Spiel denn auch so konsequent, dass er seinen eigenen Pass nicht fälschen möchte, sondern an ein originales, wasserdichtes, vollkommen authentisches Ausweisdokument kommen will. Das gelingt ihm auch, er muss das originale Ausweisdokument nur noch mit falschem Namen und echtem Foto ausstatten. Ab diesem Augenblick ist er vollkommen sicher vor der Gestapo. Am ersten Tag, an dem er dieses Ausweisdokument besitzt, verliert er es in der Straßenbahn.

Da dieser Ausweis auf einen erfundenen Namen ausgestellt ist, kriegen die Behörden, als der Ausweis gefunden und abgegeben wird, sofort heraus, dass die betreffende Person gar nicht existiert, der Mann auf dem Passbild also ein Fälscher, Krimineller, Verfolgter sein muss. Sofort wird diese Person steckbrieflich gesucht. Was macht Schönhaus? Er verkleidet sich als Tourist, mit kurzer Hose und Halstuch, besorgt sich ein Fahrrad, Gepäck dazu, und fährt mit dem Fahrrad in die Sommerfrische. Er radelt quer durch Deutschland ins österreichische Vorarlberg und überquert nachts bei Feldkirch die Grenze zur Schweiz. Er überlebt.

Schönhaus' Geschichte zeigt, dass eine totalitäre Gesellschaft wie die nationalsozialistische trotz Geheimpolizei, trotz radikaler Gewalt, trotz Überwachung, trotz Kontrolle, soziale Räume des Überlebens geboten hat. Die Netzwerke, in denen Schönhaus als Fälscher aktiv gewesen ist, die Beziehungen, die er eingegangen ist, machen deutlich, dass selbst eine totalitäre Gesellschaft, wie wir sie kannten, Nischen bereithält, die vom Regime nicht eingesehen werden können. Private Räume, die man zur Konspiration, zum Unterleben der Gesellschaft nutzen kann. Niemand hat als Einzelner überlebt; wenn jemand gerettet wurde oder sich retten konnte, dann mit Hilfe sozialer Gruppen, mit Hilfe sozialer Beziehungen. Das bedeutet: Räume des Privaten, zu denen von außen niemand Zugang hat, sind essentiell dafür, dass sich jemand noch unter totalitären Bedingungen vor Verfolgung schützen kann.

Unter heutigen Bedingungen würde Schönhaus nicht überleben.

Es gibt keine Nischen mehr. Alle sozialen Felder, alle räumlichen Nischen sind taghell ausgeleuchtet. Was heißt: Es wird nicht nur niemand gerettet. Es gibt auch keinen Widerstand.

Die Überwachungsmaschinerie

Heute haben wir es mit einer fatalen Konvergenz zweier Überwachungsmaschinerien zu tun, nämlich einer staatlichen und einer privaten.[23] Womit wir de facto konfrontiert sind, ist eine staatlich-privatwirtschaftliche Formation zur Erzeugung von informationeller Macht über Menschen. Diese Formation macht die totale Überwachung von Menschen so perfekt umsetzbar wie noch nie zuvor in der Geschichte der Menschheit. Die dunkle Vision eines sehr klugen Vorreiters der Rasterfahndung und Datenauswertung, des früheren Chefs des Bundeskriminalamtes Horst Herold, 1980 formuliert, ist längst Wirklichkeit geworden: »Die Grenzenlosigkeit der Informationsverarbeitung«, schrieb er in einem Aufsatz über »Polizeiliche Datenverarbeitung und Menschenrechte«, »wird es gestatten, das Individuum auf seinem gesamten Lebensweg zu begleiten, von ihm laufend Momentaufnahmen, Ganzbilder und Profile seiner Persönlichkeit zu liefern, Lebensformen und Lebensäußerungen zu registrieren, zu beobachten, zu überwachen und die so gewonnenen Daten ohne die Gnade des Vergessens ständig präsent zu halten.«[24] 1980 gab es noch kein Internet. Kein Handy. Kein Smartphone. Keine E-Mail. Keine SMS. Kein Twitter. Kein WhatsApp. Überhaupt keine Apps. Keine Kameras in Telefonen, Autos, auf Fahrradhelmen. Keine Drohnen.

Die Ausgrenzungsgemeinschaft

Darf ich an dieser Stelle kurz noch einmal an die informationelle Macht erinnern, die Geheimdienste und Konzerne über die juristisch freien Menschen gewonnen haben, die in modernen Gesellschaften leben? Das hat mit dem sozialen Phänomen

Shaming noch gar nichts zu tun. Denn dabei geht es um die Macht, die formal freie Menschen übereinander ausüben. Weil es die Möglichkeit dazu gibt.

Das Shaming einer Person wie Justine Sacco braucht keinen Kontext: Ihm genügt es völlig, sich an einem einzigen Ereignis, Merkmal, Satz oder Wort festzumachen, um die zu beschämende Person aus der Welt der Zugehörigen in die der Außenseiter zu schieben. Umgekehrt genügt es für die Bildung der Ausgrenzungsgemeinschaft, dass sie sich blitzschnell darauf verständigt, sich im Abscheu gegenüber dem Ereignis, Merkmal, Satz oder Wort einig zu sein, was sie aber nur kann, wenn sie von allen Differenzierungen absieht. Könnte der Satz anders gemeint gewesen sein? Handelt es sich um einen Vermittlungsfehler? Ein Versehen? Eine Denunziation? Solche Fragen würden der spontanen Vergemeinschaftung im Wege stehen, weshalb es für die ausgrenzende Gruppe geradezu existentiell ist, jeden Kontext zu ignorieren. Was bedeutet: die betroffene Person mit dem *einen* Ereignis, Merkmal oder Wort zu identifizieren, das die Empörung auslöst. Deshalb hat die ausgegrenzte Person auch keinerlei Möglichkeit, sich zu verteidigen – sie ist der identifizierenden Deutung hilflos ausgeliefert. Wen würde eine Erklärung interessieren? Und was nützt sie noch, wenn das Urteil bereits gesprochen ist?

Wie machtvoll diese spontane, risikolose und dynamische Reduktion der Komplexität von Personen und Situationen auf nur ein einziges Merkmal ist, sieht man daran, dass viele der auf diese Weise Ausgegrenzten den Weg zurück in die unauffällige Normalität nicht mehr finden. Das Merkmal ist zum Stigma geworden. Mit dem Begriff »Stigma« bezeichneten die alten Griechen Zeichen, die Menschen in die Haut geschnitten oder gebrannt wurden, um kundzutun, dass jemand Sklave, Verbrecher oder Verräter war: also nicht dazugehörte. Um jemanden zu beschämen, braucht es – auch dies war schon immer so –

zwei Dinge: nämlich erstens ein Zeichen (Stigma), dessen Bedeutung alle verstehen, und zweitens, dass die beschämte Person selbst weiß, was ihr Fehler ist, wofür also das Stigma steht.

Eine Beschämung kann also nur dann funktionieren, wenn die betroffene Person die Werte der Ausgrenzungsgemeinschaft selbst teilt. Die beschämte Person rüsten die gesellschaftlichen Standards, die sie ja selbst teilt, »mit der intimen Gewissheit dessen aus, was andere als ihren Fehler sehen, wodurch sie, sei es auch nur für Augenblicke, unweigerlich zu dem Eingeständnis gezwungen wird, dass sie in der Tat hinter das zurückfällt, was sie sein sollte. Scham wird eine zentrale Möglichkeit, sie entsteht daraus, dass das Individuum eines seiner eigenen Attribute begreift als etwas Schändliches und als etwas, worauf es gern verzichten würde.«[25]

Wie gesagt: Ein- und Ausgrenzung gibt es immer, wo man es mit menschlichen Gruppen zu tun hat, also seit je. Zusammen mit den unterschiedlichsten Verfahren, die Ausgegrenzten sichtbar zu machen: durch Stigmata in der Antike, durch die öffentliche Zurschaustellung am Pranger bis in das 20. Jahrhundert hinein, durch formale Verurteilung und Ächtung oder durch soziale Ausschließung. Aufseiten der Stigmatisierten bedeutet dies das Erleben einer sozialen Verletzung, weil man etwas Bestimmtes nicht erfüllt, ein notwendiges Merkmal der Zugehörigkeit, egal, ob es physisch oder sozial ist. Das ist, wie jeder weiß, der schon einmal ausgegrenzt worden ist, mit das Schlimmste, was man aushalten können muss. Am 17. Juli 2015 hat das ein 14-jähriges palästinensisches Mädchen der Bundeskanzlerin zu erklären versucht. Reem, deren Familie abgeschoben zu werden droht:

Reem: Ich habe ja auch Ziele so wie jeder andere …
Merkel: (spricht mit): jeder andere
Reem: …ich möchte studieren, das ist wirklich ein Wunsch und ein Ziel, das ich wirklich schaffen möchte, genau,

> das ist wirklich sehr unangenehm, zuzusehen, wie andere wirklich das Leben genießen können und man es selber halt nicht mitgenießen kann.

Reem möchte ausdrücklich *nicht anders* sein, und genau das verwehrt ihr die Mehrheitsgesellschaft. Ausgrenzungserfahrungen innerhalb von Gruppen, zu denen man gehören möchte, sind extrem hart. Niemand hält das gut aus – oder nur die Allerwenigsten. Reem bricht im Gespräch mit der Kanzlerin in Tränen aus.

Heute gibt es eine Sozialtechnologie, die die Stigmatisierung in kürzester Zeit bewerkstelligt und verewigt. Dieser Technologie hat man ausgerechnet den Namen »soziales Netzwerk« gegeben. Darauf muss man erst mal kommen.

Die Sozialtechnologie sozialer Netzwerke

In den sozialen Netzwerken Chinas fällt die Beschämung für vermeintliches Fehlverhalten einzelner Personen offensichtlich noch radikaler aus als in den westlichen Kulturen. Die Frankfurter Allgemeine Sonntagszeitung schildert am 26. 7. 2015 eine Reihe von Fällen, in denen Hatz auf Menschen gemacht wird. Der Begriff dafür lautet tatsächlich »renrou sousou«, übersetzt

Von online zu offline: Diese Person hat einen Fehler gemacht.

»die Suche nach Menschenfleisch«. Diese Suche betrifft die Verfolgung einer jungen Ladendiebin, die schließlich Selbstmord begeht, genauso wie die Hetze gegen Feuerwehrmänner, die im Noteinsatz vorgeblich Selfies machten, anstatt Leben zu retten.

Die »Suche nach Menschenfleisch« in China übertrifft in ihrer Radikalität und Gnadenlosigkeit das antisoziale Verhalten in westlichen sozialen Netzwerken noch ganz erheblich: Ist eine Person als Opfer ausgerufen, werden in rasender Geschwindigkeit, Namen, Ausweisnummern, Adressen, Arbeitsstellen, Familienangehörige usw. öffentlich gemacht. Die verbale Radikalität kennt keine Grenzen – es wird nach Totschlag oder Vergewaltigung gerufen, und nicht selten wandert die Hetze von online nach offline – Wohnungstüren und Hausfassaden werden beschmiert, man lauert den Opfern auf, greift sie auch physisch an.

Dieser Übergang vom Virtuellen ins Reale, von online nach offline – er wird uns noch öfter begegnen – ist das wirklich brutale Element. Wenn die dünne Linie zwischen Vernichtungswünschen und Vernichtungshandlungen überschritten wird, übersteigt das noch den mittelalterlichen Pranger, weil die Verfolgung und Stigmatisierung ja durch keine Behörde und keinen Gerichtsherrn veranlasst wird, sondern durch den sich konstituierenden Webmob selbst, der sogar sein Hassobjekt in rasender Geschwindigkeit wechseln kann. Dazu eine längere Beschreibung aus dem Artikel: »Jüngst erschien im Internet das Video eines Autofahrers in Chengdu, der auf der Stadtautobahn stoppte, aus dem Wagen sprang, die Tür eines anderen Wagens aufriss, die Fahrerin herauszerrte, sie schlug, bis sie taumelte, und ihr dann wie ein Kung-Fu-Kämpfer so lange ins Gesicht trat, bis die Wangenknochen brachen.«

Diesem brutalen Autofahrer galt zunächst der Hass der Internetgemeinde, aber nur kurz. Denn eine Stunde später tauchte ein zweites Video im Netz auf, das zeigte, dass die Frau zuvor das Auto des Mannes geschnitten hatte. »Die Menschenfleischjagd nahm die umgekehrte Richtung. @AngelaNotAFairLady schrieb: ›Du scherst Dich nicht um die Sicherheit im Straßenverkehr. Du verdienst die Prügel.‹ Einer veröffentlichte das Nummernschild der Frau. Ein anderer ihren Personalausweis. Einer war irgendwie an eine Aufstellung darüber gelangt, wann und wo die Frau in ihrem bisherigen Leben in Hotels abgestiegen war, eine Akte, zu der jeder chinesische Polizist Zugang hat. In der Summe waren es 62 Hotelaufenthalte, 20 davon im vergangenen Jahr und die meisten davon in jener Stadt, in der sich die Wohnung der auf einmal verdächtigen Fahrerin befand. 28 Jahre sei sie alt, aber immer noch nicht verheiratet, schrieben die Jäger. Kein Ehemann, Hotelaufenthalte in der Heimatstadt: Die Frau führe glasklar ein unmoralisches Leben, warum sonst schlafe sie nicht in der eigenen Wohnung? ›Es sieht so aus, als ob die Dame zwischen dem 23. und dem 30. jeden Monats ihre Periode hat, da geht sie nie ins Hotel.‹ Der Unfall sei jedoch am Dritten des Monats passiert ›Offensichtlich war sie ›hungrig‹, so schnell wie möglich ins Hotel zu kommen, und ist gefahren wie verrückt‹, schrieb einer. Dass die Wangenknochen der Frau gebrochen waren, war als Strafe nicht mehr genug. Nutzer @KevinV: ›Warum fährst Du nicht in die Hölle? Die gesamte Nation hofft auf Deinen Tod. Und den Deiner Eltern. Du denkst, Du kannst Dich so aufführen und hast noch ein Recht auf Verteidigung? Du Arschloch?‹«[26]

Die Hetze im Netz fällt in China aus mehreren Gründen noch weit brutaler aus als im Westen: Es handelt sich um eine Schamkultur; aus der Rolle zu fallen, sein »Gesicht zu verlieren« ist im Westen schon beschämend, in China kommt das einem tiefen Ansehensverlust, einem sozialen Todesurteil gleich und wird von den Betroffenen auch so empfunden. Dazu hat die öffentliche Beschämung, man denke nur an die Kulturrevolution im maoistischen China, eine lange und bis in die jüngste Zeit anhaltende Tradition. Verurteilte Kader etwa bekennen auch heute noch wie in stalinistischen Schauprozessen öffentlich ihre Schuld, es genügt nicht, dass sie für Vergehen verurteilt und bestraft werden. Und schließlich, das ist der wichtigste Punkt, der uns auch noch an anderer Stelle beschäftigen wird (vgl. S. 101), hat der Modernisierungsprozess in China zwar dazu geführt, dass kapitalistische Wirtschaftsstrukturen entstanden sind, aber eine nur rudimentäre Zivilgesellschaft und schon gar kein Rechtsstaat. In den frühindustrialisierten Ländern hat die Entstehung liberaler, demokratischer und rechtsstaatlicher Verfassungen über zwei Jahrhunderte angedauert; die zugehörigen Gesellschaften haben sich über langwellige Prozesse und keineswegs ohne Rückschläge liberalisiert und haben bürgerliche Verkehrsformen entwickelt. Dazu gehören elementar die Gewaltenteilung und die Verfolgung von Selbstjustiz, dazu gehört etwa auch die Unschuldsvermutung und die Behandlung von strafwürdigem Verhalten durch die dafür zuständigen Institutionen Polizei und Justiz.

Und dazu gehört die Entwicklung einer bürgerlichen Öffentlichkeit, einer Sphäre der politischen Aushandlung öffentlicher Angelegenheiten. Die gerät auch bei uns zunehmend unter Druck, aber in autoritären Gesellschaften wie der chinesischen wird schon ihre Entstehung zu verhindern versucht, ein Aspekt übrigens, der in den Analysen der Modernisierungsprozesse in den sogenannten Schwellenländern erstaunlich unterbelichtet ist. Zwar werden dort die ökonomischen Entwicklungen genauestens beobachtet – etwa die Entstehung von Neureichen und von Mittelklassen, damit von neuen Konsum- und Mobilitätsmustern –, aber welchen sozialen und kulturellen Weg diese Modernisierung nimmt, wird bislang viel zu wenig untersucht.

Umso fassungsloser steht man vor Phänomenen wie der Menschenjagd im Internet. Was bedeutet es eigentlich, wenn sich Gesellschaften ökonomisch und technologisch nach dem kapitalistischen Modell modernisieren, nicht aber politisch und gesellschaftlich? Fällt womöglich gerade durch die Digitalisierung die Entstehung einer politischen Öffentlichkeit aus, bevor sie sich überhaupt in Ansätzen bilden kann? Und: Wie anschlussfähig ist die digitalisierte öffentliche Verfolgung an die regierungsamtliche Verfolgungspolitik, an das Ausforschen und Kriminalisieren von Systemabweichlern? Gibt es eine Art Wahlverwandtschaft zwischen den Strukturen einer Netzöffentlichkeit und der gesteuerten öffentlichen Meinung in autoritären und diktatorischen Gesellschaften – etwa darin, dass die Quelle einer Information unüberprüfbar ist und dass Kontextwissen als hinderlich und unerwünscht gilt? Was bedeutet es, wenn eine demokratische Öffentlichkeit nie entstanden ist, bevor das Internet da war? Hier tun sich eine Menge Fragen auf, die sich sämtlich auf den Modernisierungsweg von Gesellschaften richten, in denen das Bürgertum und mit ihm liberale Freiheitsrechte, Demokratie und Rechtsstaatlichkeit gar nicht erst entstehen, sondern gewissermaßen als Phase übersprungen werden. Die Modernisierung von Staat und Gesellschaft bleibt aus, wenn allein der Markt regiert.

Eine kurze Geschichte der Disziplinierung

Der französische Soziologe Michel Foucault hat vor vierzig Jahren ein faszinierendes Buch geschrieben, in dem er nachzeichnet, wie die »peinlichen Strafen« des Mittelalters, also Folter, Marter, »tausend Tode« vor der eigentlichen Hinrichtung, öffentliches Auspeitschen usw., im 18. und 19. Jahrhundert langsam durch jene Formen der Bestrafung abgelöst werden, wie wir sie auch heute noch in modernen Rechtsstaaten kennen. Die Beweisaufnahme wie das Gerichtsverfahren wie das schließliche Urteil und die Strafe verfolgen in der Moderne, so Foucault, zunehmend ein neues Ziel: Es geht nicht mehr um die Demonstration des radikalen Ausschlusses eines Menschen aus der Gesellschaft, sondern ganz im Gegenteil um das Ziel der Erziehung des Delinquenten zum Zwecke seiner Re-Integration. Deshalb wird im Gefängnis gearbeitet, deshalb sind die Tagesabläufe von Sonnenauf- bis Sonnenuntergang genau getaktet, deshalb wird der Gefangene für seine Arbeit sogar entlohnt.

Das moderne Gefängnis ist eng verwandt mit der Erziehungs- und Besserungsanstalt, in der »verwahrloste« oder »arbeitsscheue« Jugendliche und Erwachsene auf den Pfad der Tugend zurückgebracht werden sollen, aber auch mit der Kadettenanstalt, dem Internat, dem Kloster, der Fabrik, dem Militär: In all diesen Anstalten geht es um die Einübung von Disziplin, um die Taktung von Körpern, um die Synchronisierung von Arbeit und Zeit. Kurz: Diese Institutionen entwickeln Sozialtechniken der Disziplinierung. Die vormodernen Strafsysteme waren daran nicht interessiert. Ihnen ging es um Markierung, Abschreckung, Ausschließung. Das ist sehr interessant, weil sich in der Moderne die Bestrafung vom Körper des Delinquenten auf sein Inneres ausweitet – und welche quälenden Dimensionen diese innere Zurichtung annimmt, dafür haben wir eine lange Reihe berühmter literarischer und filmischer Zeugnisse: von Georg Büchners »Woyzeck« über Robert Musils »Verwirrungen des Zöglings Törless« bis hin zu Stanley Kubricks »Full Metal Jacket«, Michael Hanekes »Das weiße Band« und Michael Hagners »Der Hauslehrer«.

Überall geht es nun nicht mehr um Strafe oder Quälerei zu demonstrativen Zwecken, sondern um Disziplinierung zu Zwecken der Besserung der unvollkommenen Natur des Menschen. Das lässt sich, in Foucaults Worten, als eine Technologie der Macht beschreiben, die der »Vermenschlichung der Strafe« ebenso dient wie »der Erkenntnis des Menschen.«[27] Foucault spricht in diesem Zusammenhang von der »politischen Ökonomie des Körpers« und meint damit das Zugleich von Disziplin als Macht- und Herrschaftsinstrument wie als Moment der ökonomischen Verwertung: »Zu einer ausnutzbaren Kraft wird der Körper nur, wenn er sowohl produktiver wie unterworfener Körper ist. Diese Unterwerfung wird nicht allein durch Instrumente der Gewalt oder der Ideologie erreicht; sie kann sehr wohl direkt und physisch sein (…) und gleichwohl auf Gewaltsamkeit verzichten; sie kann kalkuliert, organisiert, technisch durchdacht, subtil sein, weder Waffen noch Terror gebrauchen und gleichwohl physischer Natur sein.«[28]

Von heute aus betrachtet wirkt das merkwürdig: Schließlich haben wir alle im Lauf unseres Lebens eine Reihe von »Disziplinaranstalten« durchlaufen und tun es noch – vom Kindergarten bis zum Job, aber das ist uns als »Erziehung«, »Bildung«, »Entwicklung«, »Qualifizierung«, »Kompetenzerwerb«, »lebenslanges Lernen« usw. so selbstverständlich, dass wir uns nicht vorstellen können, dass das alles erstens nicht »Natur« und zweitens historisch ziemlich neu ist.[29] So alt ungefähr wie der Kapitalismus, zu dessen politischer Ökonomie ja Aufklärung, Gesundheitsvorsorge und Bildung genauso gehören wie Ausbeutung, Arbeitsteilung, Disziplin und Pünktlichkeit. Die Geschichte der Zurichtung der Menschen zu Arbeitskräften lässt sich als Verinnerlichung äußerer Zwänge beschreiben: dass die Arbeiter zu Beginn der Industrialisierung mit der Peitsche zur Arbeit geprügelt werden mussten und sich nur schwer dem Takt der Maschinen fügen wollten,[30] scheint heute fast unvorstellbar. Nur in der Pubertät, der Lebensphase der größten Intelligenz, dämmert vielen auch heute noch die Frage auf, wozu denn das mit dem Arbeiten und so bitte alles gut sein soll? Aber das ist, im Angesicht der großen Aufgabe, »etwas aus sich zu machen«, dann bald vergessen.

In der Tat lässt sich die Geschichte der Moderne als Geschichte der Disziplinierung schreiben – als eine, in der die äußere Gewalt nicht mehr einem mehr oder weniger anpassungsbereiten oder widerständigen »Menschen« gegenübersteht, sondern in dem die Gewalt ihre Gestalt wandelt und sich zunehmend nach innen verlagert, in die Menschen hinein. Dieser Prozess ist bis heute unabgeschlossen.

Mit anderen Worten: historisch wird aus Fremdzwang Selbstzwang. Unsere moderne Gegenwart ist durch die weitgehende Abwesenheit von direkter Gewalt und direktem Zwang geprägt; wir funktionieren gut, weil wir Zwang und Gewalt verinnerlicht haben und uns selbst zu Dingen zwingen und bereitfinden, für die es vor hundert Jahren noch einen gewalttätigen Lehrer, Vorarbeiter oder Meister gebraucht hätte. So funktioniert, was Foucault die »Mikrophysik der Macht« nennt. Diese Macht ist kleinteilig, steckt in den Körpern und Instanzen und schließlich in denen, die sie durchlaufen haben, sie ist »nicht so sehr etwas, was jemand besitzt, sondern vielmehr etwas, was sich entfaltet; nicht so sehr das erworbene oder bewahrte ›Privileg‹ der herrschenden Klasse, sondern vielmehr die Gesamtwirkung ihrer strategischen Positionen – eine Wirkung, welche durch die Position der Beherrschten offenbart und gelegentlich erneuert wird.«[31]

Das hört sich komplizierter an als es ist. Gemeint ist einfach, dass Macht nicht als äußere präsent sein muss, weil sie sich als Disziplin und selbst auferlegte Pflicht im Inneren eingenistet hat. Als Macht, die im Inneren sitzt, ist sie unsichtbar geworden, und was unsichtbar ist, bietet kein Ziel für Widerstand. Das eigene Selbst empfindet man ja nur in den raren Momenten tiefer Selbsterkenntnis als den eigentlichen Unterdrücker.

»Die traditionelle Macht ist diejenige, die sich sehen lässt, die sich zeigt, die kundtut und die die Quelle ihrer Kraft gerade in der Bewegung ihrer Äußerung findet.« Diese Sorte Macht findet sich heute noch in Historien- und Fantasy-Filmen: Da gibt es den grausamen Herrscher und seine Schergen, die Menschen unterdrücken, fangen, quälen. Diese Macht ist sichtbar, und sie ist gerade deshalb wirksam, *weil* sie sichtbar ist und jederzeit gewalttätig werden kann. »Ganz anders die Disziplinarmacht: Sie setzt sich durch, indem sie sich unsichtbar macht, während sie den von ihr Unterworfenen die Sichtbarkeit aufzwingt. In der Disziplin sind es die Untertanen, die gesehen werden müssen, die im Scheinwerferlicht stehen, damit der Zugriff der Macht gesichert bleibt. Es ist gerade das ununterbrochene Gesehenwerden, das ständige Gesehenwerdenkönnen, was das Disziplinarindividuum in seiner Unterwerfung festhält.«[32]

Bitte: dies alles ist nicht so zu verstehen, dass hier finstere Verschwörer am Werk sind, die »unterwerfen« und »unterdrücken«. Diese Form von Macht ist, würde Meister Yoda sagen, nicht nur in uns, sondern auch »mit uns«, weil wir der Disziplinierung im Zuge der Modernisierung ja tatsächlich sehr bedeutsame zivilisatorische Fortschritte verdanken: zum Beispiel mehr Gleichheit, ein enormes Bildungsniveau, Gesundheits- und Sozialversorgung usw. usf.

Meister Yoda: Macht des Kapitalismus mit uns sein, weil in uns sie ist.

Und natürlich: ein im Vergleich zum letzten und vorletzten Jahrhundert extrem abgesunkenes Gewaltniveau[33]; heute sterben wesentlich weniger Menschen einen gewaltsamen Tod, als es in den vergangenen Jahrzehnten der Fall war. Das gilt auch dann, wenn man die Toten von Erstem und Zweitem Weltkrieg und Holocaust mit einrechnet. Der gegenteilige Eindruck, dass unsere Welt voller Gewalt sei, verdankt sich im Wesentlichen einem medialen Effekt – es wird mehr über Gewalt berichtet als je zuvor, was aber selbst als Hinweis darauf gelten kann, wie unalltäglich sie geworden ist. Bei Foucault wirkt der Lauf der Geschichte merkwürdig düster, und was noch problematischer ist: er kommt eigentlich ohne Menschen aus. Denn es sind ja so abstrakte Kategorien wie »Disziplin« und »Macht«, die Gewalt über die Menschen ausüben, obwohl es doch, darum kommt man nicht herum, auch heute immer noch Menschen sind, die Macht über andere haben. Macht ist selbst kein Subjekt, sondern eine Kategorie, mit der man bestimmen kann, wer Herrschaft ausüben darf und wer sie erdulden muss. Die Mikrophysik der Macht ist also alles andere als eine Metaphysik der Macht – man kann, wenn ich es so altmodisch formulieren darf, auch heute noch Ross und Reiter nennen.

Und damit wären wir bei einem wesentlichen Aspekt der Politischen Ökonomie: nämlich der Ökonomie. Denn im Übergang vom Feudalismus zum Kapitalismus entstehen, marxistisch gesprochen, ganz neue Möglichkeiten der Akkumulation von Kapital – aufseiten derjenigen, die etwa Fabriken besitzen und die Arbeitskraft der Arbeiter nutzen können, um Mehrwert zu erzeugen, also ihre finanziellen und organisatorischen Möglichkeiten zu erhöhen. Das Interessante ist nun, dass die Akkumulation von Kapital mit der Akkumulation von Macht über Menschen einhergeht. Das war vorher prinzipiell auch nicht anders: der Grundherr übte die Macht über seine Bauern und Leibeigenen aus, um seinen Reichtum zu erhalten und zu mehren, aber unter kapitalistischen Bedingungen dynamisiert sich die Akkumulation von Kapital und zugleich wird die Gewalt, wie gesagt, mehr und mehr nach innen verlegt. Das heißt, die Akkumulation von Macht wird *unsichtbar*, während die Akkumulation von Kapital sichtbar bleibt, ja sogar, wie der demonstrative Reichtum der Rockefellers, Vanderbilts etc. zeigt, sichtbarer wird als je zuvor.[34] Das wird erst in der zweiten Hälfte des 20. Jahrhunderts anders, wenn in den westlichen Nachkriegsgesellschaften die »soziale Marktwirtschaft« eingeführt wird, die allzu große Unterschiede zwischen den Einkommen und den Vermögen begrenzt, um sozialen Frieden zu gewährleisten. Davon später mehr (vgl. S. 87).

Machtverhältnisse wirken in der Moderne mehr denn je zuvor nicht nur von außen auf das Individuum ein, sondern werden in seinem Inneren, in seiner psychischen Struktur wirksam. Das, was Foucault die Disziplinargesellschaft nennt, hat jedenfalls Niederschlag in uns allen gefunden: Wir sind als moderne Menschen und Menschen der Moderne schon immer darauf geeicht, in unserer individuellen Entwicklung zunehmend disziplinierter und selbstverantwortlicher zu werden. Moderne Gesellschaften geben uns Spielraum zur Entwicklung und Entfaltung von Autonomie, weil moderne Produktions- und Managementabläufe besser funktionieren, wenn Menschen von ihrer Selbstbestimmung Gebrauch machen, als wenn sie beständig auf Weisungen warten. Auch in politischer Hinsicht bauen moderne Gesellschaft auf die Voraussetzung, dass ihre erwachsenen Mitglieder autonom sind – sonst könnten diese ja nicht einmal Wahlentscheidungen treffen. Man sieht, dass dies keineswegs negative Entwicklungen sind, auch wenn sie, wie Foucault eindrucksvoll zeigt, mit invasiven Sozialtechniken der inneren Disziplinierung einhergehen.

Das alles hat seine eigene Dialektik: Die Ablösung von Fremdzwang durch Selbstzwang ermöglicht eben auch die Entstehung von Gesellschaften, die frei sind und die ihren Mitgliedern Autonomie, also selbstbestimmtes Entscheiden und Handeln erlauben. Deshalb leben wir als Mitglieder von demokratischen Rechtsstaaten westlichen Typs in der im historischen und internationalen Vergleich zugleich freiesten, sichersten und reichsten Form von Gesellschaft, die die Geschichte hervorgebracht hat. Und genau deshalb ist dieser Typ von Disziplinargesellschaft bis heute niemals so hermetisch gewesen, wie Foucault sie gezeichnet hat: Denn bei aller Disziplin gibt es Ferien, Feierabend, Fußball, Vereine usw., also jede Menge Anlässe der Entlastung vom Gleichtakt des Arbeitstages, Freiräume zur Selbstgestaltung, private Zeit. Paradoxerweise eröffnet gerade dieser Typ von Gesellschaft individuelle Handlungsspielräume.

Aber es gibt in diesem Zusammenhang noch einen Aspekt, der zentral wichtig ist, um zu verstehen, was *heute* geschieht und warum ich dieses Kapitel mit der Überschrift »Die Sozialtechnologie der sozialen Netzwerke« versehen habe. Dieser Aspekt ist das panoptische Prinzip. Dieses Prinzip war die entscheidende Innovation im Übergang vom Strafen als Exempel zum Strafen als Erziehung. Das Panoptikum ist eine Architektur, die zum Zweck der perfekten Überwachung entwickelt worden ist. Das klassische Gefängnis, der Kerker, das Verlies, waren dunkle, kalte, oft überfüllte Räume, in die man die Gefangenen »warf« und bis auf die notdürftigste Ver- und Entsorgung sich selbst überließ. Weil es eben nicht interessierte, was mit den Insassen weiter geschehen und was aus ihnen werden würde. Jeremy Bentham entwarf dagegen einen ganz neuen Typ von Gefängnis, das sich im Gegenteil genau dafür interessierte, was die Gefangenen machten oder unterließen, wenn sie nicht arbeiteten, sondern in ihren Zellen saßen.

Sein Panoptikum sah einen äußeren Ringbau vor, in dem die Zellen angeordnet waren, jede mit einem Fenster zur vorderen und zur hinteren Seite. Die Wände zur Nachbarzelle dagegen

Panoptikum: Jeder kann gesehen werden.

waren massiv. In der Mitte des offenen Raumes, der durch diesen Ringbau gebildet wurde, befand sich ein Turm, von dem aus man in jede einzelne der Zellen blicken konnte; die Zellenfenster nach außen hatten nicht die menschenfreundliche Funktion, dass der Insasse zum Beispiel den Himmel sehen konnte, sondern dienten der Helligkeit in der Zelle, damit man durch das innere Fenster sehen konnte, was in der Zelle vor sich ging. Dieses panoptische Gefängnis war insofern genial, als es sehr wenigen Überwachern erlaubte, sehr viele Gefangene im Blick zu behalten. In diesem Sinn war das Panoptikum eine höchst ökonomische Überwachungsmaschine, mit der sich die Zahl der Bewacher drastisch reduzieren ließ. In disziplinarischer Hinsicht ging von dieser Maschine aber eine noch viel tiefgreifendere Wirkung aus: denn in diesem Arrangement konnte kein Häftling mehr wissen, ob er gerade beobachtet wurde oder nicht.

Er war *grundsätzlich* sichtbar, während der oder die Bewacher *grundsätzlich* unsichtbar blieben. Das verändert den Raum und die Position des Gefangenen radikal, muss er doch jederzeit damit rechnen, unter Beobachtung zu stehen, also sein Verhalten danach ausrichten, tunlichst nichts zu machen, was Aufmerksamkeit, Korrektur, Strafe nach sich ziehen könnte. Also wird auch hier etwas von Außen nach Innen verlegt: Der Insasse des Panoptikums legt die Regeln der Anstalt nach innen, in sein eigenes Verhalten. Wenn man will: Die Beobachtung von außen transformiert sich in eine innere Beobachtung. Das macht den Wachmannschaften den Job vergleichsweise leichter; das Gefängnis bildet nun nicht mehr nur einen Raum um den Gefangenen, sondern verlegt sich in sein Inneres.

Auch hier darf man die Wirkungen nicht überschätzen. Gefängnisromane und -filme sind voll von Tricks, mit denen die Wachmannschaften hinters Licht geführt werden, und Erving Goffman hat ein großartiges Buch über die Strategien geschrieben, mit denen Insassen die Vorgaben solcherart totaler Institutionen unterlaufen bzw. »unterleben«, wie er es genannt hat.[35] Gleichwohl liegt im panoptischen Prinzip eine nachhaltig erfolgreiche Sozialtechnologie, die sofort in die Konzeption von Fabriken, später von Großraumbüros übertragen wurde. In Hannover etwa kann man das Stammhaus der Keksfabrik Bahlsen besichtigen und im Verwaltungstrakt das panoptisch angeordnete Büro von Hermann Bahlsen entdecken, von dem aus er perfekt beobachten konnte, ob seine Bürobediensteten eifrig arbeiteten oder nicht.

Auch hier zeigt sich wieder die enge Verwandtschaft von Disziplinargebäuden wie Gefängnissen, Besserungsanstalten, militärischen Ausbildungsstätten einerseits und privatwirtschaftlichen Produktionsstätten andererseits. Was im einen Fall funktioniert, funktioniert auch im anderen Fall. Und niemals ist eine Disziplinierung wirkungsvoller, als wenn sie in das Innere der zu Disziplinierenden verlegt wird. Gegen eine äußere Macht kann man sich auflehnen; das ist risikoreich, aber nicht undenkbar. Aber wie lehnt man sich gegen sich selbst auf?

Was bedeuten vor diesem Hintergrund die oben zitierten Beispiele der gehackten Seitensprungseite oder der Dauerüberwachung von jedem durch die allgegenwärtigen Kameras? Sie bedeuten eine Universalisierung des panoptischen Prinzips: Wir alle sind permanent sichtbar, also kontrollierbar, sehen aber nicht die, die uns sehen. Und noch etwas: Wir alle sind sichtbar, aber nicht füreinander. Diese Machttechnologie verändert unser Selbstverhältnis: Wir verfügen über weniger Wissen über uns selbst als andere, die wir nicht einmal kennen. Daraus folgt exakt das, was der notorische Eric Schmidt, ehemals CEO von Google, in frappierender Offenheit so formuliert hat: »Wenn man nicht will, dass bestimmte Handlungen negativ in der Öffentlichkeit präsentiert werden, dann sollte man sich überlegen, diese Handlungen erst gar nicht zu vollziehen.«

Und noch etwas liegt in der Universalisierung des panoptischen Prinzips: es ist nicht mehr nötig, sich abweichend zu verhalten, um Objekt permanenter Beobachtung zu werden. Niemand muss mehr kriminell, soziopathisch, terroristisch oder auf andere Weise gemeingefährlich sein, um unter Aufsicht gestellt zu werden. Man steht grundsätzlich *unter Aufsicht*, was gleichbedeutend ist mit: unter Verdacht. Und wie in der Quantentheorie genügt eine kleinstmögliche Zustandsveränderung, damit aus dem Verbrecher oder Abweichler im Latenzzustand ein wirklicher Abweichler wird – wie Justine Sacco. Wie tausende andere. Wie Sie.

In diesem Sinn sind wir alle Insassen und haben gelernt, Insassen zu sein. Es sieht so aus, als hätten manche das sogar gern.

KAPITEL 2

ÖKOLOGIE UND DIGITALISIERUNG

Überwachung braucht Energie. Wissenschaft braucht ebenfalls Energie, Krieg auch. Darüber spricht man nicht. Auch nicht über die Geschichte der Produkte, die unser Leben bevölkern. Sie sind da, aber warum, ist unsichtbar.

Die Zerstörung der Welt als Wille und Vorstellung

Ausgerechnet in einem Ort mit dem sprechenden Namen Bluffdale, das ist ein staubiger Vorort von Salt Lake City, gibt es das »Utah Datenzentrum«. Hier nimmt das »goldene Zeitalter der Überwachung«, wie die NSA das selbst nennt, megalomane Gestalt an. Das Ding ist groß, sehr groß, und hat ungefähr zwei Milliarden Dollar gekostet. Sein Herz sind vier Server-Hallen, in denen unter anderem Sie datenverarbeitet werden. Die Energie, die dabei verbraucht wird, entspricht der einer Stadt mit etwa 65 000 Einfamilienhäusern. Die Rechner brauchen Kühlung, damit die Überwachung nicht heiß läuft, rund sieben Millionen Liter Wasser am Tag.[1] Der Energiebedarf der Server von Google entsprach schon 2010 dem einer Stadt mit 200 000 Einwohnern; deutsche Rechenzentren verbrauchen in etwa die Energie, die vier mittelgroße Atomkraftwerke erzeugen. Facebook hat 100 Kilometer vom Polarkreis in Schweden eine Serverfarm gebaut; da ist es schön kühl. Man geht davon aus, dass die Internetkommunikation im weitesten Sinn in Deutschland für etwa zehn Prozent des Stromverbrauchs verantwortlich ist, wobei die Steigerungsraten erheblich sind: Für 2020 soll es schon ein Fünftel sein.[2]

Normalerweise diskutieren wir nicht über ökologische Fragen, wenn wir über Digitalisierung sprechen. Wir diskutieren übrigens auch nicht über ökologische Fragen, wenn wir zum Beispiel über Krieg, Vertreibung, gezielte Tötungen durch Drohnen, Sprengstoffanschläge und ähnliches sprechen. Warum eigentlich nicht? Ist es pietätlos, angesichts von Mord und Gewalt von der Zerstörung von Überlebensgrundlagen zu sprechen? Macht es, um nur ein Beispiel zu nennen, keinen Sinn, über die Entlaubung der Wälder im Vietnamkrieg und die bis heute noch anhaltenden Folgeschäden als ökologische Kriegsfolgen zu reden – und umgekehrt ein Argument gegen kriegerische Gewalt auch darin zu sehen, dass durch sie immer ökologische Zerstörungen angerichtet werden?

Oft, zum Beispiel wenn Ölfelder angegriffen oder Pipelines beschädigt werden, entstehen gigantische Umweltschäden – wieso empfindet man es dann irgendwie als unpassend, über Krieg und Ökologie zu sprechen? Oder: Normalerweise beschäftigen wir uns nicht mit ökologischen Fragen, wenn wir über soziale Ungleichheit reden – obwohl es seit langem bekannt ist, dass soziale Ungleichheit immer auch ökologische Ungleichheit ist. Oder woraus sollte es resultieren, dass in einer einzigen westeuropäischen Großstadt die durchschnittliche Lebenserwartung um circa 30 Jahre differiert, je nachdem, in welchem Teil der Stadt man lebt? Das ist in Glasgow so, aber in allen anderen Städten nicht anders, zum Teil, etwa in asiatischen Megacitys, noch krasser. Armut ist ungesund, weil sie unter gesundheitlich ungünstigeren Umfeldbedingungen in Gestalt von Schadstoffbelastungen, Lärm, fehlendem Grün, mehr Gewaltgefährdung usw. gelebt werden muss.[3]

Wir fragen auch nicht nach den ökologischen Kosten von Finanzmarktkrisen und ihren Verursachungen – wie zum Beispiel nach spekulativen Investments, die zerstörte Infrastrukturen, Bauruinen, strukturschwache Regionen mit hoher Mobilität zurücklassen. Man kann dieses Fragespiel weiterspielen: Warum diskutieren wir nicht über den Finanzmarkt im Zusammenhang mit Bürgerkriegen, wozu wir Anlass hätten, wenn wir sehen, dass etwa die Arabische Rebellion durch erhöhte Nahrungsmittelpreise infolge von Rohstoffspekulation ausgelöst wurde? Oder über dasselbe Geschehen in Zusammenhang mit dem Klimawandel, weil die Welternährungslage selbstverständlich so viel mit den Ernten zu tun hat wie dann die Preise an den

Rohstoffmärkten – ein Zusammenhang, auf den das Center for American Progress nach der Arabischen Rebellion aufmerksam gemacht hat.[4] Bei keinem einzigen dieser scheinbar völlig unterschiedlichen sozialen Phänomene kommt man um die Tatsache herum, dass Menschen in gesellschaftlichen Naturverhältnissen leben: Alles, was sie tun, hat Wirkung auf ihre Umwelten, und diese wirken zurück auf das, was sie tun. Der notwendige und durch nichts Digitales zu ersetzende Stoffwechsel mit Natur ist die gemeinsame Basis noch so unterschiedlicher Lebensformen, Kulturen und Handlungen.

Also: Nein, man kann diese Dinge nicht getrennt voneinander betrachten. Zumindest dann nicht, wenn man den Versuch machen will, die gegenwärtigen Macht- und Widerstandsverhältnisse in modernen Gesellschaften auszumessen. Ich glaube, dass das notwendig ist, denn die getrennte Betrachtung einzelner Problembereiche ist unpolitisch. Sie führt zu einer arbeitsteiligen Problembearbeitung, wie sie ohnehin kennzeichnend für die Art und Weise ist, wie moderne Gesellschaften Probleme eben bearbeiten: durch die Schaffung neuer Subsysteme, die für die Lösung von Teilproblemen zuständig sind, oder zumindest so tun, als würden sie an der Lösung von Problemen arbeiten. Wir haben Umweltprobleme? Schaffen wir ein Ministerium, ein paar Ämter, Lehrstühle! Klimawandel? Wir brauchen Konferenzen, Institute, Forschungsprogramme!

Das, was Soziologen »funktionale Differenzierung« nennen, ist ein zentrales Merkmal moderner Gesellschaften, zweifellos. Aber vieles hat sich gar nicht weiter differenziert. Auch heute gibt es Menschen, die von bestimmten Entwicklungen profitieren, während andere Menschen durch dieselbe Entwicklung Nachteile erleiden. Auch heute gibt es, um es so altmodisch zu formulieren, Ausbeuter und Ausgebeutete, Gewinner und Verlierer, Menschen, die leben, weil andere sterben oder die gesund sind, weil andere sich krank arbeiten. Interesse und Macht ziehen sich quer durch alle getrennt scheinenden Bereiche; sie stellen den Zusammenhang her, denn sie sind es, die nach wie vor organisieren, ob Naturressourcen weiterhin zerstört oder erhalten werden, ob Ungleichheiten wachsen oder verschwinden, ob Konflikte gewaltsam oder zivilisiert gelöst werden.

Die Verhältnisse, in denen Macht und Interessen ausgehandelt werden, verändern sich allerdings. Sie sind im 21. Jahrhundert andere als im 20., deutlich andere. Leider stammt aber die Sichtweise, mit der wir die Verhältnisse zu betrachten und zu verstehen versuchen, aus dem 20. Jahrhundert. Wir sortieren nach »rechts« oder »links«, »grün« oder »konservativ«, als liefen die Konfliktlinien noch entlang solcher Unterscheidungen. »Grün« sind aber inzwischen alle (was ein erhebliches Problem für die »Grünen« darstellt), sozialdemokratisch auch (was ein erhebliches Problem für die SPD wie für die CDU ist) und neoliberale Gesellschaftsvorstellungen hegt man nicht mehr nur in der FDP (die dadurch unter die Räder gekommen ist). Die Rechte hat Schwierigkeiten, sich selbst zu verstehen, und die kurzzeitig aufpoppenden Seltsamparteien zeigen zwar, dass die Parteienlandschaft in Bewegung ist, einstweilen aber ohne Richtung.

Das alles deutet darauf hin, dass das 20. Jahrhundert auch politisch vorbei ist. Da gab es politische Hegemonien und Abgrenzungen, Gewaltmittel, Finanz- und Warenmärkte und Formen der Kommunikation, die so heute nicht mehr existieren: zwei Weltmächte, zwei Systeme, die das Zentrum der Weltgesellschaft bildeten. Heute gibt es eine multipolare Weltordnung, die noch eher unordentlich aussieht, aufstrebende Mächte, Kapitalismus ohne Demokratie, neue politische und wirtschaftliche Strategien, neue Techniken der Herrschaft, andere Normen, andere Formen, den Stoffwechsel zwischen Menschen und Natur zu organisieren. Aber manches ist gleich geblieben und wird sich voraussichtlich auch nicht verändern: Macht ist immer ungleich verteilt, und Menschen sind Naturwesen, die unausweichlich in einem Stoffwechsel mit der Natur existieren. Bier gibt es ebenso wenig digital wie Brot oder Sex oder Luft zum Atmen.

Das sind die einfachen Aspekte einer komplexen Wirklichkeit, und mir scheint es wichtig, dieses Einfache zu betonen. Denn im Angesicht der Komplexitätsbehauptung werden alle politischen Katzen grau, und jedes Interesse, jedes Machtkalkül kann sich hinter der angeblich allumfassenden Komplexität verstecken. Immer noch kann man aber fragen: Wem nützt was? Und dann zu sortieren beginnen. Und dann können wir aufhören, Phänomene wie die Digitalisierung, den Klimawandel, die Finanzmarktkrise, die Kriegsgewalt, die wachsende soziale Ungleichheit in einem unpolitischen Format zu betrachten, weil wir sie als singuläre, voneinander getrennte Phänomene analysieren, die miteinander wenig zu tun zu haben scheinen. Sie haben aber indirekt und direkt miteinander zu tun, obwohl die Verflechtungszusammenhänge manchmal natürlich komplex sind. Aber manchmal sind sie auch ganz einfach, wie im Fall der Digitalisierung. Die zugehörige Industrie kommt so smart daher, weil sie es, im Unterschied zu anderen Industrien, immer schon systematisch vermieden hat, den Aufwand und den Dreck zu zeigen, der mit ihr verbunden ist. Und die Macht, die sie über Menschen gewinnt.

Überwachungsenergie

Auf wissenschaftlichen Konferenzen zum Klimawandel mache ich routinemäßig immer denselben Scherz: Ich beginne meinen Vortrag mit der Mitteilung, dass powerpoint-Präsentationen keinen Strom verbrauchen, wenn man mit ihnen Schaubilder zum Klimawandel zeigt. Die Reaktion ist regelmäßig totales Unverständnis, was bedeutet: Der Scherz kommt nicht an. Das macht ihn gerade gut. Denn tatsächlich ist es ja so, dass die Teilnehmerinnen und Teilnehmer an solchen Konferenzen keine Sekunde lang darüber nachdenken, dass sie aufgrund ihrer Ergebnisse einen tiefgreifenden gesellschaftlichen Wandel fordern, selbst aber keinen Aufwand scheuen, um internationale Konferenzen mit jeder Menge Flugverkehr und aufwendigsten Präsentationen stattfinden zu lassen.

Rein wissenschaftlich betrachtet ist das Global Warming ein Thema wie jedes andere auch und wird betriebsförmig abgearbeitet. Dazu gehört ordentliches Zitieren, korrektes Verwalten von Forschungsgeldern, schickes Präsentieren auch banaler Ergebnisse, Networking. Dazu gehört nicht: wegen der CO_2-Emissionen *nicht mehr* an Klimakonferenzen teilzunehmen, sondern zu Hause zu bleiben, oder eben *keine* Powerpoints mehr zu zeigen, weil die Geräte und besonders die Beamer Strom verbrauchen, und zwar nicht zu knapp. Es gäbe auch noch viele andere Gründe, keine Powerpoints zu zeigen, zum Beispiel weil sie verblöden, aber im Zusammenhang des anthropogenen Klimawandels wäre unnötiger Stromverbrauch ja eigentlich schon ein hinreichendes Argument.

Und damit sind wir wieder bei den Überwachungsfabriken der NSA, die Wasser, Strom, seltene Erden in gigantischen Mengen brauchen, nicht anders als die Rechenzentren der großen Konzerne der Informationsindustrie, der Automobilunternehmen, des Handels, der Logistikfirmen usw. usf. Der Eindruck, den die Digitalisierung macht, dass sich nämlich alles in Bits und Bytes und Clouds abspielt, ist ja grundfalsch. Was ein Computer, ob in Form einer Großrechenanlage oder eines Smartphones braucht, ist physisches Material – Silizium, Chrom, Blech, Kunststoff, LEDs, alles mögliche. Und Energie. Was die NSA angeht, so ist nicht genug Strom im Netz, um ihren stetig steigenden Bedarf zu decken. Deshalb hat sie »beim Kongress Gelder zum Bau neuer Atomkraftwerke angefragt. Bis 2014 wird mit einem solchen Anstieg der Datenmengen gerechnet, dass gar neue Maßeinheiten geschaffen wurden, um sie zu beschreiben.«[5]

Der weltweite Datenverkehr belief sich 1992 auf rund 100 Gigabyte am Tag, heute sind es 16144 Gigabyte je Sekunde, 2019 sollen es schon 51 974 Gigabyte sein. Die nächstgrößeren Einheiten sind Terrabyte, Petabyte und Exabyte, danach kommen vermutlich die Fantastabytes. Aber all das ist nichts Immaterielles.

Wollte man diesen materiellen Input symbolisieren, könnte zum Beispiel jeder Smartphone-Benutzer einen mittelgroßen Kühlschrank hinter sich her ziehen (was sich durch seine gewöhnlich gebeugte Körperhaltung in gewisser Weise ohnehin anbietet). Der materielle und energetische Aufwand zur Erzeugung beider Geräte, Smartphone oder Kühlschrank, ist etwa gleich groß; das Smartphone konsumiert in der Anwendung aber mehr Energie und wird häufiger gegen ein neues ausgetauscht.

Also: Es müsste mindestens eine Gefrierkombination mit Eiswürfelbereiter, Typ amerikanische Vorabendserie, sein, den der informationelle Konsument hinter sich her ziehen müsste, um seinen Aufwand darzustellen. Das tut er aber nicht. Er hat lediglich einen flachen, eleganten Bildschirm bei sich, dessen Form keine Spur davon erkennen lässt, wieviel Arbeit, Material, Logistik, Transport, Energie usw. in das Gerät geflossen sind und dessen Funktionen sorgfältig verborgen halten, dass jeder Quatsch, den man mit ihm machen kann, eine unendliche Menge Energie kostet. Nein, nicht nur die, die aus dem eigenen Akku gezogen wird und ersetzt werden muss, sondern auch die, die jede Anwendung am anderen Ende, bei all den Providern, kostet. Und natürlich auch dort, und hier schließt sich der Kreis, wo mitgehört, mitgelesen und mitgeschaut wird.

Daher die zitierten Zahlen. Ein statistisches Gesamtbild dazu gibt es genauso wenig wie zur Allgegenwart von Kameras und Überwachungsarchitekturen; das liegt an der gleichzeitigen öffentlichen und privaten Nutzung und Verbreitung. Man weiß nur: Es ist viel und es wird viel mehr. Aber der Nutzer zieht eben keine Kühl- und Gefrierkombination hinter sich her, wenn er auf sein Smartphone starrt, sondern schaut nur auf und wischt über das Display seines hocheleganten, wertig designten mobilen Endgerätes, dessen Energiebedarf beim Aufladen des Akkus an der heimischen Steckdose befriedigt wird. Denkt er. In Wahrheit stellt aber jede Abfrage von irgendetwas die Aktivierung eines vernetzten Systems da, erzeugt also Energienachfrage an einer ganz anderen Stelle der Welt. Gerade das aber wird durch das Design der Kommunikationstechnologie insgesamt unsichtbar gemacht.

Das geschieht zum einen durch die Suggestionen, die die einschlägigen Begriffe erzeugen: Eine »Cloud« stellt man sich ja amorph und körperlos vor, sie ist aber nichts anderes als eine

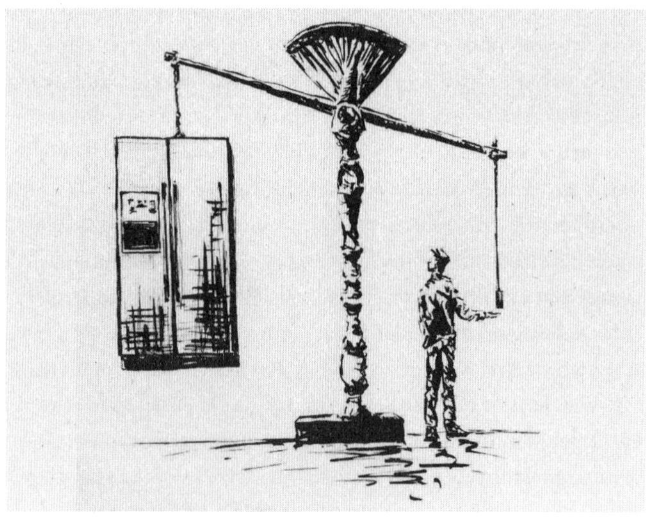

Passt in jede Gesäßtasche: Smartphone (Zeichnung: Deborah Zachwey).

sehr handfeste Serverfarm und besteht aus Beton, Stahl, Blech, Glas, Kunststoff, Schrauben, Kabeln, Klobrillen und so weiter. Auch die Apps, die ohne Unterlass verwendet werden, sind Programme, die nicht ohne Strom laufen, twittern braucht Energie, die irgendwo erzeugt werden muss ebenso wie das Schießen, Teilen und Hochladen von Fotos und Videos jeglicher Art. Nichts davon ist ohne Umweltkosten zu haben. Aber nie wird davon gesprochen.

Made for Germany[6]

Das folgende, zugegeben nicht sehr hübsche Schaubild zeigt an, was in einer Computermaus steckt. Es stammt von der Firma Nager IT, einem Unternehmen, das sich im Unterschied zu fast allen anderen in der Branche dadurch auszeichnet, seine Lieferkette transparent zu machen, oder, wie die unterste Reihe mit den verwendeten Rohmaterialien zeigt, dies zumindest versucht, letztlich aber nicht kann, weil die Zulieferungen intransparent sind.

Warum ist das so? Weil das Unternehmen, dessen Name am Ende auf dem Produkt steht, einen Auftrag an einen IT- oder Textilbetrieb zur Fertigung des gewünschten Produkts gibt. Dieser Betrieb steht dort, wo die Löhne am niedrigsten sind, was meist damit zusammenfällt, dass dort auch die Umwelt- und Arbeitsschutzstandards am schlechtesten sind. Er beauftragt wiederum weitere Betriebe in ähnlichen oder noch billigeren Regionen damit, die nötigen Teile zu liefern oder einzelne Produktionsschritte vorzunehmen. So sind, wie anhand der Grafik ersichtlich, schon an der Herstellung einer Computermaus etwa 200 Firmen beteiligt, wohingegen zum Beispiel ein Büstenhalter 30 Fertigungsstufen durchläuft. Durch jeden dieser Schritte zieht sich ein Preisdruck, der vom Auftraggeber aus-

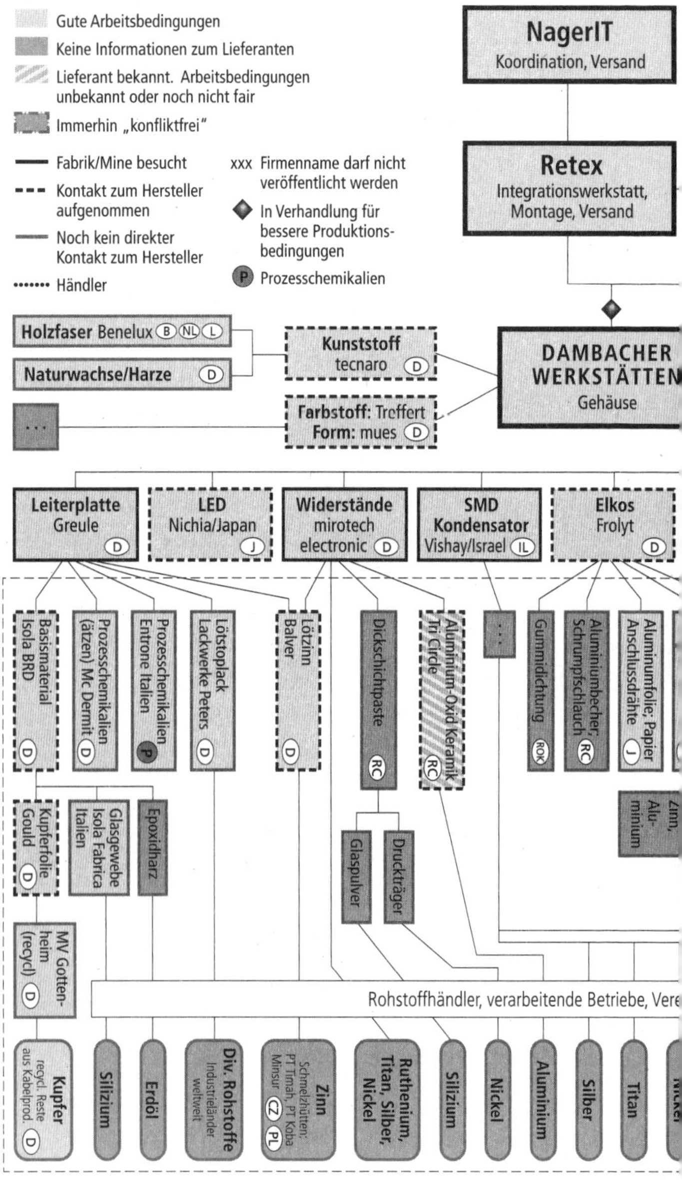
Gute Arbeitsbedingungen
Keine Informationen zum Lieferanten
Lieferant bekannt. Arbeitsbedingungen unbekannt oder noch nicht fair
Immerhin „konfliktfrei"
Fabrik/Mine besucht
Kontakt zum Hersteller aufgenommen
Noch kein direkter Kontakt zum Hersteller
Händler
xxx Firmenname darf nicht veröffentlicht werden
In Verhandlung für bessere Produktionsbedingungen
P Prozesschemikalien
NagerIT
Koordination, Versand
Retex
Integrationswerkstatt, Montage, Versand
DAMBACHER WERKSTÄTTEN
Gehäuse
Holzfaser Benelux B NL L
Naturwachse/Harze D
Kunststoff tecnaro D
Farbstoff: Treffert
Form: mues D
Leiterplatte Greule D
LED Nichia/Japan J
Widerstände mirotech electronic D
SMD Kondensator Vishay/Israel IL
Elkos Frolyt D
Basismaterial Isola BRD D
Prozesschemikalien (ätzen) Mc Dermit D
Prozesschemikalien Entrone Italien P
Lötstoplack Lackwerke Peters D
Lötzinn Balver D
Dickschichtpaste RC
Aluminium-Oxid Keramik Tri Circle RC
Gummidichtung ROK
Aluminiumbecher, Schrumpfschlauch RC
Aluminiumfolie; Papier Anschlussdrähte J
Zinn, Alu-minium
Kupferfolie Gould D
Glasgewebe Isola Fabrica Italien
Epoxidharz
Glaspulver
Druckträger
MV Gottenheim (recycl) D
Rohstoffhändler, verarbeitende Betriebe, Vere
Kupfer recycl. Reste aus Kabelprod. D
Silizium
Erdöl
Div. Rohstoffe Industrieländer weltweit
Zinn Schmelzhütten: PT Timah, PT Koba Minsur CZ PL
Ruthenium, Titan, Silber, Nickel
Silizium
Nickel
Aluminium
Silber
Titan

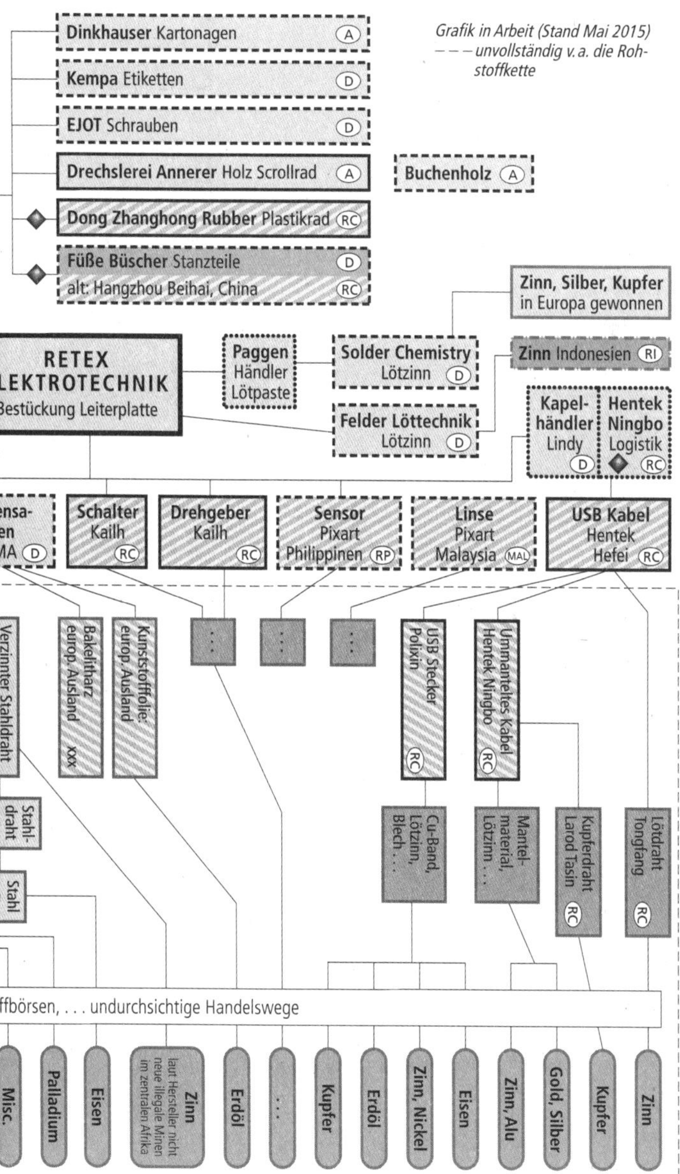
Grafik in Arbeit (Stand Mai 2015)
– – – unvollständig v. a. die Rohstoffkette
Dinkhauser Kartonagen A
Kempa Etiketten D
EJOT Schrauben D
Drechslerei Annerer Holz Scrollrad A
Buchenholz A
Dong Zhanghong Rubber Plastikrad RC
Füße Büscher Stanzteile D
alt: Hangzhou Beihai, China RC
Zinn, Silber, Kupfer in Europa gewonnen
RETEX
LEKTROTECHNIK
Bestückung Leiterplatte
Paggen Händler Lötpaste
Solder Chemistry Lötzinn D
Zinn Indonesien RI
Felder Löttechnik Lötzinn D
Kapelhändler Lindy D
Hentek Ningbo Logistik RC
ensa-
ren
MA D
Schalter Kailh RC
Drehgeber Kailh RC
Sensor Pixart Philippinen RP
Linse Pixart Malaysia MAL
USB Kabel Hentek Hefei RC
Verzinnter Stahldraht
Bakelitharz europ. Ausland xxx
Kunststofffolie: europ. Ausland
USB Stecker Polixin RC
Ummanteltes Kabel Hentek Ningbo RC
Stahldraht
Stahl
Cu-Band, Lötzinn, Blech . . .
Mantelmaterial, Lötzinn . . .
Kupferdraht Larod Tasin RC
Lötdraht Tongfang RC
ffbörsen, . . . undurchsichtige Handelswege
Misc.
Palladium
Eisen
Zinn laut Hersteller nicht neue illegale Minen im zentralen Afrika
Erdöl
. . .
Kupfer
Erdöl
Zinn, Nickel
Eisen
Zinn, Alu
Gold, Silber
Kupfer
Zinn

geht und von jedem Zulieferbetrieb an den jeweils nächsten weitergegeben wird, bis zurück zur Kupfermine oder zum Baumwollfeld. Mit jedem eingesparten Arbeits- oder Umweltschutz bleibt mehr von der ohnehin schmalen Auftragssumme für den jeweiligen Zulieferbetrieb.

In der ökonomischen Theorie gilt eine solche Arbeitsteilung als sinnvoll, denn die Länder oder Betriebe, die die jeweiligen Fertigungsschritte vollziehen, machen sich ihren sogenannten komparativen Vorteil zunutze: Sie können die jeweilige Arbeit im internationalen Vergleich am günstigsten anbieten. Der »Vorteil« hält sich für die an dieser Produktion beteiligten Personen oder Regionen allerdings in engen Grenzen: Es gibt Arbeit, auch wenn sie nur minimal entlohnt wird. An der Wertschöpfung werden die hier beschriebenen schwachen Glieder in der langen Lieferkette kaum beteiligt, während sie sämtliche sozialen und ökologischen Kosten der »knallhart« berechneten Produktion tragen.

Für die auftraggebenden, meist westlichen, Unternehmen ist die zergliederte Lieferkette von Vorteil, denn sie zerteilt das wirtschaftliche Risiko in viele kleine Stücke. Gibt es Probleme mit einer Baumwollernte oder einer Tranche Platinen, dann ist das schlecht für den Zulieferer, nicht für den Textil- oder Elektronikkonzern. Der kann sich darauf verlassen, dass sein Auftragnehmer einen anderen Subunternehmer beschaffen wird, der das nötige Material besorgt oder den fehlenden Arbeitsschritt vornimmt. Dass die Produktion eines Gegenstandes in unüberschaubar viele Schritte aufgeteilt ist, die von unüberschaubar vielen unterschiedlichen Zulieferern abgearbeitet werden, ist für die auftraggebenden Unternehmen nicht nur billig und risikominimierend. Es ist für sie vor allem bequem.

Überdies bedeutet die zersplitterte Wertschöpfungskette eine in höchstem Maß zersplitterte Verantwortung.[7] Daher können sich etwa Vertreterinnen des Handy-Konzerns Nokia für die in ihren Geräten enthaltenen Materialien unzuständig erklären: Der Dokumentarfilmer Frank Poulsen, der mit seinem Film *Blood in the Mobile* nach der Verantwortung des Elektronikunternehmens für den Krieg im Kongo fragt, erhält immer wieder die Antwort, er müsse sich bei den Zulieferern erkundigen, Nokia habe mit den Rohstoffen nichts zu tun.

Je länger die Ketten mit sehr vielen, sehr billigen Fertigungsschritten sind, desto weniger zurechenbar ist Verantwortung. Daher haben Textilunternehmen meist noch eine Vorstellung, was in den einzelnen Schritten ungefähr passiert, was auch der Grund dafür ist, dass eine Initiative zur Transparenz der Wertschöpfungskette, die der deutsche Entwicklungsminister Gerd Müller der Industrie aufgetragen hat, bei der Textilindustrie ansetzt. Aber auch sie kennt ihre Zulieferbetriebe nicht durchgehend. Im Elektronikbereich hingegen herrscht die völlige Ahnungslosigkeit: Hier ist das Zusammenspiel von Materialien, deren Verarbeitung und der Zusammensetzung der verarbeiteten Komponenten über die ganze Kette zu komplex. Selbst Produzenten, die es sich zur Aufgabe machen, die Zusammensetzung der eigenen Geräte nachzuvollziehen, wie Fairphone oder Nager IT, stoßen letztendlich an Grenzen.

In den Endloslieferkettenbranchen betrifft die Verantwortungslosigkeit eigentlich alles, was im Produkt steckt: Niemand ist verantwortlich für die Bedingungen, unter denen Materialien aus der Erde geholt werden, seien es Coltan, Zinn oder Gold aus illegalen Minen, die kongolesische Kriegsparteien finanzieren, oder Gold aus legalen Minen, die brasilianische Dörfer vergiften. Niemand trägt auch Verantwortung für die Arbeitszeiten und die Arbeitssicherheit von Näherinnen in Bangladesch, Indonesien oder China, weil kein Modeunternehmen, von KiK bis Calvin Klein, genau sagen kann, aus welchen Betrieben das Garn stammt, wo gefärbt, gebleicht, zusammengenäht wurde. Geschieht in einem dieser Betriebe dann ein

Unglück, überprüfen globale Unternehmen kurz, ob sie belegen können, dass sie mit dieser spezifischen Produktionsstätte nichts zu tun haben. Am System ändert das nichts. Als die sklavenartigen Arbeitsbedingungen von Foxconn, die für Apple fertigen, bekannt wurden, hat das der Attraktivität der Marke keinen Abbruch getan.

Eine gesetzliche Verpflichtung zur Verantwortungsübernahme ist in der Europäischen Union nicht in Sicht. In den USA verlangt der Dodd-Frank Act von börsennotierten Unternehmen seit 2010 zumindest, die Verarbeitung sogenannter Konfliktrohstoffe berichtspflichtig zu machen – Gold, Tantal, Zinn und Wolfram aus dem Kongo oder seinen Nachbarländern.

Was die industrielle Produktion angeht, hat sich global ein Zwei-Klassen-System herausgebildet: In beiden Fällen entstehen aus riesigen Mengen von Ausgangsstoffen große Massen an Produkten, hergestellt von Menschen. In der ersten Klasse zu finden ist die Produktion im Westen oder globalen Norden, wobei die deutsche Industrie den Extremfall dieser Produktionsweise darstellt. Hier werden hochwertige Dinge – Automobile, Maschinen, Hightech-Materialien für Sportgeräte oder Luft- und Raumfahrt – zu hohen Einzelpreisen hergestellt. Ordentlich qualifizierte Arbeitskräfte, von Gewerkschaften vertreten, werden für ihre Arbeit ordentlich bezahlt. Die Konsumgüter, die sie produzieren, fertigen sie für ihresgleichen, also für andere wohlhabende Bevölkerungsgruppen überall auf der Welt, und sie können sich den Konsum dieser Güter selbst leisten. Meist produzieren sie aber für andere Industrien; wegen seiner Maschinen und Spezialmaterialien ist Deutschland Exportweltmeister.

In der zweiten Klasse aber drängt sich die Herstellung von allem, was unter den Begriff Konsumgüter fällt: Kleidung, Kleinelektrogeräte vom Tablet-PC bis zum Bügeleisen, Einrichtung und Gedöns für Haus und Garten – all das, was »geshoppt«

wird. Der Preis, den die produzierenden Betriebe mit jedem Einzelstück erzielen können, ist niedrig, die Stückzahlen sind hoch. Die Fertigung findet in den je nach Branche günstigsten Ländern des globalen Südens statt, zu Wochenlöhnen, die ein deutscher Arbeitnehmer in der Stunde erzielen kann, wobei die andernorts Produzierenden allerdings etwa doppelt so viele Wochenstunden arbeiten. Auch wenn einzelne der hergestellten Gegenstände billig genug wären, von den Arbeitern erworben zu werden, sind sie für anderswo bestimmt. Sie landen in den Einkaufszentren Europas, der USA oder in exklusiven Geschäften für die Oberschichten der Schwellenländer.

Die in globalisierter Billigproduktion gefertigten Jeans, Computer, Küchenelektrogeräte oder Designerhandtaschen landen bei den Reichen, also mehrheitlich im Westen und bei den Oberschichten der Schwellen- und Entwicklungsländer. Zudem ist da noch die Beteiligung an der Wertschöpfung, also die Beteiligung verschiedener Produktionsbereiche am Umsatz, der mit dem Produkt erwirtschaftet wird: Im »deutschen« verarbeitenden Gewerbe gehen insgesamt 32 Prozent des Preises in die Gehälter der Beschäftigten in der Produktion sowie in Dienstleistungen auf dem Weg zum fertigen Produkt.[8] Bei einer durchschnittlichen Jeans landen insgesamt nur 14 Prozent des erzielten Preises bei den gesammelten Arbeiterinnen (und Fabrikbesitzern), die alle Schritte bis zum fertigen Kleidungsstück verrichten: Vor Schnitt und Zusammennähen sind das noch Baumwollanbau, Garnherstellung, Färbung und Veredelung des Stoffes, wie Bleichen oder Beschichten. Ihre Kosten für Saatgut, Land und chemische Materialien haben die Personen am Anfang der Stoffkette von ihren Einnahmen noch abzuziehen. Drei Viertel des Preises hingegen bleiben hier, im Westen, wo das Stück verkauft wird.

Ihr schönes Smartphone

Für ein iPhone, das Apple für etwa 700 Euro verkauft, bekommt Foxconn zehn Euro. Was Sie aber von all dem sehen, wenn Sie ein Smartphone sehen, gar Ihr eigenes, neues, frisch entwickeltes und noch schicker designtes iPhone 6 in Händen halten und liebevoll streicheln, ist exakt: nichts. Was in dem Ding an Arbeit, an Material, Transportaufwand, Verpackung, Energie schon immer drinsteckt, bevor Sie auch nur die erste SMS damit verschicken oder das erste Selfie machen, ist unsichtbar und soll auch unsichtbar sein.

Im Unterschied zu allem, was mittlerweile als gesellschaftlich fortschrittlich und nachhaltig gilt, nämlich regional oder besser noch lokal erzeugte Lebensmittel und Güter zu kaufen, Textilien aus fairer Produktion und Holz und Fisch aus zertifiziertem Anbau, scheint die Geschichte eines Handys, eines iPads, eines Laptops, eines Fernsehers, eines Kühlschranks, eines Smart Meters, einer Kamera völlig unwichtig zu sein. Niemand fragt danach; allenfalls interessiert noch, welcher Energieklasse das Gerät zugeordnet ist, denn dass es Energie verbraucht, das ist so ziemlich das Einzige, was sich von dem kompletten Stoffwechselprozess, dessen Teil es ist, noch bemerkbar macht.

Das Design von Apple, das so hochgelobt wird und immer in Verbindung mit den Ikonen der Moderne, den Möbeln und Elektrogeräten von Dieter Rams oder den Architekturen des Bauhauses gebracht wird, besteht vor allem darin: alles unsichtbar zu machen, was zu ihm gehört – die seltenen Erden, die mörderischen Arbeitsbedingungen bei Foxconn, die Containerschiffe, die man für den Transport braucht usw. usf. Dabei war aber gerade Materialbewusstsein einer der essentiellen Bestandteile modernen Entwerfens und Bauens; bei Mies van der Rohe mussten die Studenten erst mal ein Semester lang Striche mit dem Bleistift ziehen, um ein Gefühl für die materielle Basis von Entwürfen zu entwickeln. Heute geht es um das genaue Gegenteil: Das Produkt soll so daherkommen, als habe es keine Geschichte, sondern sei einzig und allein eine für die Bedürfnisse des Benutzers zur Welt gekommene Erfüllungsmaschine. Wenn man sie streichelt wie Aladin seine Wunderlampe, wird sie die wunderbarsten Dinge machen, und niemand weiß, wie die zustande kommen.

Machen wir es noch einmal ganz konkret: Das Coltan, das in Ihrer Wunderlampe steckt, stammt vermutlich aus der Demokratischen Republik Kongo; da 80 Prozent des weltweit verbrauchten Coltans von dort kommen, ist die Wahrscheinlichkeit dafür sehr groß. Ebenso groß ist die Wahrscheinlichkeit, dass dieses Coltan von einer Minengesellschaft verkauft worden ist, die es unter billigsten, das heißt immer: menschenunwürdigsten Bedingungen hat fördern lassen. Von Minenarbeitern, die in einem Land leben, das zwei Jahrzehnte Bürgerkrieg mit mehreren Millionen Toten hinter sich hat, das aber noch immer über keine stabile Staatlichkeit verfügt, weshalb internationale

Heute nicht baden. Am Schwarzmeerstrand in Georgien.

Minenunternehmen mit korrupten Lokalregierungen Verträge machen, die ihnen Landnutzungen und Abbaurechte über viele Jahrzehnte hin zusichern. Alles, was auf diesem Land geschieht, spielt sich also innerhalb eines legalen Vertragsverhältnisses ab, ist aber zutiefst räuberisch. Denn es gibt keine Institutionen, die prüfen würden, ob diejenigen, die vorher auf diesem Land lebten und nun vertrieben werden, Entschädigungen bekommen, und keine Polizei, die verhindern würde, dass Menschen, die nicht gehen wollen, massakriert werden. Diesen Menschen bleibt folgende Wahl: erstens Ihr Coltan zu schürfen, unter entsetzlichen Bedingungen und minimalster Entlohnung, zweitens in eine Miliz einzutreten, die ihresgleichen tötet, um nicht selbst zum Opfer zu werden, oder drittens zu verschwinden, mit dem nackten Leben.

Für all das gibt es ein schreckliches Wort, das heißt »Straflosigkeit«. Es bezeichnet den Umstand, dass niemand für die Menschenrechtsverbrechen oder gar die angerichteten Umweltzerstörungen zur Rechenschaft gezogen werden kann. Das ist ein riesiges Problem für den internationalen Strafgerichtshof in Den Haag, der kaum Mittel hat, solche Verbrechen zu verfolgen, geschweige denn zu verhandeln und zu verurteilen. Aber es ist ganz wunderbar für die Unternehmen, die mit sogenannten Konfliktmaterialen Geschäfte machen. Konflikt hin, Konflikt her, diese Materialien werden nun mal gebraucht, sonst geht das Handy nicht. Oder das Windkraftwerk. Oder das Elektroauto. Ein Smartphone, das einen sozial und ökologisch korrekten Preis hätte – der auf Arbeitsbedingungen westeuropäischen Standards und vermiedenen bzw. kompensierten Umweltschäden plus der eigentlichen Gestehungskosten beruhen würde –, würde schätzungsweise zwischen 2000 und 3000 Euro kosten. Tja, Teenies, da staunt ihr! Da es aber unter solchen Voraussetzungen kaum möglich wäre, mittelfristig alle Menschen der Welt und vorerst mal 1,8 Milliarden[9] mit Smartphones auszustatten, muss man für erheblich geringere Preise sorgen, und das geht nur, indem man Menschen ebenso ausbeutet wie Naturressourcen.

Wie moralisch ist im Zeitalter der Globalisierung ein Unterhemd? Noch mal: Mit dessen Wertschöpfungskette haben Baumwollproduzenten vor Ort und die Feldarbeiter zu tun, die von ihnen angeheuert werden, die Verarbeiter der Baumwolle und ihre Arbeiterinnen, die Spediteure, die die Rohstoffe transportieren, die Ausrüster, die Färbereien, die Fabrikanten, die Näherinnen beschäftigen und das Unterhemd fertigen, die Verpackungsunternehmen, die sie schick verpacken, die Designer, die die Unterhemden und ihre Verpackung schön gestalten, die Spediteure, die sie in den deutschen Läden verteilen – ach so, wir haben das deutsche Unternehmen vergessen, das die Hemden beauftragt und verkauft –, die Verkäufer und Verkäuferinnen, die sie an den Endkunden bringen, das Tütchen, in das das Hemd gesteckt wird, der Kassenbon und der Kreditkartenbeleg, auf dem der Preis steht: 2,99 Euro. Kein übertriebener Preis für all den Aufwand.

Die Gewaltschöpfungskette

Wenn man sich all das genau anschaut, müsste man aber statt von einer Wertschöpfungskette von einer »Gewaltschöpfungskette« sprechen, die in dem jeweiligen Endprodukt steckt, das so harmlos, freundlich und nutzbringend daherkommt. Wert wird ja mit Wegwerfprodukten nicht geschöpft, sondern zerstört. Und irgendwo, an irgendeiner Stelle dieser Kette, gab es wahrscheinlich Gewalt und Zwang, Unrecht und Selbstmord, Naturzerstörung und Abfall. Man sieht dem Unterhemd das aber so wenig an wie dem Smartphone, wie allem anderen, was unserer Kaufkraft zur Verfügung steht. Manchmal stürzt so eine Fabrik zusammen, in der die T-Shirts, die reiche Mitteleuropäer für 2,99 Euro kaufen wollen, hergestellt werden. Das gibt dann 1000 tote junge Frauen, schade. Meist wird anschließend untersucht, wie sich das Unglück ereignen konnte. Aber diese Untersuchungen sind überflüssig, denn die Antwort ist längst bekannt: Sie wollten einfach nicht mehr bezahlen.

Übrigens genauso wenig, wie Sie mehr für Ihre Rama-Margarine, Ihr Langnese-Eis oder Ihr Dove-Duschgel bezahlen wollen. Was soll das denn jetzt? Ganz einfach: In all diesen Produkten steckt Palmöl, und die Ersetzung des Regenwalds durch Palmölplantagen stellt, wie man seit langem weiß, eines der größten ökologischen Probleme dar und ist, wie immer, mit brutalen Menschenrechtsverletzungen in Gestalt von Vertreibungen der indigenen Besitzer und Bewohner des Landes verbunden.[10] Aber Sie können nehmen, was Sie wollen: Fast alles, was Sie in Ihrem Kleiderschrank, in Ihrem Kühlschrank, in Ihrem Auto, Haus und Ferienhotel vorfinden, womit Sie kommunizieren, was Sie essen und trinken, kommt auf eine Weise zustande, die Sie nicht wissen wollen. Präziser gesagt: kommt Ihnen zu Preisen zugute, von denen Sie nicht wissen wollen, wie sie möglich sind.

Übrigens: Rein an Ihrer Kaufkraft gemessen, wäre das alles gar nicht nötig. Heute muss man für ein Brot nur noch halb so lange arbeiten wie vor 50 Jahren, für ein Hähnchen oder ein Stück Butter nur ein Zehntel solange. Damals brauchte es 42 Tage Arbeit, um sich einen Fernseher zu leisten, heute sind es vier; ein Schweinekotelett bedeutete zweieinhalb Stunden, heute nicht mal eine halbe Stunde.[11] Der Anteil am Einkommen, den man für Nahrungsmittel ausgab, lag 1960 durchschnittlich bei fast 40 Prozent, heute bei 14 Prozent.[12]

Auch meine Eltern haben für ihr erstes Fernsehgerät, ein Graetz Markgraf (Werbeslogan: »Auf ihn ist Verlass!«), etwa ein komplettes Monatseinkommen ausgegeben. Sie waren stolz, dass sie sich das leisten konnten, und nie wären sie auf die Idee gekommen, etwas »Billiges« zu kaufen. Heute scheint es, »ich bin doch nicht blöd«, ganz unabhängig vom Einkommen als etwas ganz Tolles, so knickrig wie nur irgend möglich zu sein, und dieser Mentalitätswandel scheint rätselhaft. Wieso hält man es in den reichsten Gesellschaften der Erde für ein Menschenrecht, alles nicht nur immer, sondern immer auch extrem billig bekommen zu können? Welche pervertierte Moral liegt dem zugrunde? Wie hat sie sich historisch herausgebildet?

Die Frage hört sich exotisch an, ist aber berechtigt, wenn man sich etwa anschaut, dass in der westdeutschen Textilindustrie der Bundesrepublik Deutschland in den 1960er Jahren noch mehr als 400 000 Beschäftigte in gut 5600 größeren Betrieben arbeiteten, also solchen mit mehr als 20 Beschäftigten. Heute gibt es in der Textilwirtschaft im vereinigten Deutschland nur noch gut 30 000 Beschäftigte in 300 Betrieben. In anderen westeuropäischen Gesellschaften sah das früher nicht anders aus, was übrigens den Vorteil hatte, dass man Unterschiede zwischen Lyoner und Plauener Spitze genauso sehen und fühlen konnte wie zwischen schottischem Tweed und bayrischem Loden. Das nennt man kulturelle Differenz, und die Erfahrung solcher Differenz empfand man, übrigens auch beim Reisen, als Bereicherung. Jetzt geht das angeblich nicht mehr, das Produzieren von Textilien in Deutschland, weil der Wettbewerb die Unternehmen so beständig und »knallhart« unter Druck setzt, dass seit Jahrzehnten eine rastlose Verlagerung von einem Produktionsland ins nächste stattfindet – von der Türkei nach Pakistan nach Bangladesch nach Kambodscha nach Myanmar … immer wegen der 2,99 Euro, ganz unbeschadet der schlichten Tatsache, dass das Unterhemd in Deutschland kaufkraftbezogen locker 29,99 Euro kosten könnte, ohne dass ein einziger Käufer dadurch verarmen würde. Und dafür könnte man es problemlos hier produzieren und alle notwendigen Teilprodukte anständig bezahlen (was übrigens tatsächlich geht, wie einige Unternehmen, beispielsweise »manomama« in Augsburg oder »GEA« in Schrems mühelos vorführen, wie man in der folgenden schönen Grafik sehen kann).

Wie also kommt es zum Sozialprestige durch Knickrigkeit, zum Einsparen um jeden Preis – wofür man dann in der S-Klasse bei Lidl vorfährt? Mir scheint: Die neoliberale Behauptung, überall stehe man im Wettbewerb und müsse alle Konkurrenten »knallhart« unterbieten, hat sich soweit verallgemeinert, dass es auch im Alltagsleben zu einer Umwertung gekommen ist. Galt Geiz traditionell als negative Eigenschaft, gilt er heute als »smart« – daher der Werbespruch: »Ich bin doch nicht blöd!« Blöd wäre man nämlich, würde man mehr ausgeben, als man müsste. Deshalb verbringen die Menschen viel Zeit auf Preisvergleichsportalen und sehen nicht, dass sie, zum Beispiel bei IKEA, in hohem Maße unbezahlte Eigenarbeit leisten, wenn sie das halbfertige Zeug zur Kasse und ins Auto wuchten und später stundenlang zusammenschrauben. Wenn das nicht blöd ist.

Halten wir an dieser Stelle drei Aspekte fest:

1. Der angeblichen Notwendigkeit, sich dem Wettbewerb zu unterwerfen, liegt kein Naturgesetz, sondern eine Werteentscheidung zugrunde. Diese Werteentscheidung lautet: Wir finden es gerecht, immer mehr Dinge für immer weniger Geld kaufen zu können, und sind daher für menschenunwürdige und umweltzerstörende Herstellungsbedingungen dieser Dinge. Diese Werteentscheidung dokumentieren wir durch unser Konsumverhalten und unsere einzelnen Kaufentscheidungen. Wir konsumieren bewusst.
2. Durch diese Haltung verzichten wir auf die Aufrechterhaltung von Differenz und Qualität und tragen zu einer Einebnung aller kulturellen Unterschiede auf der Welt bei. Wir sind aber sehr für Vielfalt, zum Beispiel auf Festivals oder im Urlaub.
3. Wir lehnen es ab, uns über die mittelfristigen Konsequenzen unserer Werteentscheidung Gedanken zu machen, da wir da-

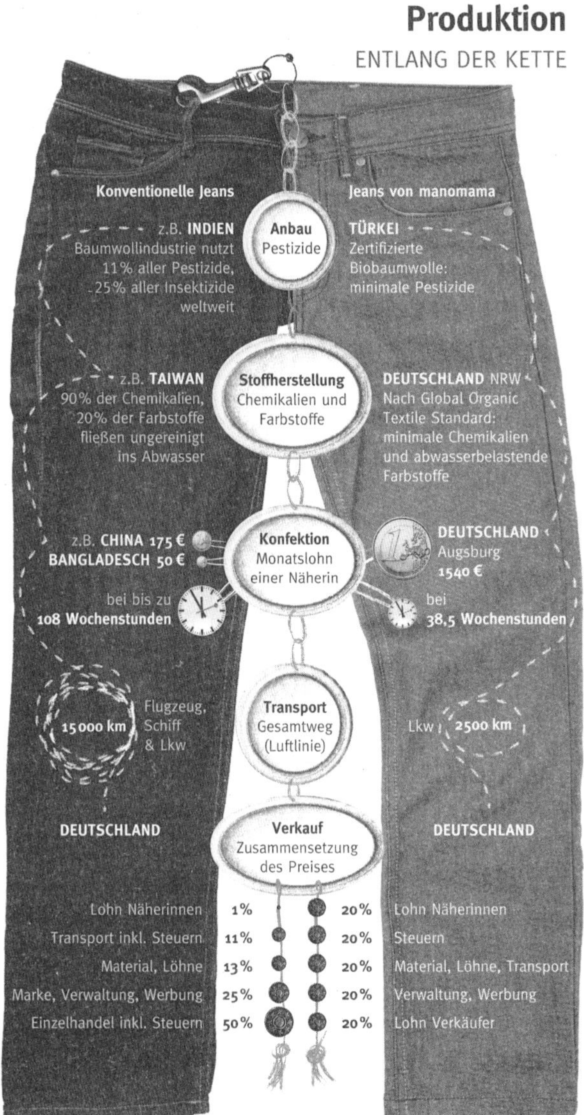

Quellen: manomama.de und mündl. Auskunft; CCC; CCK/Südwind; FAO; IVN; Umweltberatung

Geht doch: manomama-Jeans.

von ausgehen, dass wir »pre-end« länger hinauszögern können als andere Bevölkerungsgruppen auf der Erde. Wir sind nämlich reicher als die anderen.

Und jetzt wird es interessant: Denn wir können hinter diesen drei Aspekten wiederum einen größeren Zusammenhang sehen, einen, der die individuellen Haltungen und die mit ihnen verbundenen Entscheidungen mit großmaßstäblichen Veränderungen im kapitalistischen Wirtschaftsprozess in Verbindung bringt.

FRAGEBOGEN

1. Sind Sie an der Nachwelt interessiert?
2. Wie viel Jahre umfasst, Ihrer Ansicht nach, die Nachwelt?
3. Beunruhigt Sie der Gedanke, dass Sie früher nicht da waren?
4. Würden Sie auch in einem Slum leben?
5. Wenn Sie es aber müssten?
6. Wie lange möchten Sie leben?
7. Wenn Sie Ihr Leben heruntergeladen auf eine Festplatte nach dem Tod weiterleben könnten: Würden Sie diese Möglichkeit ergreifen?
8. Findet Sie das Glück?
9. Welche Menschen könnten Ihrer Ansicht nach ruhig sterben? Bitte Namen nennen.
10. Gibt es Heimat?
11. Und Hoffnung?
12. Worauf hoffen Sie?
13. Betrachten Sie sich als endgültig oder als Zwischenlösung?
14. Sind Sie abergläubisch?
15. Warum nicht?

KAPITEL 3

IST DER KAPITALISMUS NOCH DER KAPITALISMUS?

Vielleicht sollte man besser von Neo-Feudalismus sprechen. Die Gruppe der Herrschenden wird kleiner, die der Vertriebenen und Flüchtenden größer. Es gibt auch wieder Schicksal.

Demokratischer Kapitalismus

Der Soziologe Wolfgang Streeck hat vor einigen Jahren unter dem Titel »Gekaufte Zeit«[1] eine hochinteressante Studie vorgelegt, in der er rekonstruiert hat, wie im ersten Vierteljahrhundert nach dem Krieg Wirtschaftswachstum und die dadurch ermöglichten Verteilungsspielräume das bevorzugte Mittel sozialer Befriedung und Systemlegitimation waren. Die Wirtschaftswunderjahre brachten nicht nur (im Vergleich zu heute bescheidenen) materiellen Wohlstand, sondern wirkten sozial integrativ, machten sozialen Aufstieg denkbar und erlebbar und schufen somit eine enorm große Systemakzeptanz – was vor dem Hintergrund des nicht lang zurückliegenden Nationalsozialismus einerseits und des real existierenden Sozialismus andererseits nicht selbstverständlich war. Das alles funktionierte bis zur ersten Ölkrise 1972; ab diesem Punkt mussten angesichts der sich in schneller Folge ablösenden Wirtschaftskrisen neue Wege gefunden werden, um die Akzeptanz des Kapitalismus einigermaßen zu erhalten und ihm so Zeit zu kaufen: erst durch eine inflationäre Geldpolitik, dann durch extrem steigende Schulden der öffentlichen Hände, später durch die Deregulierung der Finanzmärkte sowie durch die Stimulierung privater Verschuldung.

Mit der Finanzkrise seit dem Zusammenbruch von Lehmann Brothers 2007 und der seither anhaltenden Eurokrise stößt die Politik des Zeitkaufens und der Verschiebung sozialer Zuspitzungen, so Streeck, nun aber an ihre endgültigen Grenzen. Die kaltlächelnde Vergesellschaftung der Verluste des Finanzsektors auf Kosten der Steuerzahlerinnen und -zahler sowie die erzwungene Politik der Verarmung und des Sozialstaatsabbaus besonders in Südeuropa deuten an, dass die Zeit der Vereinbarkeit von Demokratie und Kapitalismus zu Ende geht.

Streeck beschreibt also einen Gestaltwandel kapitalistischen Wirtschaftens, der bis heute ungeheuer folgenreich ist. Pointiert könnte man sagen, dass das Wirtschaftsmodell der westlichen Nachkriegsepoche, das systemisch auf Selbstmodernisierung ausgelegt war, weil es integrativ sein wollte, sich in der Epoche der Globalisierung in ein Wirtschaftsmodell verwandelt hat, das systemisch auf Stagnation ausgelegt ist, um privilegierten Gruppen dauerhaft ihre Privilegien zu sichern. Diese Form von Wirtschaft ist antimodern, weil sie desintegrativ und ausschließlich an der Zementierung des Status quo orientiert ist (weshalb sie so unglaublich viel über Innovation redet, was sie ja nicht müsste, wenn sie innovativ wäre). In diesem Sinn könnte man sie als neo-feudalistisch bezeichnen. Wie jedes Sein das Bewusstsein bestimmt, entwickelt auch der Neo-Feudalismus die zu ihm passenden Menschen. Oder sollte man besser sagen: Untertanen? Aber wer sind dann die Herrschenden?

Der Neo-Feudalismus und seine neue herrschende Klasse

Die amerikanische Soziologin Saskia Sassen spricht in ihrem neuen Buch »Ausgrenzungen«[2] von »räuberischen Formationen«, die sich in den letzten Jahrzehnten, insbesondere seit dem Zusammenbruch der Systemkonkurrenz zwischen Ost und West und dem Siegeszug des Neoliberalismus herausgebildet haben. Dabei stellt sie einen interessanten Zusammenhang zwischen der Komplexität der gesellschaftlichen Wirkungs- und Verflechtungszusammenhänge und der »elementaren Brutalität« her, die Ausgrenzungsprozesse im Ergebnis für die Betroffenen bedeuten können. »Ein Beispiel«, so Sassen, »ist die steil ansteigende Komplexität der Finanzinstrumente, ein Produkt hochintelligenter, kreativer Köpfe und hochentwickelter Mathematik. Als man sie aber anwandte, um eine bestimmte Form von Subprime-Hypotheken zu entwickeln, führte diese Komplexität wenige Jahre später dazu, dass Millionen Menschen in den Vereinigten Staaten, Ungarn, Lettland und weiteren Staaten aus ihrem Zuhause vertrieben wurden. Ein anderes Beispiel ist die Komplexität der juristischen und bilanztechnischen Aspekte von Verträgen, die es einem souveränen Staat ermöglichen, in einem fremden souveränen Nationalstaat große Landstriche zu erwerben und so gewissermaßen sein Staatsgebiet zu vergrößern, um dort beispielsweise Lebensmittel für seine Mittelschicht anzubauen (…). Wieder ein anderes ist die brillante Technik, mit der wir alles, was wir uns wünschen, gefahrlos aus den Tiefen unseres Planeten gewinnen können, wobei wir aber ganz nebenher seine Oberfläche verunstalten. Unsere hochentwickelten Volkswirtschaften haben eine Welt geschaffen, in der Komplexität nur allzu oft ganz elementare Brutalität gebiert.«[3]

Ausgrenzung findet Sassen zufolge dort statt, wo Menschen aufgrund der sogenannten Finanzmarktkrise ihre Häuser verlieren und gleichwohl noch verschuldet bleiben, wo sie infolge der Austeritätspolitik machtüberlegener Staaten und Organisationen ihre Arbeitsplätze verlieren oder, im Fall von zahllosen Jugendlichen in Südeuropa, gar nicht erst welche bekommen, wo sie durch den grassierenden Landraub aus ihren Wäldern, von ihren Fluss- oder Seeufern, von ihren kleinen Acker- oder Weideflächen vertrieben werden und sich am Rand der Megacitys ansiedeln, weil sie anders nicht überleben können. Sassens These ist, dass hinter den verstreuten Einzelphänomenen Trends des kapitalistischen Systems liegen, »die durch sehr wenige dynamische Prozesse geprägt werden. (…) China mag noch viele Eigenschaften einer kommunistischen Gesellschaft besitzen, aber die wachsende Ungleichheit und die in jüngster

Zeit zu beobachtende Verarmung der bescheidenen Mittelschicht haben ihre Wurzeln möglicherweise in tiefer liegenden Trends, die auch beispielsweise in den Vereinigten Staaten wirksam sind. (…) Trotz aller Unterschiede, ob im Kommunismus oder in liberalen Demokratien in Afrika oder Nordamerika, bestimmen ganz bestimmte Verfahrensweisen darüber, wie wir Bergbau und Produktion betreiben, Menschen ausnutzen und im übertragenen Sinne mit Mord davonkommen.«[4]

Man kann das – ein Beispiel, das Sassen nicht verwendet – daran illustrieren, dass ein internationaler Spekulant wie Nicholas Berggruen Strategien der Übernahme von Firmen mit Hilfe jeweils nationaler steuerlicher Unterstützung ebenso gut in Deutschland wie in Nordamerika wie in Asien praktizieren kann, indem er die wertvollen Teile der nahezu kostenlos angeeigneten Unternehmen oder etwa Markennamen gewinnbringend verhökert, die verbliebenen nicht lukrativen Unternehmensteile unter gewaltigen Arbeitsplatzverlusten verkleinert, womit er die Kosten wiederum staatlich über Auffangmaßnahmen, Arbeitslosenunterstützung etc. begleichen lässt, um anschließend bereichert von dannen zu ziehen. Das hat er in Deutschland mit Karstadt gemacht, das er unter tosendem politischen Beifall für einen Euro gekauft hat. Eine unterbelichtete Wirtschaftspresse kommentiert seinen wahrscheinlich von Anfang an geplanten Rückzug dann damit, dass auch dieser Investor seine Sanierungsziele nicht erreicht habe, während der schon andernorts dabei ist, das nächste Unternehmen zu ruinieren. Zu allem Überfluss, auch dies ein Trend, eröffnen Kapitalisten dieses Typs dann Stiftungen (in diesem Fall das »Berggruen Institute«), die sich unter Beteiligung europäischer Spitzenpolitiker zum Beispiel der Frage widmen, wie denn der erschreckenden Jugendarbeitslosigkeit in Europa beizukommen sei.

Nun, bei all dem fällt jedenfalls eine Menge ab. Seit Mitte der 1980er Jahre fließen Einkommenszuwächse in den USA den obersten zehn Prozent und besonders dem obersten einen Prozent der Bevölkerung zu, während die restlichen 90 Prozent Rückgänge in ihren Arbeitseinkommen hinnehmen mussten.[5] Diese Ungleichverteilung hat sich seit der Finanzkrise noch deutlich vertieft. Die OECD verweist auf den aktuellen »World Wealth Report«, laut dem die Zahl der Millionäre im Jahr 2013 um 15 Prozent bzw. um zwei Millionen Personen weltweit anstieg. Deren Vermögen wuchs seinerseits um 14 Prozent und betrug insgesamt 53 Billionen Dollar, das Äquivalent der globalen jährlichen Wirtschaftsleistung. Das Vermögen der Reichen ist in den letzten fünf Jahren um 20 Billionen Dollar angewachsen, bis 2016 wird es voraussichtlich auf 64 Billionen Dollar steigen.[6]

Wichtiger als die reinen Zahlen, die allerdings für den untersten Teil der Einkommenspyramide Armut trotz Arbeit, zum Teil in mehreren Jobs gleichzeitig, bedeuten, ist der soziale Paradigmenwechsel, der darin zum Ausdruck kommt: »In der unmittelbaren Nachkriegszeit, die sich bis in die späten 1960er und frühen 1970er Jahre erstreckte, erreichte die Integration der Arbeitskräfte in formelle Arbeitsmarktbeziehungen in den meisten hochentwickelten Wirtschaftsordnungen ihren höchsten Stand. In den Vereinigten Staaten trug sie dazu bei, dass der Anteil der Arbeitseinkommen, die an die obersten zehn Prozent flossen, von einem Höchstwert von 47 Prozent in den 1920er und frühen 1930er Jahren auf 33 Prozent von 1942 bis 1987 zurückging.«[7]

Verbunden war der solcherart sozial gezähmte Kapitalismus mit starken Arbeitsschutzrechten, mächtigen Gewerkschaften und mit einer gesamtgesellschaftlichen Vorstellung, die weit mehr der Vorstellung vom »American dream« verpflichtet war, als das heute der Fall ist.

Denn die Einkommenszuwächse seit der Finanzkrise von 2009 gingen zu sagenhaften 95 Prozent auf die Konten des obersten Prozents der amerikanischen Bevölkerung, während wiederum 90 Prozent der Amerikaner seither ärmer geworden sind.[8] Der Einkommenszuwachs des reichsten Prozents beträgt auf die letzten drei Jahrzehnte gerechnet 300 Prozent. Ähnliche Umverteilungen, wenn auch nicht so krass, haben in allen frühindustrialisierten Ländern mit dem Siegeszug des Neoliberalismus stattgefunden. In Deutschland besitzt das reichste Prozent exakt ein Drittel aller Vermögenswerte. Noch spektakulärer: Die reichsten 0,1 Prozent verfügen über 17 Prozent, während 50 Prozent der Bevölkerung zusammengenommen nur 2,5 Prozent des Vermögens haben.[9] Bereits im Jahr 2016 wird das oberste Prozent der Weltbevölkerung mehr Vermögen besitzen als der Rest der Welt zusammengenommen. Das Vermögen der 80 reichsten Menschen der Welt hat sich zwischen 2009 und 2014 verdoppelt; sie besitzen zusammen genauso viel wie die ärmere Hälfte der Weltbevölkerung. Im Jahr 2010 brauchte es noch 388 Superreiche, um auf diesen Wert zu kommen.[10] Unter den Superreichen finden sich überproportional vergleichsweise junge Männer aus der Internetindustrie wie Jeff Bezos, Sergey Brin oder Mark Zuckerberg.

Parallel zu dieser Entwicklung stieg die Verschuldung der Nationalstaaten radikal an, was gleichbedeutend mit einer Verengung der staatlichen Handlungsmöglichkeiten im Bereich der öffentlichen Versorgung ist – ein Vorgang mithin, der es immer schwieriger macht, die Ungleichheiten und Ungerechtigkeiten zum Beispiel in den Bildungschancen zu kompensieren. In einem extrem reichen Land wie Deutschland hat das dazu geführt, dass Kinder aus sogenannten bildungsfernen (das ist die so vornehme wie arrogante Bezeichnung für ärmere) Schichten heute nur noch zu etwa 12 Prozent studieren, während es auf dem Höhepunkt des Sozialstaats 23 Prozent waren. »Zwischen 1982 und 2003 ist der Anteil der Studierenden aus der höchsten Sozialschicht von 17 auf 37 Prozent kontinuierlich angestiegen, während sich der Anteil der Studierenden aus der untersten Herkunftsgruppe von 23 auf 12 Prozent verringert hat.«[11]

Wir sehen also vertiefte Ungleichheit auf der innerstaatlichen Ebene, aber man darf natürlich nicht aus dem Blick verlieren, dass die internationalen Disparitäten trotz allem gravierend geblieben sind: Das bedeutet konkret, dass die untersten zwanzig Prozent in einem Land wie Dänemark auch heute noch reicher sind als die reichsten zwanzig Prozent in einem Land wie beispielsweise Mali.[12]

Auch solche Disparitäten werden durch die Verschuldung der Staaten künftig eher vertieft als verringert werden – denn gerade die ärmsten Staaten der Welt müssen heute vor allem ihre Kredite bedienen und können desto weniger in Bildung, Gesundheit und Infrastruktur investieren. So müssen Länder wie Belize, die Philippinen oder El Salvador mehr als ein Viertel ihrer Staatseinnahmen für den Schuldendienst aufwenden,[13] was zu einer dauerhaften Falle wird, die aber für reiche Staaten und private Konzerne vorteilhaft ist, die dann etwa günstige Konditionen für Landnahme, Rohstoffabbau usw. vorfinden, womit sich wiederum ein Kreis schließt. Schlechte Staatlichkeit bedeutet nach innen Armut, Unsicherheit, Auswanderung besonders der jungen Generationen; nach außen hervorragende Gewinnmöglichkeiten. Pre end.

Auswanderung ist dabei ein wiederum äußerst freundlicher Begriff für das an Dramatik kaum zu überbietende Anwachsen der Flüchtlingszahlen: Auch hier gibt es eine Kumulation höchst unterschiedlicher, gleichwohl zusammenwirkender Gründe, die Menschen dazu veranlassen, ihre Heimat zu verlassen. Das kann daran liegen, dass sie vertrieben werden (wie im Fall von Landraub), dass ihr Leben bedroht ist (im Fall von Krieg, Bürgerkrieg oder despotischen Regimen), dass sie religiös oder rassistisch verfolgt werden, dass Regimewechsel stattgefunden haben, die plötzlich neue Feindkategorien mit sich gebracht haben, dass sich die Überlebenssituation (zum Beispiel durch Folgen des Klimawandels, durch Überfischung, durch Vergiftung von Böden, Flüssen oder Seen) verändert hat oder dass man einfach Lebenssicherheit haben möchte, also aus der Inanspruchnahme eines Menschenrechts heraus.

Der UNHCR spricht für das Jahr 2015, das insbesondere durch den Krieg in Syrien einen enormen Zuwachs an Flüchtlingen verzeichnet hat, von rund 59,5 Millionen Menschen, die weltweit auf der Flucht sind, aufgeteilt in 19,5 Millionen Flüchtlinge, die Landesgrenzen überschreiten, 38,2 Millionen Binnenflüchtlinge (sogenannte internally displaced persons) und 1,8 Millionen Asylsuchende. Unglaubliche 86 Prozent davon werden in Entwicklungsländern aufgenommen.[14] Daher ist es eine absichtsvolle Wahrnehmungstäuschung, wenn im Westen von »Flüchtlingsströmen«, »-anstürmen«, »-schwemmen« die Rede ist. Insbesondere die Zahl der Kriegsflüchtlinge nimmt rapide zu: 2014 waren es 42 500 Menschen jeden Tag, eine Vervierfachung gegenüber 2010. Antonio Guterres, der Hohe Kommissar für Flüchtlingsfragen bei der UN, spricht von einem »Paradigmenwechsel« – denn was wir hier sehen, ist eine neue Entwicklung. Hauptaufnahmeländer für Flüchtlinge sind die Türkei, Pakistan, der Libanon, Äthiopien, Jordanien und Iran. Im Libanon kommen 232 Flüchtlinge auf 1000 Einwohner. In Syrien wie in Afghanistan wie im Irak wie in Somalia wie im Sudan wie im Kongo haben die westlichen Länder, allen voran die USA und besonders verschärft seit dem »Krieg gegen den Terror«, höchst unheilvolle Rollen gespielt und vorhandene Staatlichkeit, wie immer man diese moralisch zu bewerten hatte, zerstört.

Wenn jetzt diejenigen, die unter den Folgen solcher Interventionen zu leiden haben, mit aller Macht davon abgehalten werden, die Grenzen der Inseln der materiellen und rechtlichen Glückseligkeit zu überschreiten, könnte man das als zynisch bezeichnen. Aber das wäre naiv: Denn für neoliberale, gar für neofeudale Gesellschaften ist es ja einerseits vorteilhaft, andernorts gescheiterte Staaten vorfinden zu können, mit denen sich besser schlechte Verträge aushandeln lassen als mit stabilen Staaten; andererseits ist es auch beispielsweise für die Schattenwirtschaft vor Ort günstig, wenn sich hinreichend viele zugleich arme und rechtlose Menschen auf dem eigenen Staatsgebiet finden, die man ohne alle Schutzrechte und zu demütigender Bezahlung beschäftigen kann.[15] Es handelt sich hier also nicht um Zynismus, sondern um eine rationale Strategie, partikulare Interessen zu verfolgen.

Sassen beschäftigt sich in ihrer Studie übrigens auch mit anderen Formen absichtsvoller Ausgrenzung, etwa mit dem Anstieg der Häftlingszahlen in den USA. Hier hat es in den vergangenen vierzig Jahren einen Anstieg um sage und schreibe 600 Prozent gegeben, was kaum daran liegen kann, dass die Kriminalitätsneigung in der Bevölkerung seither so außerordentlich zugenommen hat. Ein Grund liegt in der Verschärfung von Gesetzen (etwa der Regeln, dass ein drittes Bagatellvergehen in manchen Bundesstaaten eine lebenslange Haft nach sich ziehen kann), ein anderer aber in der Privatisierung des Gefängniswesens.

Hier haben wir mal einen Zusammenhang, der offensichtlich nicht komplex ist: Wenn der Umsatz eines Gefängnisdienstleistungsunternehmens von der Fallzahl der Insassen abhängt, ist es im Interesse des Unternehmens, dass diese Fallzahlen steigen und nicht sinken. Dabei sind die etwa eine Million Dollar an Bestechungsgeldern, die der Jugendrichter Mark Ciavarella eingenommen hatte, weil er 4000 Jugendliche in private Jugendgefängnisse einfahren ließ, nur die sichtbare Folge einer meist unsichtbaren Praxis. Auch der Umstand, dass dessen 4000 Urteile vom Obersten Gerichtshof der USA aufgehoben wurden, dürfte eher als die Ausnahme zu werten sein, die die Regel bestätigt. Hier findet die Privatisierung, wie sie analog mit anderen ehemals staatlichen Dienstleistungen in den USA, in Ost- und Westeuropa durchexerziert wurde, seinen extremsten, aber auch transparentesten Niederschlag. Den können wir vornehm die Monetarisierung rechtlicher und sozialer Beziehungen nennen. Diese wird uns am Beispiel der Share Economy später noch wiederbegegnen.

Landraub

Ein anderer, in seinen Folgen gleichermaßen sehr einfach zu beschreibender Vorgang ist der Landraub, der seit etwa zwei Jahrzehnten in eklatantem Umfang zugenommen hat. Dabei geht es, wie schon im Zusammenhang von Bodenschätzen geschildert, um den Kauf oder die langfristige Pachtung von Land, entweder um dort vorhandene Ressourcen (wie Gold, seltene Erden, Wasser) zu gewinnen und zu vermarkten, oder Anbauflächen für Nutzpflanzen zu gewinnen, für die es Nachfrage besonders in den reichen Ländern gibt.

Eine ausgesprochen verhängnisvolle Rolle spielen dabei, wie schon erwähnt, Ölpalmen, deren Produkte einerseits in einer unendlichen Menge von Nahrungsmitteln von Nutella bis zur Tiefkühlpizza stecken, die andererseits aber zunehmend auch einer sogenannten grünen Energiewirtschaft dienen, die ihre fossilen Energieressourcen durch Biotreibstoff zu strecken begonnen haben – nicht zuletzt, um (wenigstens symbolische) Maßnahmen gegen die globale Klimaerwärmung ergriffen zu haben. Kathrin Hartmann hat dazu gerade ein bedrückendes Buch veröffentlicht.[16] Gigantische Flächen wurden agroindustriell fremdgenutzt, in Uruguay etwa 20 Prozent des Staatsgebiets, auf den Philippinen 17 Prozent.

»Fremdgenutzt« hat dabei zwei Dimensionen: Denn erstens wuchs, wo jetzt Ölpalmenmonokulturen wachsen, vorher Regenwald, und zweitens gab es dort, wo jetzt eine Art Methadon für die fossile Wirtschaft gezüchtet wird, seit Jahrtausenden Menschen, die von den vorhandenen Ressourcen des Waldes, der Seen, der Flüsse usw. gelebt haben. Die Forschung berichtet, dass seit 2001 im Zuge solcher Landnahmen durch staatliche wie private Unternehmen 227 Millionen Hektar Land einer anderen Nutzung zugeführt wurden; allein in Äthiopien, Liberia, Mosambik, Nigeria und Sudan waren es in nur fünf Jahren 10 Millionen Hektar.[17] »China sicherte sich im Kongo auf 2,8 Millionen Hektar das Recht zum Anbau von Ölpalmen für Biotreibstoffe und betreibt damit die größte Ölpalmenplantage der Welt. In Sambia verhandelt es derzeit über den Anbau von Biotreibstoff auf zwei Millionen Hektar.«[18]

Damit es nicht gleich wieder praktischerweise gegen die Chinesen geht: Es sind vor allem auch westliche Konzerne wie Unilever, Nestlé usw., die in großem Stil an Landnahme beteiligt sind, und natürlich auch Sie, die die Produkte dieser Unternehmen kaufen oder mit Biotreibstoff angereicherten Sprit tanken. Aber was bedeutet solche Landnahme konkret für die Menschen vor Ort? Da wird es wieder einfach. Sie müssen sich entscheiden, ob sie gehen oder, falls ihnen ein solches Angebot gemacht wird, zu schlechten Bedingungen auf dem Land arbeiten möchten, das ihnen eigentlich gehört. Eigentlich heißt oft, dass die Besitzverhältnisse in ländlichen Regionen von afrikanischen oder asiatischen Ländern nicht vertraglich festgelegt sind, sondern nach Gewohnheitsrecht reguliert waren. Wenn jetzt ein internationales Unternehmen per Kontrakt Bodennutzungsrechte erworben hat, sind diese Gewohnheitsrechte extrem schwer durchsetzbar; die Leute müssen gehen. Aber was bedeutet das konkret? Sie müssen sich, da sie in der Regel *nichts* haben, in die Ränder der großen Städte aufmachen, da sie auf dem Land keine Überlebensmöglichkeit mehr haben.

Wenn wir die Statistiken lesen, dass schon mehr als die Hälfte der Weltbevölkerung heute in Städten lebt und dass dieser Anteil künftig noch erheblich wachsen wird, dann scheint uns das irgendwie urban und freundlich, so modern. Dass ein Großteil des Bevölkerungszuwachses aber auf Vertriebene zurückgeht, denen jede Möglichkeit genommen wurde, für sich selbst zu wirtschaften, kommt in dieser Optik nicht vor.

Geschehnisse dieser Art sind einfach und komplex zugleich. »Was spielt sich wirklich ab, wenn ein neuer Eigentümer/Pächter, ob aus dem eigenen Land oder aus dem Ausland, 2,8 Millionen Hektar Land erworben hat, um Palmen zur Herstellung von Biotreibstoffen anzubauen? In der Regel werden Dutzende von Dörfern, ganze kleinbäuerliche Landwirtschaftsdistrikte und Produktionsbetriebe aus diesen ländlichen Regionen vertrieben. Manche von ihnen erhalten vielleicht Ausgleichszahlungen und werden auf gleichwertige Flächen umgesiedelt. Im Ganzen betrachtet, sind die Verluste aber viel größer als der Schadenersatz. Und schließlich werden auch Tier- und Pflanzenwelt vertrieben und machen Platz für Monokulturen. Das alles führt durch den Verlust der Nährstoffvielfalt und der Artenvielfalt von Insekten zum Verfall der Landflächen und der Erde selbst. Nach wenigen Jahrzehnten ist das Land ausgelaugt und klinisch tot, wie wir es in älteren Plantagengebieten in Mittelamerika, der Karibik und in Teilen Afrikas bereits beobachtet haben. Auf sehr lange Sicht kann sich das Land erholen, aber davon profitieren die Nachkommen der vertriebenen Bauern und ländlichen Produzenten meist nicht; sie wohnen stattdessen in übervölkerten Slums an den Rändern der großen Städte.«[19]

Neo-Feudalismus

Man muss auch hier einen Paradigmenwechsel im Auge behalten: Diese Art der Inanspruchnahme von Überlebensressourcen ähnelt weit mehr der früheren, längst vergangen geglaubten Kolonialzeit als der in der frühen postkolonialen Phase gepflegten wirtschaftlichen und kulturellen Praxis. Um es einfach zu sagen: Wenn ich eine Baumwollspinnerei in Afrika errichte und in diesem Zusammenhang gemeinsam mit anderen Wirtschaftsakteuren etwa dafür sorge, dass Infrastrukturen für Ausbildung, Versorgung, Warentransport usw. aufgebaut werden, dann mache ich das aus privatwirtschaftlichen, insoweit kapitalistischen Interessen, trage aber zur Modernisierung des Landes bei. Wenn ich hingegen auf 90 Jahre Land pachte und dort nichts anderes schaffe als eine hocheffiziente Industriepflanzenmonokultur zu reinen und ausschließlichen Exportzwecken, dann mache ich für Infrastruktur und wirtschaftliche Entwicklung des betreffenden Landes gar nichts, ich nutze es nur für andernorts zu realisierende Zwecke. Was heißt vor diesem Hintergrund noch Entwicklung, was staatliche Souveränität? »Was ist eigentlich eine Staatsbürgerschaft noch wert, wenn das Staatsgebiet zu Plantagen herabgestuft wird, die in ausländischem Besitz sind, während alles andere – Tier- und Pflanzenwelt, Dörfer, Kleinbauern und die traditionellen Regeln, nach denen Grundbesitz oder die Nutzung des Landes organisiert waren – vertrieben wird?«[20]

Diese Frage ist irritierend, deutet sie doch an, dass unsere gewohnte Vorstellung von einer nationalstaatlich eingebundenen und regulierten Wirtschaft, die sich wie in der EU oder in Freihandelsabkommen unterschiedlichen Typs auch verbünden kann, abgelöst werden muss von der Vorstellung eines transnational operierenden Typus von Wirtschaftskorporationen, die

Boden, Wald und Wasser, wo auch immer, nur als Gelegenheitsstrukturen für den Ausbau der eigenen wirtschaftlichen Macht betrachten. Solche Korporationen können rein privat sein, privat-staatlich, oder auch staatlich. Der entscheidende Punkt ist, dass sie Souveränität durch die normative Kraft des Faktischen brechen und damit *andere* Verhältnisse schaffen, etwa dadurch, dass es keine Institutionen gibt, vor denen sie Rechenschaft über ihr Handeln ablegen müssten. Das zugrundeliegende Prinzip heißt, wie gesagt: Straflosigkeit.

Die sukzessive Schaffung von Institutionen der Verrechtlichung von Verhältnissen – Gerichte, Steuerverwaltungen, Gesundheitsämter, Polizei usw. – ist das Kennzeichen der Moderne, ihre Zerstörung mithin antimodern. Sie führt zurück zu Verhältnissen, in denen diejenigen Recht durchsetzen können, die finanzielle Macht haben und sich Gewalt kaufen können. Wir werden sehen, dass diese Form der Durchsetzung auch in den Kernländern des Kapitalismus und der liberalen Moderne immer mehr Raum findet, nicht nur in den Schwellen- und Entwicklungsländern und dort, wo die Moderne noch gar nicht stattgefunden hat.

Es bleibt jedenfalls festzuhalten, dass hier die Entstehung von »räuberischen Formationen« zu beobachten ist, die sich anders verhalten, als wir es vom Kapitalismus bislang kannten. »Solche Formationen«, schreibt Sassen, »sind Sammlungen mächtiger Akteure, Märkte, Technologien und Regierungen. Sie sind weit mehr als einfach nur die reichsten Personen, die reichsten Unternehmen oder die mächtigsten Regierungen. Aus allen diesen Welten nehmen derartige Formationen einfach nur Elemente auf.«[21]

Die damit verbundene Dynamik verschiebt, wie immer in sozialen Entwicklungsprozessen, die bestehenden Machtbalancen. Es sieht so aus, als würden Staaten und damit die steuerzahlenden Bevölkerungen immer mehr an Macht und Einfluss zur

Gestaltung des gesellschaftlichen Zusammenlebens verlieren, während private Unternehmen und – wie im Fall der Überwachungsindustrie – staatlich-private Assoziationen immer mehr Gestaltungsmacht gewinnen. Während in der Nachkriegsperiode zwischen 1945 und 1970 der Kapitalismus durch die relative Mächtigkeit von Gewerkschaften, Verbänden, Parteien erfolgreich gezähmt wurde und einer modernen Form von Gesellschaftlichkeit Platz gab, hat der neoliberale Rollback seither und besonders seit dem (zwischenzeitlichen) Ende des Kalten Krieges zu einer Befreiung der vormals gezähmten Kräfte der Stärkeren und zur Etablierung einer globalen Marktgesellschaft geführt, in der sich Macht auf immer weniger Organisationen und Einzelne konzentriert und die Zahl der Ausgeschlossenen immer größer wird. Das gilt für die westlichen Gesellschaften, aber, wie Sassen schreibt, wird ein »solcher Wechsel von der Aufnahme zur Ausgrenzung (…) auch in China und Indien im Entstehen begriffen sein.«[22]

Modernisierung ohne Moderne

Weder die frühindustrialisierten noch die industriell nachrückenden Gesellschaften sind heute noch zu infrastrukturellen Aufbau- und Modernisierungsleistungen in der Lage, wie sie die Nachkriegsentwicklung hervorgebracht hat. Die Staatsverschuldung ist der objektive Grund dafür; die Abkehr von integrativen Gesellschaftsvorstellungen aufseiten der Wirtschaftseliten der subjektive. Was aber strukturell der entscheidende Faktor ist: Die Modernisierung der Wirtschaften in den nachrückenden Ländern folgt *nicht* dem Pfad, den die frühindustrialisierten Länder gebahnt haben. Es werden weder selbstbewusste Mittelklassen noch kämpferische Arbeiterklassen entstehen.

Warum nicht? Weil diese in Europa und in Nordamerika

parallel mit der Entwicklung der Produktivkräfte entstanden sind – der Kampf um die Arbeitszeit, gegen Kinderarbeit, um bessere Löhne, um Arbeitsschutz, Krankenversicherung, Schulbildung usw. usf. folgte der industriellen Entwicklung und der damit sich bildenden Notwendigkeit, qualifizierte, zivilisierte, systemzufriedene arbeiterliche Schichten zu haben. Das heißt: Teilhabe musste zwar erkämpft werden, dieser Kampf war aber inhärenter und notwendiger Teil der Modernisierung dieser Gesellschaften.

Die Industrialisierung der Schwellen- und Entwicklungsländer überspringt das alles: Denn alle Rationalisierungsgewinne etwa in der industriellen Fertigung werden ja nicht sukzessive aufgebaut und erarbeitet, sondern schon als Ausgangsbedingung installiert. Unter anderem dafür steht die Digitalisierung – automatisierte und rechnergesteuerte Produktion und Logistik werden ja sofort und nicht erst, wie im 20. Jahrhundert, nach vielen Jahrzehnten eingeführt. Der Kampf um die Teilhabe am gesellschaftlichen Reichtum, den die Steigerung der Produktivität hervorbringt, findet nicht statt; politische Klassen im europäischen Sinn bilden sich gar nicht erst. Und damit auch nicht das politische Subjekt, wie wir es kannten.

Das ist übrigens auch der Grund dafür, dass der wirtschaftlichen Liberalisierung nicht, wie lange Zeit aus westlicher Perspektive erhofft, die politische folgt. Kapitalismus funktioniert ohne Demokratie, besonders dann, wenn sich keine Zivilgesellschaft entwickelt. Autokratien können hervorragend funktionieren, wenn sie die Konsum- und Wohlstandsbedürfnisse ihrer Bevölkerungen paternalistisch befriedigen können und dort, wo das nicht ausreichend gelingt, brutale Machtmittel einsetzen. Und die Kommunikation kontrollieren, indem sie die Medien und das Internet zensieren.

Die Folgen sind verheerend: Wenn wir den entstehenden Neo-Feudalismus im Rahmen der herrschenden politischen

Machtbalance beschreiben, dann finden wir die mächtigen Produktionsarbeitergewerkschaften, die mächtigen Sozialverbände, die mächtigen sozialdemokratischen Parteien nicht mehr, die der Macht des Kapitals Grenzen setzen und gerade darin gesellschaftliche Modernisierung ermöglichen konnten. Heute sehen wir stattdessen: ausgegrenzte Bevölkerungsgruppen, die nicht streiken können, weil sie nicht mehr Teil von zu bestreikenden Produktionsabläufen sind, und Vertriebene, die keine politische Stimme haben, weil sie nicht mehr dort leben, wo sie Staatsbürger wären. Der Zentralinhalt der Moderne, die Verwandlung von Schicksal in Politik, findet keinen Ansatzpunkt. Zugleich brauchen sich transnational operierende Unternehmen um nationalstaatliche Steuer- und Arbeitnehmer- bzw. Datenschutzgesetze nicht mehr intensiv bekümmern.

Das ist politisch höchst folgenreich: Denn während sich also der westliche Typ Modernisierung in den Schwellenländern gerade *nicht* wiederholt, sondern ein neuer Typ Kapitalismus entsteht, finden sich in demokratischen und reichen Ländern zunehmend sedierte Zivilgesellschaften, in denen emotionale Defizite durch Hyperkonsum und Selbstverdummungsprogramme kompensiert werden und deren Bürgerinnen und Bürger das historisch erstmalige Kunststück vollbringen, sich selbst in Freiheit zu versklaven. Glückwunsch dazu, das muss man auch erst mal schaffen. Bei diesen Vorausetzungen!

KAPITEL 4

IST DIE FREIHEIT NOCH DIE FREIHEIT?

Zugriffsgedrängel sichert Freiheit, Alleinmacht schafft sie ab.
Der Selflogger macht sich dauerkrank und unglücklich.
Die Wale sind nicht geschaffen worden, damit Menschen
Selfies mit ihnen machen.

Freiheit

Freiheit ist die Abwesenheit von Zwang. Diese Abwesenheit von Zwang bedarf paradoxerweise zahlreicher Institutionen, die sicherstellen, dass niemand Zwang auf jemand anderen ausüben darf, ohne dafür legitimiert zu sein. Parlamente, Gerichte, Finanz-, Gesundheits- und Schulämter, Straßenverkehrs- und Strafprozessordnungen, bürgerliche Rechte und Pflichten, Polizei, Militär, Ordnungsämter usw. usf. sind Institutionen, die in rechtsstaatlichen Demokratien Freiheit ermöglichen und sicherstellen. Gäbe es dieses institutionelle Gefüge nicht, würde Willkür herrschen, die diejenigen ausüben können, die über mehr Machtmittel verfügen als andere. Freiheit ist, mit anderen Worten, regulierte Macht: die Zähmung von wirtschaftlicher und physischer Macht durch Recht.

Freiheit ist also ein gesellschaftlich bereitgestellter Raum zur Ermöglichung von selbstbestimmtem Leben. Aber freiheitliche Gesellschaften sind immer prekär und die Freiheit des Einzelnen ist immer gefährdet. Das kann man daran sehen, dass freiheitliche Gesellschaften unseres Typs die historisch extreme Ausnahme sind: Sie kommen in der Menschheitsgeschichte lediglich seit 200 Jahren (von 200 000) vor, und genießen darf sie nur ein verschwindend kleiner Teil der Menschheit, nämlich in der Gegenwart 3,56 Milliarden Menschen, im historischen Kontext vielleicht 7 Prozent aller 108 Milliarden Menschen, die jemals gelebt haben.[1]

Viele von diesen Glücklichen heute empfinden Freiheit als etwas selbstverständlich Gegebenes und daher als etwas, das nichts wert ist. Weil sie einfach existiert. Allgemein scheint die Frage abhanden gekommen zu sein, auf die moderne freiheitliche Rechtsstaaten eine Antwort sein sollten: nämlich die Frage, wie sich politische Extremismen, die zwangsläufig in Unterdrückung, Mord und Totschlag münden, vermeiden lassen könnten, am besten für alle Zeiten.

Tatsächlich war es diese Frage, die nach dem Zweiten Weltkrieg, also nach der Niederlage des Faschismus und im Angesicht des stalinistischen Totalitarismus, die westlichen politischen Eliten umtrieb, und die im Ergebnis zu jener wachstumsgetriebenen sozialmarktwirtschaftlichen Gesellschaft führte, die den Westen prägte. Notwendig dafür war der sogenannte »Fahrstuhleffekt«, also die Segnung eines Wachstums, die den Lebensstandard aller Gesellschaftsmitglieder anhob, aber absolute Ungleichheit nicht aufhob: Im Fahrstuhl fahren alle, ob reich oder arm, gemeinsam nach oben. Das wurde nicht durch eine reine Marktgesellschaft sichergestellt, die privater Macht keine Grenzen setzt, sondern durch einen staatlichen Ordnungsrahmen für »eine funktionsfähige und menschenwürdige Ordnung der Wirtschaft« (Walter Eucken). Das war das Programm, das in Form der Wirtschaftspolitik von Ludwig Erhard regierungsamtlich wurde und das übrigens, so kann man es in Erhards in vielen Auflagen erschienenem Buch »Wohlstand für alle« nachlesen, keineswegs der Utopie immerwährenden Wachstums anhing.

Das Primat hatte in dieser Optik eine freie Gesellschaft; eine funktionierende Marktwirtschaft war dafür das Mittel, niemals ein Zweck an sich. Die »nivellierte Mittelstandsgesellschaft« (so Helmut Schelskys berühmte Bezeichnung aus den späten 1950er Jahren) blieb zwar unterm Strich immer normative Utopie, denn Armut und scharfe soziale Ungleichheit wurden nicht abgeschafft. Aber ihre Fatalität wurde, unter anderem durch die Öffnung des Bildungssystems, stark abgemildert, Chancengleichheit und das Angebot von Aufstiegschancen unabhängig von der Herkunft wurden wichtig und verbessert.

Diese Form von Gesellschaft war eine moralisch und politisch gewollte Reaktion auf die Verheerungen des Totalitarismus einerseits und des gesellschaftspolitischen Erfolgs des Keynsianismus andererseits, jenes wirtschaftspolitischen Paradigmas, das Krisen durch staatliche Investitionsprogramme mildert und grundlegend integrativ orientiert ist. Ihr Ergebnis war, besonders im Fall der Bundesrepublik: ein enormer wirtschaftlicher Aufstieg, der mit einer gesellschaftlichen Liberalisierung und Extremismusabstinenz verbunden war, die einzigartig war und ist. Linker wie rechter Terrorismus hatte in dieser Gesellschaft nie eine zahlenmäßig relevante Verankerung, kommunistische Parteien hatten sowenig eine ernstzunehmende Wählerbasis wie rechtsextreme. Insofern ging das Programm auf, das es den Bürgerinnen und Bürgern besser erscheinen ließ, Wohlstand in Freiheit als Gleichheit in Unfreiheit genießen zu dürfen. Das war, wie gesagt, der demokratische Kapitalismus.

Das war die Moderne, und alles, was sie zur Ermöglichung von Freiheit und Sicherheit bereitstellt, ist das Prinzip der Gewaltenteilung. Das heißt, in den Worten von Odo Marquard: »Die moderne Welt neutralisiert die eine einzige absolute Position durch Pluralisierung der Positionen und macht gerade dadurch die moderne Wirklichkeit individualitätsfähig. Denn individuelle Freiheit gibt es für Menschen nur dort, wo sie nicht dem Alleinzugriff einer einzigen Alleinmacht unterworfen sind, sondern wo mehrere – voneinander unabhängige – Wirklichkeitsmächte existieren, die – beim Zugriff auf den Einzelnen – durch Zugriffsgedrängel einander wechselseitig beim Zugreifen behindern und einschränken.«[2] Ein solches Zugriffsgedrängel war im Sommer 2015 in Deutschland zu besichtigen, als der Generalbundesanwalt die Blogger von netzdemokratie.org wegen Landesverrats verfolgte, dafür von der Presse angegriffen wurde, was den Justizminister in Bedrängnis brachte, der den Generalbundesanwalt anwies, die Sache nicht weiter zu verfolgen, was dieser als unzulässigen Eingriff in das Recht auslegte und öffentlich beklagte, woraufhin er vom Justizminister entlassen wurde. Im Grunde ist der moderne Staat insgesamt als organisiertes Zugriffsgedrängel zu beschreiben – man muss sich dazu etwa nur mal das Organigramm des Kanzleramtes anschauen.

Das wirkt alles unglaublich bürokratisch, sichert aber die Stabilität des Ganzen, weil niemand alleinige Zugriffsmöglichkeiten gewinnen kann. Vermutlich hätte selbst jemand wie Hitler keine Chance gehabt, in einer heutigen Staatsbürokratie alleinige Macht zu entfalten. Marquard fährt in seiner Beschreibung der Stärke der Moderne fort: »Einzig dadurch, daß jede dieser Vielzahl von Wirklichkeitspotenzen – Geschichten, politische Formationen, Wirtschaftskräfte, Sakralgewalten, Überzeugungen, Üblichkeiten und Traditionen, Kulturen – den Zugriff jeder anderen einschränken, gewinnen die Menschen ihre Distanz und individuelle Freiheit gegenüber dem Alleinzugriff einer jeden.«[3]

Die individuelle Freiheit, die dieser Typ von Gesellschaft bietet, ist weder Ideologie noch Fiktion: Sie können im Rahmen der Gesetze alles tun und sein und sagen, was Sie möchten, und diese Freiheit gibt es nirgendwo sonst auf der Erde. Und da Sie dazu noch von einem ganz außergewöhnlichen materiellen Reichtum profitieren, den es so auch nirgendwo sonst gibt (außer in der Schweiz und in Norwegen), gehören Sie zu den privilegiertesten Menschen, die jemals gelebt haben: Ihre Lebenserwartung ist doppelt so hoch wie die Ihrer Ur-Urgroßeltern, Ihr Anspruch auf Bildungsangebote, Gesundheits- und Sozialversorgung, komfortables Wohnen, Sicherheit vor Gewalt und Willkür wird jederzeit garantiert, und dazu können Sie für die allermeisten Daseinsformen, gleichgeschlechtliche Partnerschaft, Singledasein, Wohngemeinschaft, ja, sogar für die konventionelle zweigeschlechtliche Paarbeziehung Anerkennung und Toleranz beanspruchen. Kurz: Sie leben in der besten aller denkbaren Welten. Ihr Kern ist Freiheit.

Dieser Kern wurde, das ist die schlechte Nachricht, dadurch realisiert, dass die materielle Basis für die wachstums- und wohlstandsbasierte Freiheit andernorts bereitgestellt wurde. Der Schweizer Umwelthistoriker Christian Pfister hat in seinem Buch »Das 1950er Syndrom«[4] den Weg nachgezeichnet, der in die ressourcen- und energieverschlingende Konsumgesellschaft der Gegenwart geführt hat. Er untersucht den Zeitraum von 1949 bis 1966, in Wolfgang Streecks Sicht die besten Jahre des demokratischen Kapitalismus in Deutschland, und zeigt, wie durch die Politik des billigen Öls Massenkonsum, Massenmotorisierung und Wegwerfkultur regelrecht stimuliert wurden.

»Unser« Öl lag merkwürdigerweise unter dem arabischen Wüstensand, und »unser« Kaffee und Kakao wuchs unter tropischer Sonne. »Unsere« Bodenschätze stammten aus Afrika, Südamerika, Asien. Der Umstand, dass all das eben die »nivellierte Mittelstandsgesellschaft« mit ihren Eigenheimen, Familienautos und Campingurlauben ermöglichte, macht die Zukunft der Freiheit prekär: Denn wie, so lautet die Frage, können wir die immateriellen Errungenschaften unseres Typs von Gesellschaft – das sind eben Freiheit, Demokratie und Rechtsstaatlichkeit – mit einem materiellen Aufwand gewährleisten, der um etwa 80 Prozent niedriger liegt als heute?[5] Umgekehrt ist es exakt dieser Typ von gezähmt kapitalistischer Gesellschaft, der jeder und jedem Einzelnen Handlungsspielräume eröffnet, Wirtschafts- und Lebensstile so zu verändern, dass die Aufrechterhaltung von Freiheit möglich ist.

Aber das Problem ist: Diese Freiheit, die Handlungsspielräume eröffnet und zugleich für ihre Verteidigung braucht, ist heute radikal gefährdet – durch ökologischen Stress, durch räuberische Formationen, durch autokratische Regierungsformen, durch Überwachung und durch Hyperkonsum. Das heißt: Es geht schon nicht mehr um die Frage, wie wir, das sind Sie und

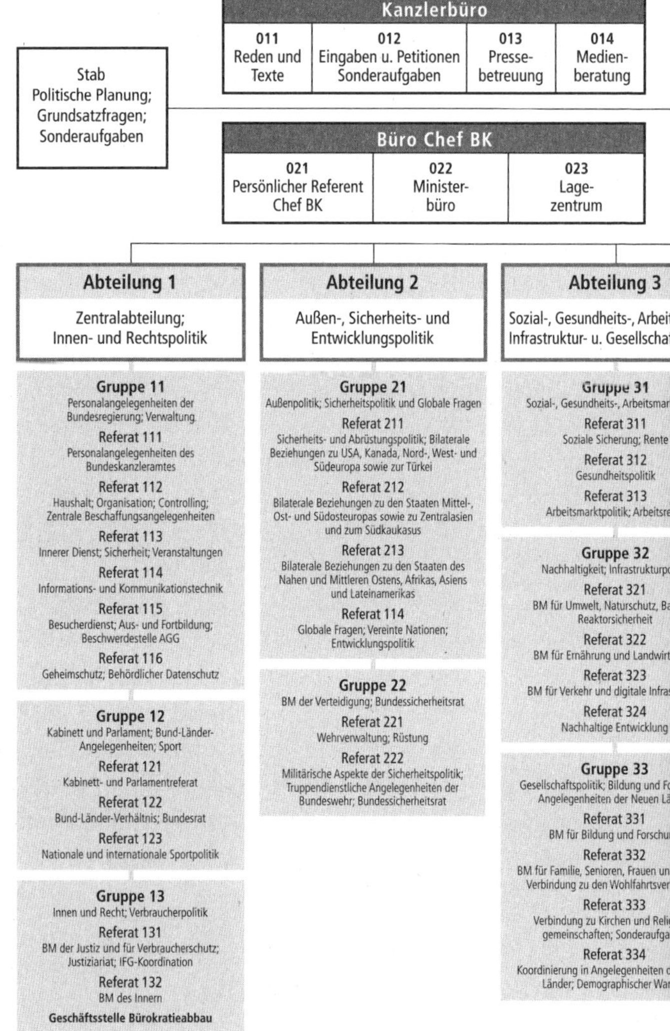

Zugriffsgedrängel: Organigramm Kanzleramt.

BUNDES-
:ANZLERIN

Staatsminister

Nationaler Normenkontrollrat

Die Beauftragte der Bundesregierung für Migration, Flüchtlinge und Integration

Die Beauftragte der Bundesregierung für Kultur und Medien

Chef des
3undeskanzler-
amtes

Beauftragter für die Nachrichtendienste des Bundes

Abteilung 4

fts-, Finanz- u. Energiepolitik
her Beauftragter der Bundes-
erin für die G7/G20-Gipfel

Gruppe 41
und internationale Wirtschaftspolitik

Referat 411
haftspolitische Grundsatzfragen;
aftsentwicklung; Sonderaufgaben

Referat 412
bewerbspolitik; Wirtschaftsrecht;
ittelstandspolitik; Handwerk

Referat 413
chaft; Internationale Wirtschaftspolitik;
terale Wirtschaftsbeziehungen

Gruppe 42
rgiepolitik und Energiewende;
Industrie und Innovation

Referat 421
Innovation; IT und Kommunikation;
t; Regionale Wirtschaftspolitik

Referat 422
rgiepolitik und Energiewende

Gruppe 43
anzpolitik und Finanzmärkte

Referat 431
aushalts- und Finanzpolitik;
öderale Finanzbeziehungen

Referat 432
Steuerpolitik und Zölle

Referat 433
zmarktpolitik; Finanzmarktrecht

G7/G20 Sherpa-Stab
ikation; Protokoll; Sonderaufgaben

Abteilung 5

Europapolitik

Ständiger Vertreter des Abteilungsleiters

Referat 501
EU-Grundsatzangelegenheiten; EU-Recht

Referat 502
Europapolitische Beziehungen zu den EU-Mitgliedstaaten; EU-Erweiterungsfragen; EU-Außenbeziehungen; Europarat

Referat 503
Koordinierung der Europapolitik der Bundesregierung

Referat 504
EU-Wirtschafts- und Finanzpolitik; Wirtschafts- und Währungsunion; Binnenmarkt; EU-Strukturpolitik

Abteilung 6

Bundesnachrichtendienst; Koordinierung der Nachrichtendienste des Bundes

Ständiger Vertreter des Abteilungsleiters

Referat 601
Personal; Organisation; Datenschutz; Recht der Nachrichtendienste; G10-Angelegenheiten

Referat 602
Parlamentarische Kontrollgremien; Koordinierung; Haushalt

Referat 603
Proliferation; Cybersicherheit; Internationale organisierte Kriminalität; Controlling; Sicherheit

Referat 604
ND-Lage; Terrorismus, Extremismus und Krisenlagen

Projektgruppe Untersuchungsausschuss

Beauftragter des Bundeskanzleramtes für
– die Aufarbeitung der Geschichte des BND und seiner Beziehungen zum Bundeskanzleramt
– humanitäre Angelegenheiten

Referat 605
Allgemeine Lageinformationen; Auslandsbeziehungen; Auftragssteuerung; Archivwesen des BND; Berlin-Umzug des BND; Eingaben und Akteneinsichtsersuchen

N. N.

Postanschrift
Bundeskanzleramt
11012 Berlin

Hausadresse/Lieferadresse
Willy-Brandt-Straße 1
10557 Berlin

Bundeskanzleramt
Dienstsitz Bonn
Welckerstraße 11
53113 Bonn

Telefon:
030 18 400 - 0
030 4000 - 0
Informationsverbund Berlin/Bonn (IVBB):
6 - 4 00 - 0

Telefax:
*Telefax-Durchwahl
030 18 400 - 2357
030 4000 - 2357

Stand: 1. August 2014

ich, unsere Freiheit verteidigen und sichern können, sondern wie wir sie zurückerobern können.

Natürlich gibt es auch eine andere Option. Man kann ja einen anderen Begriff von Zivilisation haben, in dem zum Beispiel Selbstbestimmung nicht vorkommt. Utopien solcher Art sind oft gedacht und ein paarmal in die Wirklichkeit übersetzt worden, meist in Form von Sekten oder sektenähnlichen Gemeinschaftsformen.[6] Man kann auch ein Gesellschaftsmodell favorisieren, in dem Werte wie Gleichheit oder Gerechtigkeit nicht nur nicht realisiert sind, sondern gar nicht erst vorkommen. Man kann auch eine Gesellschaft gut finden, die auf radikaler Ausbeutung von anderen basiert, die lediglich als Ressource zur Sicherstellung des guten Lebens der Stärkeren betrachtet werden. All das hat es historisch schon gegeben und gibt es auch in der Gegenwart. Ich finde solche Gesellschaftsmodelle widerwärtig, nicht nur, weil sie menschenverachtend sind, sondern weil sie den freiwilligen Verzicht auf bessere Möglichkeiten voraussetzen. Und genau im Moment eines solchen Verzichts befinden wir uns heute. Das erfordert, glaube ich, eine Entscheidung.

Die Freiheit zur Selbstentmündigung

Im vergangenen Jahr habe ich zusammen mit dem Philosophen Michael Pauen ein Buch zum Thema »Autonomie« geschrieben, das sich einer eng verwandten Frage gewidmet hat: Hier ging es um die Rolle, die das Private als Grundbedingung für gesellschaftliche Freiheit spielt, und um die Fragen, wie Privatheit immer mehr verschwindet und was man dagegen tun kann. In Diskussionen dazu begegneten uns immer wieder zwei Reaktionen, die mich bestürzten: Zum einen wurde gefragt, ob nicht unser heutiger Begriff von Freiheit und Autonomie sozusagen schon von gestern sei – die digital natives hätten eben einen anderen Begriff von Privatheit, das sei ihnen nicht so wichtig. So ändern sich eben die Zeiten, so what?

Solch achselzuckender Relativismus kommt zwar clever und abgeklärt daher, sehr smart also, aber ich finde ihn zum Kotzen. Das ist so, also würde man wieder für Folter sein, weil sich die Zeiten ja nun mal ändern, für die Abschaffung von Sozialleistungen, weil die Zeiten sich ja nun mal ändern, für die Abschaffung von allgemeiner Kranken- und Rentenversicherung usw. usf., weil die Zeiten sich ja nun mal ändern. Wer sind denn »die Zeiten« und wer macht sie? Eben. Alles, was sich »zu Zeiten« abspielt, ist Ergebnis von Verhältnissen und Entscheidungen innerhalb dieser Verhältnisse, nichts geschieht von selbst, und nichts ist egal. Was geschieht, kann man geschehen lassen oder man kann versuchen, Einfluss darauf zu nehmen. Beides muss man begründen können.

Meine Begründung: Ich finde Freiheit besser als Unfreiheit. Ich bin dankbar, dass es eine Menge Menschen gegeben hat, die persönlich viel dafür riskiert und geopfert haben, dass ich frei bin. Ich bin das nicht durch eigenes Verdienst. Schon deshalb empfinde ich es als eine moralische Verpflichtung, mich für die Freiheit einzusetzen. Für sie zu kämpfen. Gegen die Feinde der Freiheit vorzugehen. Voll retro, oder? Und so gar nicht smart.

Zum anderen wurde gegen unseren emphatischen und, wie Sie sehen, durchaus moralischen Begriff von Freiheit und ihrer Notwendigkeit eingewendet, man könne doch auch aus freien Stücken auf seine Freiheit verzichten. Ob das dann wohl keine Freiheit sei?

Nein. Ab dem Augenblick des Verzichts ist das keine Freiheit mehr. Und damit zu all den Irren, die gerade auf ihre Freiheit verzichten.

Selbstentmündigung als Signatur der Epoche

»Von den Anfängen der Zivilisation bis 2003«, beliebt der frühere Generaldirektor von Google, Eric Schmidt, zu sagen, »erzeugte die Menschheit fünf Exabytes Daten. Jetzt erzeugen wir alle zwei Tage fünf Exabytes – und die Geschwindigkeit nimmt zu. In unserer Post-Privatsphären-Welt des allgegenwärtigen Austauschs durch soziale Medien, der GPS-basierten Ortsbestimmung, der Triangulation durch Mobilfunktürme, der Überwachung durch drahtlose Sensoren, der Zielbestimmung durch Browser-Cookies, der Gesichtserkennung, der Profilierung von Konsumentenwünschen und endloser weiterer Mittel, durch die unsere persönliche Gegenwart in Datenbanken eingeloggt ist, die sich weit jenseits unserer Reichweite befinden, sind die Bürger kaum in der Lage, von der Leistungsfähigkeit all dieser Daten zu profitieren, um klügere Entscheidungen zu treffen.«[7]

Ich bin sicher, es ging Ihnen beim Lesen dieser Zeilen zunächst genauso wie mir: Nach der Aufzählung aller Invasionen in unser Privates hätte man jetzt etwas Kritisches erwartet, den Wunsch nach einem Stopp all dieser Aktivitäten oder wenigstens nach Datenschutz, nach Kontrolle. Aber der Autor, er heißt David Rowan und ist Herausgeber der britischen Ausgabe des Magazins »wired«, hat eine ganz andere Forderung: Er findet es irgendwie nicht fair, dass nur alle anderen von den Daten über ihn selbst profitieren und fordert Hilfe, nämlich bei der Auswertung »seiner« Rohdaten zu »Informationen mit Vorhersagewert«, »die meine Stimmung vorwegnehmen und meine Effizienz steigern, meine Gesundheit verbessern und meine emotionale Intuition erhöhen, meine Bildungsschwächen und meine kreativen Stärken offenbaren können.«[8]

Nun, zur Offenbarung seiner intellektuellen Mittel bedarf es solcher externen Hilfe nicht, die kann Rowan ersichtlich noch ganz analog mit Buchstaben und Sätzen freilegen. Was ihm aber vorschwebt, ist eine personalisierte Übersetzung von dem, was man über ihn weiß, in das, was er selbst über sich wissen könnte. Damit allerdings setzt Rowan voraus, dass solches Metawissen über sich selbst, das extern bereitgestellt wäre, lebensdienlich wäre, so dass er etwa zu seiner Freundin (oder seinem Freund, ich möchte da keine Vorurteile zeigen) sagen könnte: »Schatz, ich lese hier gerade in meinem Briefing, dass meine emotionale Intuition heute echt hoch ist. Hast du was dagegen, wenn ich dann mal mit deiner besten Freundin schlafe?«

Okay, das wird nicht gut gehen, ebenso wenig wie das mit seinen »kreativen Stärken«. Aber seine »Effizienz« wird er womöglich steigern können, und damit sind wir schon bei der blitzschnell eingeführten Welt, von der der bildungsschwache Herr Rowan so intensiv träumt: die Welt der Selbstoptimierung. Denn inzwischen ist das Leben vieler Menschen ja voll in der Hand jener Daten über sie selbst, zu denen sie Zugang haben und die sie anleiten, ein effizienteres, gesünderes, glücklicheres Leben zu führen, als sie es anscheinend ohne diese Daten tun müssten. Wenn Sie, was ich nicht hoffe, ein iPhone-Besitzer sind, werden ja schon jede Menge solcher Daten über Sie selbst erhoben; einige davon können Sie sogar selbst einsehen. Zum Beispiel, ob Sie heute schon 10 000 Schritte gegangen oder eine beliebige Zahl von Treppenstufen gestiegen sind.

Das sagt Ihnen Ihr iPhone serienmäßig, und zwar ganz ohne Rückfrage, ob Sie das je wissen wollten oder nicht. Sobald Sie das aber wissen, wissen Sie, dass es da erstens eine Norm gibt (10 000) und zweitens ein Gerät, das prüft, ob Sie diesseits oder jenseits dieser Norm liegen. Schon dieses Wissen verändert Ihr Leben, selbst dann, wenn Sie sich dagegen entscheiden, sich von so etwas beeinflussen zu lassen. Denn diese Entscheidung hat Ihnen ja das Gerät erst aufgenötigt, zuvor haben Sie wahrscheinlich nicht einmal darüber nachgedacht, wieviel Schritte

Sie am Tag gehen, und warum auch? Und ganz unabhängig davon, wie Sie sich entscheiden: Das Gerät wird weiterhin Ihre Schritte zählen und ordnungsgemäß melden, vorratshalber. Es könnte ja sein, dass es später mal versicherungstechnische Situationen geben könnte, in denen es relevant sein wird, welches Gesundheitsverhalten Sie zu einem zurückliegenden Abschnitt Ihres Lebens an den Tag gelegt haben. Behalten Sie das jetzt mal im Kopf (oder machen Sie sich eine Notiz oder wie das heißt in Ihrem Gerät), wir werden darauf noch zurückkommen.

Nun sind Sie ganz offensichtlich noch fähig, selbst zu denken, sonst würden Sie sich ja gar nicht gegen das Zählen Ihrer Schritte entscheiden, nein, nicht gegen das Zählen, sondern gegen die Kenntnisnahme des Zählens (was übrigens schade ist, denn ebenfalls serienmäßig wird Ihre persönliche Schrittstatistik ja in total schönen Graphiken angezeigt … wollen Sie nicht doch mal schauen?). Andere Zeitgenossen und -genossinnen sind da ganz anders drauf. So hat der Soziologe Stefan Selke Treffen von »Lifeloggern« und Jüngern des »Quantified Self« besucht. Das sind Menschen, die schon heute alle erdenklichen Daten über sich sammeln, um ihr Leben zu verbessern. Solche Daten umfassen etwa das tägliche Bewegungsprofil, verbrauchte Kalorien, Fettwerte, Gewicht, Schlaffrequenz, Pulsschlag, Begegnungen, Kommunikation, Sexhäufigkeit, kurz: alles, was man so macht. Die Grundidee besteht darin, dass diese Daten helfen könnten, die eigene Performance, die Fitness, die Aufmerksamkeit und alles sonst zu verbessern, was mit dem eigenen Körper zu tun hat. Da dieser, wie man weiß, leider unberechenbar ist, ist es gut, so viele Daten wie nur möglich zu sammeln, auch solche, von denen man heute noch nicht weiß, ob sie mal Wert bekommen.

Aber ganz wie die NSA gehen die Selflogger davon aus, dass es besser ist, alles immer aufzuzeichnen, als irgendwann einmal auf ein empfindliches Datenloch in der Vergangenheit zu stoßen. Und genauso wie die NSA gehen auch die Selflogger davon aus, dass die Daten vor allem dann wertvoll sind, wenn sie sich miteinander verknüpfen lassen. Unbegrenzte Speichermöglichkeiten machen es heute zum Glück möglich, erst mal alles auf Vorrat aufzuzeichnen, was irgendwann einmal wichtig sein könnte – das »gilt auch für Daten, denen jegliche physische Anbindung fehlt. Ihr Wert speist sich allein aus ihrer Existenz. Das Argument, dass niemand sich alle je gemachten Fotos ansehen oder alle je erfassten Daten analysieren könne, weisen Apologeten des Lifelogging deshalb auch von sich. Es geht nicht darum, die Daten zu nutzen, sondern darum, die Daten nutzen zu können. Jim Gemmell [einer der Pioniere der Bewegung, HW] drückt diese Haltung so aus: ›Wir sammeln alle möglichen Daten, weil wir nicht wissen, welche Daten wir einmal in Zukunft brauchen werden.‹«[9]

Das geht sehr weit und umfasst natürlich auch jede Menge Daten, die mit der Person selbst nichts zu tun haben. Selke beschreibt militärische Anwendungen von Sensoren und Kameras, die die Umgebung eines sich durch eine Stadt bewegenden Soldaten aufzeichnen, weil wichtig sein könnte, welche Person dabei gerade an einem Fenster stand oder was jemand im Straßencafé zu jemand anderem im Augenblick des Vorbeigehens des Soldaten sagte.[10] Eine andere Begründung für das Scannen und Aufzeichnen ihrer Umgebung hatte eine Mitarbeiterin von Microsoft Research, die sich nicht an die Umstände eines Fahrradunfalls erinnern konnte, in den sie verwickelt war, und daher eine Sensecam auf den Markt brachte, die alles in ihrer Umgebung aufnimmt und speichert.[11]

Das ist witzig: Ich habe selbst mal so einen Fahrradunfall gehabt, bei dem eine Kopfverletzung zu einer temporären Amnesie führte; ich konnte mich weder an den Hergang noch an die unmittelbare Zeit nach dem Unfall erinnern, was einfach daran liegt, dass Wahrnehmungen ein paar Sekunden brauchen, um vom Kurzzeitgedächtnis ins Langzeitgedächtnis überschrieben zu werden. Wenn dieser Vorgang unterbrochen wird, zum Beispiel eben durch eine Kopfverletzung, kann man sich nicht erinnern. Mich hat dieser Erinnerungsverlust ebenfalls stark verunsichert, bedeutete er doch, dass man von seiner Umgebung komplett desynchronisiert war, ein sehr unangenehmes Gefühl. Auf die Idee mit der Sensecam bin ich freilich nicht gekommen; mich hat vielmehr der Gedanke fasziniert, dass ich ebenso gut hätte tot sein können, davon aber erfreulicherweise nicht das Geringste bemerkt hätte.

Das hat etwas sehr Beruhigendes, während die Strategie der Microsoft-Dame, wie mir scheint, zu dauerhafter Beunruhigung führen muss: Die Kamera hat inzwischen mehrere Entwicklungsstufen durchlaufen und zeichnet mittlerweile auch die Umgebungstemperatur und die Blickrichtung auf. Ich stelle mir vor, wie die Benutzer sich die vergangenen Tage im Schnelldurchlauf anschauen und ständig über Dinge stolpern, die sie im wirklichen Leben *nicht* wahrgenommen hatten – ein unerschöpfliches Inventar nicht bemerkter Gefahren und liegengelassener Möglichkeiten! Je mehr ich weiß, heißt das, desto mehr weiß ich, was ich nicht weiß, ein folgenreicher psychologischer Mechanismus, der leicht ins Pathologische überschwappen kann (anscheinend kaufen aber viele Kunden die Kamera ohnehin nur für ihre Katze, um zu sehen, was die draußen so treibt[12]).

Das Problem ist überall dort anzutreffen, wo Daten über sich selbst aufgezeichnet werden – denn überall dort tritt ja die Einlösung der Rowan'schen Hirni-Utopie ein, blitzartig aus externen Quellen mehr über sich zu wissen, als man durch sein eigenes Körpergefühl oder Befinden hätte wissen können. Denn die permanente Datenaufzeichnung verändert nicht nur die Selbstwahrnehmung, sondern auch die Maßstäbe des Genügens: Man nehme nur mal die Minute, die das Joggen derselben Strecke wie gestern heute länger gedauert hat – was ist da passiert? Oder das Zurückbleiben hinter den selbst- oder fremdgesetzten Normen beim Rudern auf dem Heimtrainer, beim Treppensteigen, beim Radfahren, beim Schwimmen – bin ich etwa krank? Gestresst? Hab ich schlecht geschlafen? Inzwischen liefern ja Gadgets wie die Apple-Watch jede Menge solcher Daten und Abgleiche über die Zeit und auch mit anderen, mit denen man sich synchronisieren kann – eine Hölle der Objektivierung eigener Körperzustände, die den unheilvollen Preis eines prinzipiellen Nichtgenügens in sich bergen.

Denn die Norm setzt ja nicht der Benutzer oder die Benutzerin, sondern das Gerät. Und ganz unabhängig vom Lebensalter, der Ausgangskonstitution, von Vorerkrankungen, was auch immer, wird man notwendigerweise, sofern man kein professioneller Leistungssportler ist, unter den Grenzen des Möglichen bleiben. Wenn man zum Beispiel älter wird, was ja an und für sich ein erfreulicher Sachverhalt ist, wird man unter den Möglichkeiten bleiben, die Jüngeren verfügbar sind. Das heißt, die Geräte erzeugen ein permanentes Grundgefühl des Nicht-Genügens; systematisch kann man damit *niemals* einen Zustand der Zufriedenheit erreichen. Der Körper wird zu einem dauerhaften Projekt der nie hinreichend gelingenden Verbesserung. Aber nicht nur der Körper. Längst gibt es Apps, die den eigenen Gefühlszustand messen und etwa Auskunft darüber geben, ob man gerade eher optimistischer oder pessimistischer Stimmung ist. Sobald solche Gefühlszustände von außen überwacht werden (nach welchen Kriterien übrigens?), gehören sie einem nicht mehr, und man gibt die Balance, die über solches Monitoring eigentlich verbessert werden soll, aus der Hand.

Psychologisch gesprochen handelt es sich bei all dem um eine gesteigerte und im Zweifel auch übersteigerte Form von Selbstaufmerksamkeit, was im wirklichen Leben Anzeichen für eine Depression sein kann. Der Wunsch: »Ich will Kontrolle über mein eigenes Leben gewinnen«,[13] schlägt paradoxerweise in sein exaktes Gegenteil um – was insofern kein Wunder ist, weil man ja die Kontrollinstanz aus sich selbst heraus in ein Gerät hinein verlagert hat. (Wenn man sich übrigens vorstellt, dass man all diese Selbstüberwachungsprogramme ja auch hacken und den armen Lifeloggern falsche Daten über sich liefern kann, wird die Kontrollillusion schlagend deutlich. Warum soll man etwas kontrollieren lassen, was bei der Menschwerdung schon serienmäßig mitgeliefert wurde? (Übrigens ist ähnlicher Unfug schon vorexerziert worden, indem man den Menschen eingeredet hat, sie müssten am Tag mindestens drei Liter Wasser trinken. Seither sind zum Beispiel Vorlesungen an der Universität Versammlungen von potentiell Verdurstenden, die sicherheitshalber mit gefüllten Wasserflaschen ausgestattet sind. Dabei gibt es einen bei unterschiedlichen Tierarten und auch bei Menschen über ein paar Jahrmillionen hinweg getesteten Indikator. Er funktioniert gut. Man nennt ihn »Durst«).)[14]

Der zugrundeliegende Mechanismus ist eine Umkehrung des Maßstabs: Lifelogger und Selflogger gehen nicht mehr davon aus, dass ihr Leben an sich in Ordnung sei, sondern sie betrachten es als defizitär und nutzen die Monitoring-Programme als Prothesen, um den gemessenen und protokollierten Defiziten beizukommen. Das muss dem Versuch gleichkommen, Wasser in einen löchrigen Eimer zu schöpfen, und führt zu permanentem Unglücklichsein. Ihr Leben ist eine nicht abreißende Kette von Enttäuschungen über sich selbst. Strukturell gleicht dieses unablässige Auffüllen des defizitären Lebens dem materiellen Konsum, der sich ja in Zeiten pausenloser Produktinnovationen, Neuerscheinungen und verkürzter Produktzyklen ebenfalls als ein Gefühl des ständigen »Zuwenig« niederschlägt, obwohl man immer mehr hat und mehr dafür investiert denn je. Beide Verfahren, die Selbstoptimierung wie der Hyperkonsum, sind erfolgreiche Mittel, um Unglück zu erzeugen. Unglückliche

Menschen sind schlecht in proaktivem Handeln – auch hier eine Analogie zur Depression –, weshalb sie leicht beeinflussbar und beherrschbar sind.

Selke weist noch auf einen anderen wichtigen Aspekt hin: »Digitale Selbstoptimierung erzeugt (…) traditions- und geschichtenlose Körper.«[15] Tatsächlich verdeckt ja das chronische Monitoring nach dem Maßstab abstrakter Messgrößen, dass Personen eine Geschichte haben. Sie altern, sie haben (sehr große) interindividuelle Unterschiede und Konstitutionen, dieselben Dinge und Tätigkeiten machen die einen glücklich und die anderen unglücklich. Über all das Algorithmen zu legen, die völlig unbeeindruckt von konstitutiven Unterschieden zwischen den Menschen abstrakt Leistungen messen und bewerten, verfehlt das, was Menschen sind: Naturwesen mit Geschichten von Aufbau und Abbau. Lustigerweise geht es den Propagandisten des Quantified Self um Salutogenese, also die Herstellung von gesundmachenden Bedingungen, aber paradoxerweise kommt dabei nur ein chronisch defizitäres Subjektmodell heraus. Sie machen sich krank, indem sie gesund sein wollen.

Das allerdings ist anschlussfähig – zum Beispiel an neue Konzepte der Krankenversicherung, die – zunächst noch auf freiwilliger Basis – das »Gesundheitsverhalten« ihrer Versicherten überwachen, um bei positiver Bewertung entsprechende tarifliche Vergünstigungen einzuräumen. Die Schweizer Generali hat da einen vieldiskutierten Vorstoß gemacht,[16] aber auch die betulichen AOKs sind rührig: Da wird schon mal ein Fahrrad als Prämie für getracktes Gesundheitsverhalten offeriert oder es werden Zuschüsse für den Erwerb und Gebühren von Apple-Watches gegeben.[17] Warum die findigen Krankenkassensachbearbeiter sich das nicht gleich alles von Apple bezahlen lassen, bleibt ihr Geheimnis.

Jedenfalls kehren solche Vorstöße die bisherige Norm um: Die Krankenversicherung funktionierte bislang nach dem Solidarprinzip; diejenigen, die nie oder selten krank wurden, finanzierten die Benachteiligten mit, die häufiger oder chronisch unter Krankheiten litten. Die Personalisierung von Versichertentarifen nach der Erfüllung von extern gesetzten messbaren Normen hebelt das Solidarprinzip aus, und was gegenwärtig noch die tarifliche Besserstellung von besonders folgsamen Versicherten ist, wird über kurz oder lang die Schlechterstellung der nicht so folgsamen bedeuten – dicke, rauchende, trinkende, unsportliche, lethargische Personen oder solche, die einfach keine Lust haben, sich von Versicherungsmathematikern ihre Lebensweise vorschreiben zu lassen, werden dann höhere Tarife zu bezahlen haben oder gar nicht mehr versichert werden.

Wichtig ist hier, wie überall im gegenwärtig zu verzeichnenden Gestaltwandel des Kapitalismus, die Umformatierung des Sozialen: Diejenigen, die nach eigenem Gusto zu leben beabsichtigen und sich nicht überwachen lassen wollen, werden zu Abweichlern, zu potentiellen Problemfällen, zu latenten Gefährdern der Einigkeit des Kollektivs. Alle anderen ziehen es vor, ein »präventives Selbst« (Selke) zu sein, ängstlich darauf bedacht, selbst Normen genügen zu können, die heute noch gar nicht aufgestellt sind.

Und was das Verschwinden der Eigengeschichte zugunsten abstrakter Messdaten angeht: Hier deutet sich die nächste psychologische Katastrophe an. Menschliches Leben basiert nicht nur auf Erinnern, sondern vor allem auf Vergessen. Ein Gehirn ist ein höchst ökonomisches Organ, das alles, was nicht überlebensdienlich ist, aussortiert und dem Vergessen überantwortet. Man kann sogar sagen, dass die Fähigkeit zum Erinnern auf der Fähigkeit zu vergessen beruht: Ein menschliches Gedächtnis ist selektiv und muss es sein, um Erfahrungen, die für das weitere Leben und Überleben wichtig sind, von solchen unterscheiden zu können, die niemals mehr eine Rolle spielen werden.[18] Menschen, die nicht vergessen können (die gibt es als pathologische

Fälle aufgrund von bestimmten Hirnschädigungen), sind zwar physisch, nicht aber psychisch gesund, weil für sie jede Erinnerung gleich viel wert ist und nicht selektiert werden kann.

Man stelle sich nur mal eine Beziehung vor, in der ein Partner an einer solchen Störung leidet: Niemals wäre ein böses Wort, eine Beleidigung, eine Lüge, auch nur ein Fehler oder eine Unachtsamkeit vergessen und ad acta gelegt, sondern immer abruf- und gegen den anderen einsetzbar. Die Utopie der permanenten Aufzeichnung aller verfügbaren Daten aus allen Lebenssituationen kommt einer solchen Pathologie gleich, mit dem Unterschied, dass sie künstlich und absichtsvoll herbeigeführt wurde. Weder Verzeihen noch sich selbst verzeihen ist in einem solchen totalen Erinnerungsraum vorstellbar und möglich.[19]

Strafverschärfend kommt hinzu, dass alle Daten in diesem totalen Erinnerungsraum von Dritten lesbar, also zu jedem beliebigen Zeitpunkt gegen die Person verwendbar sind. In diesem Sinn verschwindet mit dem Vergessen überhaupt die für die menschliche Lebensform zentrale Unterscheidungsfähigkeit von Vergangenheit, Gegenwart und Zukunft; die Gegenwart dehnt sich in beide Richtungen unendlich aus: Jedes Datum, und stammte es aus einer völlig anderen Phase der Lebensgeschichte, ist jederzeit aktualisierbar und nachträglich mit neuer Bedeutung aufladbar; jede persönliche Zukunft ist nur noch eine Funktion der aktuellen Matrix der Messdaten: Heute wieder 2000 Schritte zu wenig gegangen und ein Glas Wein zu viel getrunken. Das wird dein Leben um 0,05 Promille verkürzen, Idiot.

Kurz: Das totale Gedächtnis ist ein anästhetisiertes Gedächtnis (Chris Marker), es verzichtet auf Unterscheidungs-, und damit Entscheidungsfähigkeit. Es kann Wichtiges nicht von Unwichtigem unterscheiden und muss diese Unterscheidung folgerichtig externen Instanzen überlassen.

Daher übrigens muss in den sozialen Netzwerken auch dauernd mit Fotos, Selfies, Kurzberichten usw. unter Beweis gestellt werden, dass man gerade bewundernswerte Dinge tut. Was zu einer weiteren Verkehrung führt: nämlich die von Mittel und Zweck.[20] Der arme Selflogger läuft ja nicht, um zu laufen, sondern um Daten zu produzieren. Die Partygängerin geht auf Partys nicht, um Spaß zu haben, sondern um zu dokumentieren, dass sie Spaß hat. Unsere Stiftung FUTURZWEI hatte bis vor kurzem ihre Geschäftsräume am Hackeschen Markt in Berlin-Mitte, einem der zentralen touristischen Hotspots der Hauptstadt. Wenn man dort vor die Tür geht, trifft man in großer Zahl auf orientierungslose Menschen aus aller Herren Länder, die nichts von ihrer Umgebung wahrnehmen, weil sie alle auf ihre Smartphones starren, die ihnen vermutlich gerade die Sehenswürdigkeiten zeigen, die sie nicht sehen, weil sie nicht hochschauen. Ich habe vor zwei Jahren an einem spektakulären Whalewatching teilgenommen und war ganz hingerissen von diesen außerordentlichen Tieren. Niemand sonst sah sie unge-

Sehr interessante Neuigkeiten auf WhatsApp.

filtert: Alle betrachteten sie auf den Displays ihrer auf Aufnahme geschalteten Smartphones. Mal ehrlich: Hat der liebe Gott *dafür* Wale und Delphine geschaffen?

Ähnlich merkwürdig fallen heute Besuche von Popkonzerten aus. Mindestens ein Viertel der Besucherinnen und Besucher hält Smartphones in die Höhe, die das Konzert aufzeichnen, man selbst unterhält sich derweil. Das heißt: Man reist, um Zeugnis vom Reisen abzulegen, schaut Natur, um nachweisen zu können, Natur geschaut zu haben, geht auf Konzerte, um Videos davon zu versenden. Zwischen das jeweilige Ereignis und die eigene Erfahrung davon schiebt sich ein externer Zweck: Das, was eine Erfahrung bergen könnte, ist nur noch Mittel für etwas anderes. Und eins ist nie da: das Ich.

FRAGEBOGEN

1. Treiben Sie Sport?
2. Ausreichend?
3. Wissen Sie genau, was mit »Sie« gemeint ist?
4. Wären Sie gern reich?
   - ja
   - nein
   - weiß nicht
5. Spielen Sie Lotto?
6. Wären Sie gern superreich?
   - ja
   - nein
   - weiß nicht
7. Können Sie sich unter einem Vermögen von 42 Milliarden Euro etwas vorstellen?
8. Was?
9. Macht Geld glücklich?
   - ja
   - nein
10. Falls nein: was stattdessen?
11. Falls ja: Warum sind Sie selbst Ihrer Auffassung nach nicht reich?
12. Wem missgönnen Sie Reichtum? (Bitte Namen nennen)
13. Würden Sie trotzdem mit (Namen einfügen) tauschen?
14. Gibt es ein Leben vor dem Tod?
15. Und danach?

KAPITEL 5

DIE ALLSEITS REDUZIERTE PERSÖNLICHKEIT UND IHR KONSUM

Das Selbst wird zur Redundanzmaschine und übersieht, dass das Leben analog ist. Sein Raum ist eine Spiegelhölle, in der es sich immer nur selbst sieht. In Wirklichkeit besteht das Leben aber aus Widerfahrnissen und anderen, die anders sind. Deshalb kommt es darauf an, nicht das Naheliegende, sondern das Fernliegende zu sehen.

Am 2. August 2015 standen Tausende Schaulustige am Ufer der Elbe in Hamburg. Der Grund dafür war der Einlauf des größten Containerschiffs der Welt. Das ist (jedenfalls für eine kurze Zeit) die »Zoe« der Schweizer Reederei MSC. Dieses Monstrum ist 395,4 Meter lang und 59 Meter breit. Es transportiert 19 224 Container. In diesen 19 224 Containern befinden sich: Smartphones, T-Shirts, Unterhosen, Fernseher, Ersatzteile, Möbel – die Komplettausstattung für die Welt des ALLES IMMER. »Zoe«, die ausgerechnet nach dem vierjährigen Enkelkind des Gründers der Reederei benannt wurde, wird den Titel des größten Containerschiffs der Welt nicht lange tragen; ein größeres, für 22 000 Container, wird bei Samsung in Korea bereits zusammengeschweißt. In Hamburg konnte Zoe übrigens nur mit einem Viertel der möglichen Ladung einlaufen; das vollbeladene Schiff wäre mit einem Tiefgang von 16 Metern zu viel für die Elbe gewesen. Gut, dass die bald mal wieder vertieft wird, jedenfalls wenn das Bundesverwaltungsgericht dem stattgibt. Denn das ist ja klar: Größere Schiffe brauchen größere Häfen. Und da man in den nächsten Jahren erheblich mehr Umschlag an Waren erwartet, braucht es nicht nur größere Häfen, sondern gewaltigere Infrastrukturen zur Entladung der Schiffe und zum Weitertransport all der Dinge, die da ausgeladen werden. Die Container müssen ja weiter. Die Bundesregierung geht davon aus, dass »der Güterverkehr in Deutschland in den kommenden 15 Jahren um 38 Prozent zulegen wird. Der Verkehr von den Seehäfen ins Hinterland soll noch einmal um rund ein Viertel steigen. Autostraßen, Schienenwege und Wasserstraßen von und zu den Häfen sind darauf nicht ausgelegt.«[1]

Auch diese Steigerung ist für Sie gedacht. Sie bestellen ja auch kontinuierlich mehr, was von irgendwoher mit solchen Schiffen kommt. Die Ausweitung des online-Handels, all das Versenden und Zurückschicken, braucht Infrastruktur, also Hallen, Autostraßen, Schienenwege usw.: Allein in Deutschland sind im vergangenen Jahr 2,8 Milliarden Sendungen verschickt worden, das macht 35 pro Einwohner, vom Säugling bis zur Oma. Bis 2017 sollen es drei Milliarden sein. So meldet es der Bundesverband Internationaler Express- und Kurierdienste, den das sehr freut. Aber es freuen sich auch andere, nämlich die einzelnen Kurierdienste, die Hersteller von Lieferwagen, die Tankstellen, die Verpackungsindustrie, die Bauwirtschaft – Moment, wieso die Bauwirtschaft? Ganz einfach: Weil die Logistik Logistikzentren braucht, große und kleine, und auf jeden Fall viele, weil die ganzen Pakete ja mehrmals umgeschlagen werden müssen auf ihren Wegen von den Händlern zu den Kunden. So ein großes Zentrum hat schon mal 100 000 Kubikmeter umbauten Raum und braucht gigantische Flächen für die Zu- und Abfahrtswege.

Das alles hat das Verkehrsaufkommen in Deutschland, meldet das Umweltbundesamt, seit dem Jahr 2000 um 31 Prozent erhöht. Als nächstes kommt übrigens »Same-day delivery«, weil es viele Kunden besser finden, wenn der Mantel direkt nach dem Auftreten des unstillbaren Kaufbedürfnisses zugestellt (und wieder zurückgeschickt) wird. Dasselbe passiert maßstabsgetreu überall auf dem Planeten. Und Amazon arbeitet daran, die Kundenwünsche so perfekt zu entschlüsseln, dass der Händler eher weiß, was die Kundin will, als diese selbst. Woraufhin sie, schwupps, schon mal das Amazon-Paket zugestellt bekommt, ohne erst noch umständlich selbst bestellt zu haben. Wie dumm muss man geworden sein, um so etwas gut finden zu können?

Konsum ist das Tor zu Überwachung

Sehr dumm. Aber die Internetindustrie arbeitet ja auch intensiv an der Erhöhung der kollektiven Dummheit. Das funktioniert unglaublich erfolgreich, denn es ist ihr ja gelungen, die Leute für ihre eigene Entmächtigung auch noch bezahlen zu lassen. Wie gesagt: Traditionelle Geheimdienste mussten ihre Daten eigens erheben, sie mussten aufwendig Wanzen installieren, Personal zum Abhören einsetzen, Spitzel bezahlen, Blockwarte ernennen usw. usf. Diese Datenerzeugungsmaschine kannte gleichwohl Grenzen: Wenn die Menschen es geschickt genug anstellten, konnten sie soziale Räume schaffen, zu denen die diktatorische Geheimpolizei keinen Zugang fand. Heute hingegen ist der Zugang immer schon offen. Denn die smarte Diktatur hat diesen Zugang exakt dort entdeckt, wo der Stoffwechsel moderner Gesellschaften stattfindet: im Konsum.[2]

Gesellschaften unseres Typs sind Hyperkonsumgesellschaften – ihre Bewohnerinnen und Bewohner sind unablässig damit beschäftigt, sich Produkte und Dienstleistungen zur Bewältigung ihres Alltags, zur Gestaltung ihrer Freizeit, zur Ermöglichung von Tauschgeschäften, zur Realisierung von Kommunikation zu kaufen. Wenn die Konsumakte und die damit verbundenen Informationssuchen online stattfinden, fallen exakt jene Daten an, die sowohl wirtschaftlich wie geheimdienstlich zur Durchleuchtung und Überwachung verwendet werden. Das bedeutet nicht nur, dass der aufwendige Schnüffelapparat der früheren Geheimdienstarbeit ersatzlos gestrichen werden kann, es bedeutet vor allem, dass die Überwachung deswegen lebenspraktisch nicht auffällt, weil sie mit positiv empfundenen Handlungen einhergeht, die der Überwachte selbst initiiert und vollzieht. In diesem Augenblick fallen Stoffwechsel von Konsumgesellschaft und Überwachungsstaat zusammen!

Das ist historisch wirklich neu. Bislang hat es noch keine Bevölkerung gegeben, die für ihre Reise in die eigene Unfreiheit auch noch bezahlt hat. Ich habe mich lange gefragt, wieso die Überwachungsmaschine der smarten Diktatur so geschmiert und reibungslos läuft, obwohl es doch eine Menge Warnungen gegen die freundliche Übernahme der Demokratie durch die Daten- und Überwachungsindustrie gibt. Hier ist des Rätsels Lösung: Die jahrzehntelange erfolgreiche Dressur des Konsumenten führt in der Technologie beide Universen zusammen – und weil er gern die Angebote nutzt, der Konsument, liefert er auch gern seine Daten. Die dann wiederum zur Verfeinerung seiner Dressur verwendet werden.

Das Selbst als Redundanzmaschine

»Google wacht über uns wie ein Gott, und wenn wir etwas suchen, dann gibt er uns nur unsere Reime darauf, genauso wie sie einem, hat man im Internet einen Drucker gekauft, noch lange Zeit danach Drucker anbieten, und wenn man einen Schulranzen kauft, kriegt man noch jahrelang die Werbung dazu, von Partnersuche ganz zu schweigen, und wenn man sich selbst googelt, verschwinden irgendwann sogar die Namensvettern, und es bleibt only you, als würde, wenn man sich den Fuß verstaucht hat und hinkt, plötzlich die ganze Stadt hinken, aus Solidarität vielleicht, Millionen von Hinkenden, sie bilden eine Gruppe, beinahe die Mehrheit, wie soll Demokratie funktionieren, wenn man nur das kriegt, was man schon gesucht hat, und wenn man das ist, was man sucht, so dass man sich nie allein fühlt oder immer, denn man hat keine Chance, die anderen zu treffen, und so ist das mit der Suche, bei der man auf Gleichgesinnte stößt, Gott googelt unsere Wege, auf dass wir nicht herausfallen aus unseren Fugen, ich treffe ständig Menschen, die das Gleiche suchen wie ich, sagte ich, und deswegen haben auch wir uns hier getroffen, und der alte Mann sagte, genau das sei eben Schicksal.«

Katja Petrowskaja, Vielleicht Esther

Die höchste Stufe der Dressur heißt »Personalisierung«. Ein aktuelles Beispiel dazu: Der Musikstreamdienst Spotify, der 75 Millionen Nutzer hat, erfasst, wie seinen Geschäftsbedingungen zu entnehmen ist, »Informationen, die Sie auf Ihrem Mobilgerät gespeichert haben. Dazu gehören Kontakte, Fotos und Mediadaten.« Wozu erfasst Spotify das alles, wenn man doch nur das neueste Stück von Tocotronic hören möchte? Wenn man sich früher eine Schallplatte gekauft hat, wollte die Deutsche Grammophon doch auch nicht wissen, was man so machte, wenn man gerade nicht Musik hörte. Die Antwort: »Ziel ist es, den Kunden in möglichst vielen Alltagssituationen die jeweils passenden Musikvorschläge zu unterbreiten. So bietet der Musikdienst an, beim Joggen den Rhythmus der Musik an das Lauftempo anzupassen. Dafür braucht er Daten darüber, wie sich der Nutzer bewegt.«[3] Na klar. Man stelle sich bloß vor, der Jogger würde seine Musik *selbst* aussuchen, und dann passt sie gar nicht!

Das nennt man Personalisierung. Eli Pariser hat dazu das Wesentliche in seinem Buch »Filter Bubble« geschrieben, in dem er nachzeichnet, wie Facebook, Google und viele andere die umfassende Datensammlung *über Sie* wiederum in maßgeschneiderte Informationsangebote *für Sie* übersetzen. Das Prinzip ist einfach und von Amazon bekannt: Jede Informationssuche und jeder Kaufakt ist zugleich eine kommerziell höchst interessante Information, die sofort gegen Sie verwendet werden kann. Daher werden Sie regelmäßig von Amazon mit Informationen zu Büchern versorgt, die entweder andere Kunden auch angesehen oder gekauft haben oder von denen Amazons Algorithmus berechnet hat, dass sie Sie interessieren müssten. Es kann auch passieren, dass jemand dafür bezahlt hat, ein Werk in Ihrer Vorliebenliste zu platzieren, das liegt in der Natur der Sache, denn wie immer in der smarten Welt geht es ausschließlich darum, Ihnen noch mehr zu verkaufen als Sie ohnehin schon haben.

Mitunter fällt das Angebot nicht so extrem smart aus; ich bekomme zum Beispiel regelmäßig meine eigenen Bücher empfohlen, wofür ich Amazon im Grunde dankbar bin, was aber aus naheliegenden Gründen nicht zu Kaufentscheidungen führt.

Die Grundidee zur Entwicklung eines solchen Algorithmus beruhte ursprünglich auf Jeff Bezos' zutreffender Beobachtung, dass eine Stärke des traditionellen Buchhandels darin bestand, dass die nette, belesene Buchhändlerin ihren Kunden auf Neuerscheinungen aufmerksam machen konnte, die ihn wahrscheinlich interessierten. Diese Form der Kundenbindung versuchte Bezos algorithmisch zu übersetzen, und wie man an der Expansion von Amazon sehen kann, gelang das mit gigantischem Erfolg. Dieser Erfolg blieb freilich nicht auf Amazon beschränkt: Das zugrundeliegende Prinzip, aus protokollierten Verhaltensmustern Prognosen für künftiges Kauf- oder Buchungsverhalten abzuleiten, gilt seither überall im Netz – egal, ob Ihnen ungefragt Hotels, Reisen, Möbel, Mixgeräte, Ärzte, Medikamente, Partnerinnen oder Partner empfohlen werden. Immer orientiert sich das Angebot an einer Information, die der Anbieter über Sie hat. Das kann auch sehr direkt gehen. Die niederländische Fluggesellschaft KLM hat 2010 unter großem Beifall ihren Gästen kleine Geschenke überreicht: »Eine Pulsmessungsuhr für die Frau, die Berge besteigen, einen New-York-Führer für jemanden, der New York erkunden wollte. Personalisierte Geschenke, ermöglicht durch die Kombination von Twitter und Facebook, wo KLM erfuhr, wer demnächst mit welchem Reisegrund und mit welchen persönlichen Interessen in ihren Flugzeugen sitzt. Eine Kampagne von großem Erfolg, der KLM das Attribut der Coolness und der Medienkompetenz einbrachte.«[4]

Die Frankfurter Allgemeine Zeitung berichtet am 4. August 2015 von einer Studie des französischen Sicherheitsunternehmens Eurecom, das testweise 2000 Gratisapps aus 25 verschiedenen Kategorien im Google Play Store geladen hat und dann den Netzwerkverkehr der Apps analysiert hat. Das Ergebnis: Die Programme steuerten »heimlich insgesamt 250 000 verschiedene Webadressen an und gaben Daten weiter. Der Spitzenreiter ist Music Volume EQ, eine Equalizer-App zur akustischen Klangeinstellung, die sich im Hintergrund mit 2000 Servern verbindet.«[5] Die Fachzeitschrift »c't« hat demselben Artikel zufolge die Programme der 50 beliebtesten Gratisapps in Deutschland analysiert und festgestellt, dass lediglich zwei davon *keine* Informationen an Werbenetzwerke sendeten. Soviel mal dazu, wie personalisierte Werbung über Sie kommt.

Dass die Angebote zuweilen ein bisschen dämlich anmuten, weil man ja zum Beispiel kaum dazu neigen wird, noch 47 Wochen lang Kaffeemaschinen zu kaufen, nachdem man einmal eine im Netz gesucht hat, sollte nicht vom Wesentlichen ablenken. Es geht das Gerücht, dass solche Plumpheiten absichtlich programmiert werden, um den zutreffenden Eindruck zu vermeiden, dass diese Programme mittlerweile wirklich sehr smart geworden sind. Denn die Personalisierung der Angebote macht ja keineswegs Halt bei Dingen, die Sie buchen oder kaufen sollen.

Sie bekommen ja schon, so schreibt Pariser, eine Antwort auf eine Google-Suchanfrage, die auf Sie ganz speziell zugeschnitten ist. »Im Frühjahr 2010, als die untergegangene Deepwater-Horizon-Bohrplattform Rohöl in den Golf von Mexiko strömen ließ, bat ich zwei Freundinnen, nach dem Begriff ›BP‹ zu suchen. Die beiden sind recht ähnlich – gebildete, politisch nach links tendierende Frauen, die im Nordosten der USA leben. Aber sie bekamen unterschiedliche Ergebnisse zu sehen. Eine Freundin bekam Investmentinformationen zu BP, die andere aktuelle Meldungen zur Katastrophe. Bei der einen Freundin standen auf der ersten Seite der Suchergebnisse Links zu der Ölpest, bei der anderen gab es nichts dergleichen, nur eine Werbeanzeige von BP.«[6]

Solche Steuerung von Information findet auch hierzulande sehr vielfältig statt, am eklatantesten dort, wo es um Nachrichten geht. Seit Menschen bevorzugt Internetportale zum Abruf von Nachrichten verwenden, bekommen sie mehr und mehr genau jene Nachrichten geliefert, von denen die Anbieter wissen, dass sie interessant für die Nutzer sind. Menschen, die sich vor allem für Sport interessieren, bekommen Sportnachrichten angeboten, und zwar in äußerster Informationstiefe: Der Algorithmus weiß ja, für welche Fußballmannschaft Sie besonders brennen, also versorgt er Sie überproportional mit Nachrichten dazu und behandelt andere Clubs eher stiefmütterlich. Dasselbe gilt etwa für Nachrichten aus der Politik, die nach Ihren Präferenzen gefiltert werden: Interessieren Sie sich beispielsweise für die Energiewende, sind für den Erhalt der Biodiversität und gegen die »Initiative Soziale Marktwirtschaft«, so offeriert Ihnen der Anbieter jede Menge entsprechende Informationen; sind Sie hingegen erkennbar gegen solche Orientierungen, wird Ihnen ein anderes Sortiment geliefert. Kurz: Wenn Horst Seehofer googelt, bekommt er andere Nachrichten als Cem Özdemir, was in beiden Fällen zu einer unguten Befestigung des jeweils vorhandenen Weltbildes führen wird.

Aus der Kognitionspsychologie ist lange bekannt, dass wir unsere Welt nach Präferenzen ordnen, was bedeutet, dass uns das Bekannte in der Regel besser gefällt als das Unbekannte, weshalb wir das auch eher überblättern oder übersehen. Per Facebook wird der Opportunismus des Netzes aber noch perfektioniert: Denn wenn ein Anbieter von irgendwas nicht nur weiß, was Sie am liebsten essen, trinken, sehen oder hören, sondern das mit dem Wissen darüber verbinden kann, was Ihre sogenannten Freundinnen und Freunde am liebsten essen, trinken, sehen oder hören, kann er ein nochmals gezielteres Angebot verfertigen. Denn gerade Communities definieren sich ja über gemeinsame Interessen, Shopping-Vorlieben, Klatschbedürfnisse, Verfügung über vermeintliches Hintergrund- und Spezialwissen. Wenn ich also Nachrichten und Konsumangebote serviert bekomme, von denen ich weiß, dass ihr Besitz in meiner Community auf Anerkennung stoßen wird, werde ich sie anderen sicher vorziehen. Es sei denn, meine Rolle innerhalb der Community sei die des unangepassten Individualisten, dann liefert mir der Algorithmus ganz geschmeidig die darauf zugeschnittenen Anti-Angebote (er schneidert mir gewissermaßen die Nonkonformistenuniform).

All dies ist hinsichtlich künftiger Optimierungen noch ein weites Feld: Personalisierungsfilter, so Pariser, werden »bald auch die Empfehlungen anderer sortieren können. Sie mögen, was Ihr Freund Sam zum Fußball postet, aber Sie können seine Ergüsse zur letzten CSI-Folge nicht ausstehen? Ein Filter, der beobachtet und behält, mit welchen Inhalten Sie sich beschäftigen, wird irgendwann das eine vom anderen trennen können – und sogar die begrenzte Einmischung von Freunden und einzelnen Experten unterdrücken. Der Google Reader, ein weiteres Google-Produkt, das Nutzern hilft, Blogposts zu ordnen, hat eine neue ›Sort by Magic‹-Funktion, die genau das tut.«[7]

In der Tat: Wenn man sich anschaut, was alles als Information für Sie zu Entmündigungszwecken gegen Sie verwendet werden kann, wird man blass. Sie verfügen beim Lesen von E-Books über Funktionen wie das Markieren von Textstellen, das Hinterlassen von Anmerkungen, das Kniffen von Eselsohren. Wenn Sie sie benutzen, füttern Sie die Datenabsaugemechaniken mit noch genaueren Details zu Ihren Lesepräferenzen, ebenso wie Ihre Auswahl von Filmen bei Netflix nicht nur wichtige Informationen für deren maßgeschneidertes Angebot für Sie liefert, sondern für die Erfolgswahrscheinlichkeit künftiger Filmproduktionen überhaupt.

Auch politisch betrachtet tut sich mit der Personalisierungstechnologie ein ganz neues Universum manipulativer Möglichkeiten auf: Wenn es stimmt, dass 90 Prozent aller politischen Blogs zu ähnlich argumentierenden Websites verlinken, worauf Roberto Simanowski hinweist,[8] ergibt sich nicht nur ein Redundanzsystem ganz eigener Art, sondern eine Fülle von Möglichkeiten politischer Manipulation. Einfach gesagt: Wenn ich die politischen Präferenzen von Bürgerinnen und Bürgern personalisiert kenne, ergeben sich ganz neue Möglichkeiten des Einmassierens von Botschaften in die Hirne: Für Nichtwähler nehme ich tunlichst eine andere Strategie der Ansprache als für true believers einer bestimmten Partei, für Abtrünnige und Wechselwähler wiederum eine andere. Das Wahlkampfteam von Barack Obama war bekanntlich das erste, das die Internetmedien systematisch für die Wähleransprache und -gewinnung eingesetzt hat, mit großem Erfolg.

Damals wusste man aber noch wesentlich weniger über die individuellen Wählerinnen und Wähler als heute. Wenn sich, wie heute, jeder dritte Amerikaner über Facebook informiert, dann können unglaublich effektive Strategien nicht nur der Wahlbeteiligung, sondern auch der Entscheidung für oder gegen einen Kandidaten entwickelt werden. »Die Verhaltensforscher Robert Epstein und Ronald E. Robertson vom American Institute for Behavioral Research and Technology konfrontierten Probanden mit vorab verzerrten Suchmaschinenergebnissen über die australischen Parlamentswahlen. Diese wurden als Objekt gewählt, weil die Forscher annehmen konnten, dass die Versuchsteilnehmer das politische System Australiens kaum kannten und ein relativ unvoreingenommenes Bild der Kandidaten hatten. Epstein und Robertson wollten herausfinden, ob die Information einen Einfluss auf die Präferenzbildung ausübt. Der ersten Gruppe wurden Suchergebnisse angezeigt, die die damalige Amtsinhaberin Julia Gillard favorisierten; der zweiten wohlwollende Ergebnisse über den Herausforderer Tony Abbott, der Kontrollgruppe neutrale Inhalte. Ergebnis: Diejenigen, die parteipolitisch gefärbte Inhalte sahen, hatten später eine deutlich positivere Einstellung gegenüber dem Kandidaten als die neutrale Gruppe. Auch die Wahlpräferenz änderte sich zugunsten des Kandidaten. Das zeigt: Suchmaschineneinträge können Wählerpräferenzen steuern.«[9]

Das ist alles andere als trivial, wenn man bedenkt, dass bei der Wahl von George W. Bush im Jahr 2000 ganze 537 Stimmen den Ausschlag gaben, was verhängnisvoll für die ganze Welt war und bis heute ist. Der personalisierte Einsatz von Informationen eröffnet heute Möglichkeiten des Gewinns ganz anderer Stimmenzahlen, wobei man allerdings mildernd anmerken kann, dass solche Strategien sich womöglich neutralisieren, wenn sie von allen Seiten angewendet werden. Das allerdings hängt von den im Wahlkampf verfügbaren Mitteln ab, die gerade hinsichtlich solcher neuen strategischen Möglichkeiten neue und kleine Parteien systematisch benachteiligen. Die Apologeten der smarten Netzwelt würden aber ohnehin (wie in Dave Eggers Roman »Der Circle«) argumentieren, dass ihre statistische Übersicht über die Präferenzen der Menschen gegenüber altmodischen demokratischen Zeiten der verlässlichere Indikator für besseres Regieren als Wahlen wäre. Und daher gleich für ihre Abschaffung sein.

Der soziale Raum, der ich nur noch selber bin

Aber ein anderer, grundlegenderer Aspekt sollte angesichts des Phänomens der allumfassenden Personalisierung im Auge behalten werden. Das ist der Aspekt der Redundanz. Denn Personalisierung bedeutet zunächst ja nichts anderes als Redundanz. Die Basis für die personalisierten Angebote, die Sie bekommen, sind Sie ja selbst – abgelesen und berechnet nach Ihrem Sozialverhalten, Ihrem Informationssuchverhalten, Ihrem Konsumverhalten. Sie sind die Laborratte, die die Daten liefert, mit deren Hilfe Sie manipuliert werden. Nein, sagen wir besser: gesteuert werden, denn Manipulation klingt so antiquiert nach Verführung und Überzeugung, also nach Old-School-Werbung. Worum es in Wahrheit geht, ist etwas anderes: nämlich die Konstruktion eines *anderen sozialen Raumes*, in den Sie so platziert werden, wie es für die am besten ist, die Ihnen etwas verkaufen wollen, ein Produkt oder eine Überzeugung. Oder eine Überzeugung als Produkt.

Eine neue Redundanzmaschine wird zum Beispiel die Modeindustrie. Denn heute wird in dieser sich als ungemein kreativ verstehenden Branche weniger auf die genialische Handschrift von individuellen Modedesignerinnen gesetzt als auf Algorithmen, die kommende Trends aus den Suchanfragen im Netz herauszulesen versuchen. Calvin Klein zum Beispiel arbeitet mit Google zusammen, um die Metadaten in die Planung für die nächste Kollektion einfließen zu lassen. Modeketten, die Billigmode vertreiben, machen es schon längst so, andere bedienen sich bei Anbietern wie »Social Media Analytics«, die Hinweise auf Trends aus allem herausfriemeln, was im Netz so kommuniziert wird.[10] Es ist ein bisschen deprimierend, sich eine Zukunft vorzustellen, in der alles, was angeboten wird, aus den Lebensäußerungen jener konstruiert wird, denen man das Zeug anschließend wieder andrehen möchte. Wie soll in eine solche Welt jemals etwas Neues kommen? Im Grunde wird hier eine konsumistische Spiegelhölle gebaut, in der alle Insassen nur mit der minimal veränderten Ware versorgt werden, deren ästhetische Passgenauigkeit sie selbst vorherbestimmt haben. Ein perfektes Pawlow'sches Universum, das nur den Nachteil hat, dass es das Unerwartete und Überraschende systematisch ausschließt.

Neues gibt es also in Zukunft nicht mehr, nur noch und ausschließlich »Trend«. Auf jeden Fall wird Ihr sozialer Raum – das ist der Raum, der Ihnen das Machen von Erfahrungen positiver wie negativer Art ermöglicht – durch die Personalisierung radikal verändert. Sie erinnern sich an die klassischen Konditionierungsexperimente, in denen ein Versuchstier zusammen mit einer Belohnung ein bestimmtes Signal zu hören oder zu fühlen bekommt und damit zum Reagieren auf dieses Signal trainiert wird? Und in dem jede Wiederholung eine Verstärkung der Konditionierung bedeutet?

Dabei hatten wir uns doch viel darauf zugute gehalten, dass unser persönlicher Raum, das Bewusstsein, die Gedanken, die Tagträume, die Gefühle, die man hegt, nicht Ergebnisse einer externen Beeinflussung sind, sondern *unserer eigenen* Inspiration und Gestaltung unterliegen. Nein: Sie befinden sich in einer endlosen Konditionierungsschleife, in der jeder Klick die Aufforderung für die nächste Verstärkung ist. »Die Personalisierung«, schreibt Pariser, »schafft eine Umgebung, die ausschließlich aus dem naheliegenden Unbekannten besteht – Sportmeldungen oder politische Schlagzeilen, die unsere Schemata nicht weiter erschüttern, sich aber wie neue Informationen anfühlen. Die personalisierte Umgebung kann Fragen beantworten, aber sie kann keine Fragen oder Probleme aufwerfen, die außerhalb unseres Blickfelds liegen.«

Genau mit dieser Bereitstellung des »naheliegenden Unbekannten« und eben nicht des *fernliegenden* erweist sich die Personalisierung als Schwester der Innovation, jener ebenso redundanten Werbemarke der smarten Diktatur. Im Unterschied zum »Fortschritt« hat ja »Innovation« keinen Inhalt – es dient nicht zu etwas, sondern hat seine Qualität allein darin, dass es gegenüber etwas anderem »neu« ist. So sind, um ein Beispiel zu nehmen, die Schultafeln in meiner Uni sicher extrem innovativ. Sie funktionieren nämlich elektrisch, was dazu führt, dass man für ein simples Hoch- oder Runterschieben einer der Tafeln aus sechs Tasten auswählen muss und mit absoluter Sicherheit die falsche nimmt. Davon abgesehen, dass diese Innovation keinerlei Bedienungsfortschritt darstellt, macht sie eine ganze Batterie von Elektromotoren, Riemen, Rädchen usw. erforderlich, und natürlich braucht sie Energie. Solche Innovation ist symptomatisch für eine Kultur, in deren Überfluss man verlernt hat, nach Zwecken zu fragen. Eine solche Tafel ist kein Fortschritt, sondern Quatsch, der Ressourcen beansprucht und das Leben schlechter macht. Von dieser Qualität sind die meisten Innovationen, die uns heute heimsuchen, genau deswegen, weil sie keine Referenz auf etwas außerhalb ihrer selbst haben. Sie sind so leer wie das personalisierte Selbst. Hergestellt nur, um ein Geschäft zu machen, nicht, um einen Nutzen oder gar einen Sinn zu stiften.

Das Leben, wie wir es kannten, weist zwar ebenfalls einige Redundanz auf, aber was wir erzählen, wenn wir etwas über uns erzählen, ist etwas völlig anderes: Glatte Geschichten, in denen alles so läuft, wie es gedacht war, sind total uninteressant – spannend wird es dagegen immer dann, wenn etwas Unerwartetes geschieht, eine Komplikation, ein Zufall, etwas, das dazwischenkommt. Die Geschehnisse, die Menschen erleben, sind keine durchgeplanten Abläufe nach dem Schema: Problem – Lösung – nächstes Problem – nächste Lösung, sondern sie sind, mit einer Formulierung des Philosophen Odo Marquard »Handlungs-Widerfahrnis-Gemische«. Diese Gemische »sind nicht ausschließlich naturgesetzliche Abläufe und nicht ausschließlich geplante Handlungen, weil sie zu Geschichten erst dann werden, wenn ihnen etwas dazwischenkommt. (…) Einen Lebenslauf ohne Kontingenzen gibt es nicht: wir sind stets mehr unsere Zufälle als unsere Leistungen. Wenn Kolumbus Indien amerikalos erreicht hätte, wenn Rotkäppchen die Großmutter wolflos besucht hätte, wenn Odysseus ohne Zwischenfälle schnell nach Hause gekommen wäre, wären das eigentlich keine Geschichten gewesen: vorher gäbe es – als Voraussage oder als Planung – die Prognose, hinterher nur die Feststellung: es hat geklappt.«[11] Lustig: In der Problemlösungswelt von Google & Co. wäre das alles nie passiert. Kolumbus hätte sich mit GPS nicht verfahren, Rotkäppchen hätte mit der Gesichtserkennungsapp sofort gemerkt, dass der Wolf nicht die Oma ist, und Odysseus wäre pünktlich wieder zu Hause gewesen von seiner Dienstreise nach Troja: »Hallo Schatz«, hätte Penelope (die Freier hinterm Vorhang verbergend) gesagt, »wie war dein Tag?«

Die Sängerin Annett Louisan hat einen wunderbaren Refrain geschrieben: »Komm mir nicht mit deiner Lösung, die wär der Tod für mein Problem«, und Pablo Picasso hat gesagt: »Computer sind nutzlos. Sie können uns nur Antworten geben.«[12] Und unvergessen auch die Antwort des Supercomputers in »Per Anhalter durch die Galaxis« auf die Frage »nach dem Leben, dem Universum und dem ganzen Rest«: 42. Er hatte 7,5 Millionen Jahre dafür gerechnet, war aber, als die Menschen diese Antwort unbefriedigend fanden, der Auffassung, dass die Frage eben auch nicht hinreichend präzise gestellt war.

Redundante Sinnfreiheit wird desto akzeptabler, je glatter und widerspruchsfreier ein Leben verläuft. Wenn ich immer nur die immer gleichen Dinge bekomme und dieselben Kommunikationen habe, in denen ich dieselben Präferenzen teile, widerfährt mir nichts – im Sinn einer Erfahrung des anderen, Fremden, Ungewöhnlichen. Dabei sind es gerade solche Erfahrungen, die Neues in die Welt bringen. Das Neue in der Erfahrung entsteht immer dann, wenn unterschiedliche Wirklichkeitszonen in Berührung kommen, verschiedene Erfahrungen zusammengebracht werden können. Henry Fords erster genialer Einfall war, dass das Auto, sollte es wirklich erfolgreich sein, vom Luxus- zum Massenprodukt werden müsse. Dazu musste es aber so billig werden, dass die Arbeiter, die es produzierten, es auch selbst kaufen konnten. Dafür aber war, zweiter genialer Einfall, eine Massenproduktion notwendig, die gegenüber der Einzelfertigung erhebliche Rationalisierungsvorteile versprach. Die Fließbänder für die Fabrik, in der Ford dann das legendäre Modell T fertigen ließ, schaute er sich bei den Chicagoer Schlachthöfen ab. Hier kamen soziale, wirtschaftliche, produktionstechnische und automobiltechnische Elemente aus völlig getrennten Erfahrungswelten *zusammen* und bildeten eine Fortschrittsmatrix, und zwar eine, die die ganze industrielle Welt bis heute prägt.

Henry Ford verwendete nicht das »naheliegende Unbekannte«, sondern das fernliegende. Weitere Beispiele: Die Eisenbahn ist eine eigentlich unwahrscheinliche Kombination von Dampfmaschine, Kutsche und Schiene. Eric Kandel entschlüsselte die Funktionsweise des Gedächtnisses nicht am Menschen, der ihn eigentlich interessierte, sondern an der Meeresschnecke aplysia californica (weil die das übersichtlichere Nervensystem hat).[13] Norbert Elias, der große Soziologe, hatte ursprünglich Medizin studiert, Jean Piaget, der Begründer der Entwicklungspsychologie, an Weichtieren geforscht. Das Schöpferische liegt im Zusammenbringen des Fernliegenden, nicht des Naheliegenden. Es beruht auf Kombinatorik und Assoziation, nicht auf Addition. Genau hier liegt übrigens der konstitutive Unterschied zwischen einem menschlichen Gehirn und einem Algorithmus.

Keine einzige der »Innovationen«, die heute in den »start ups« mit Hilfe von »venture capital« entwickelt werden, wird im Rückblick als fortschrittlich bewertet werden. Jede Wette. Der letzte Technologiesprung, der in dem Sinn als fortschrittlich zu bezeichnen ist, dass er getrennte Bezugssysteme zusammengebracht hat, war Tim Berners-Lees Idee, die in der IT schon gebräuchlichen Transferprotokolle (TCP) und Benennungssysteme von Domains (DNS) mit Hypertext zu kombinieren: »I just had to take the hypertext idea and connect it to the TCP and DNS ideas and – ta-da! – the World Wide Web.«[14] Das war vor einem Vierteljahrhundert.

Meine kleine Welt

Aber zurück zur personalisierten Laborratte. In Form der Personalisierung wird individuelles Leben erfahrungslos – einfach, weil die Person systematisch daran gehindert wird, eigene Erfahrungen zu machen. Alles, was ihr begegnet und ihr unbekannt ist, wird sie, sobald es entsprechend konditioniert ist, mit Unbehagen betrachten und im Zweifelsfall als ungenügend ansehen, weil es ihr nicht liefert, was sie gewohnt ist. Neulich beobachtete ich einen etwa sechsjährigen Jungen im ICE, der verzweifelt versuchte, dem installierten Bildschirm, der ja nicht mehr als die gerade gefahrene Geschwindigkeit oder den nächsten Bahnhof anzeigen kann (so ist die Deutsche Bahn), durch Wischen mehr zu entlocken. Er konnte es gar nicht fassen, dass er so viel wischen konnte, wie er wollte, und das den Bildschirm völlig gleichgültig ließ. Der Junge fand das sehr schlecht. In ähnlicher Weise werden Dinge und Menschen, die Erwartungen nicht erfüllen, schlicht als defizitär angesehen werden. Das passt nahtlos zu der binären Logik des »gefällt mir/gefällt mir nicht«, das ja gleichfalls keinerlei Raum zwischen verschiedenen Möglichkeiten der Betrachtung offenlässt. Dass etwas ambivalent, doppelsinnig, widersprüchlich, unfertig, offen sein kann und gerade darin seine Qualität hat, ist in der Welt der personalisierten Ichs undenkbar.

Dabei sind es gerade die Zwischenräume – das, was nicht ausgesprochen wird, was »zwischen den Zeilen« steht, was nicht ganz erschlossen wird –, die einen eigenen Zugang zur Welt erlauben. Aber die Redundanzmaschinen der Personalisierungsalgorithmen schaffen diese Zwischenräume ab. Welche Welt-, welche Selbsterfahrung resultiert daraus?

Dazu wieder ein kleiner autobiographischer Ausflug: Ich glaube, ich verdanke meine politische Bildung im Wesentlichen zwei Erfahrungen. Erfahrung Nummer eins bestand darin, dass meine Mutter, als ich fünf, sechs Jahre alt war, als Putzfrau in verschiedenen Haushalten arbeitete. Da ich in keinen Kindergarten ging (was für meine Sozialisation möglicherweise ebenfalls folgenreich war), nahm sie mich notgedrungen mit, was ich wahnsinnig interessant fand. Denn ich bekam auf diese ganz natürliche Weise Zugang zu sehr unterschiedlichen sozialen Welten. Der Haushalt des Möbelhändlers Hasenbein, ausgestattet mit sehr edlem Mobiliar und Teppichen, deren Fransen ich kämmen durfte, sah völlig anders aus als der des Komponisten Tass, der auf eine spektakuläre Weise unaufgeräumt großzügig war.

Die Unterschiede in den Häusern spiegelten Unterschiede im Habitus ihrer Bewohnerinnen und Bewohner: Entsprach Hasenbein dem Wirtschaftswunderunternehmer mit beeindruckender Körpergröße, sonorer Stimme und herablassender Freundlichkeit, herrschte im Haushalt Tass ein Laissez-faire, das sich unter anderem darin äußerte, dass meine Mutter nur dann Geld bekam, wenn welches da war. Dann aber viel, was sie als guten Deal betrachtete. Und ich konnte zahllose andere Differenzen kennenlernen: Die einen ritten im Urlaub auf Kamelen, die anderen trugen bevorzugt schwarze Kleidung, die einen fuhren Mercedes, die anderen Citroen, im einen Haushalt gab es täglich unglaublich viel Post, im anderen lagen Mengen von Büchern herum. Verglichen mit unserer Wohnung wie unseren Gewohnheiten in der Wohnsiedlung des Kreiskrankenhauses (wo mein Vater arbeitete) waren das komplett andere Welten, und für mich war es nicht nötig, Bourdieu zu lesen, um zu wissen, was feine Unterschiede sind (und weniger feine).

Kurz: Ich lernte sozusagen von der Pike auf, dass Gesellschaft eine Sache von Differenzen ist, die sich in Variationen des Einsatzes von Geld, Macht und Geschmack äußern.

Die zweite politisch prägende Erfahrung kam in Gestalt des

Geschichtslehrers Hoffmann II über mich, der so hieß, weil es an unserer Schule mehrere Lehrer namens Hoffmann gab. Hoffmann II zeichnete sich durch ein Geschichtsbild aus, das von dem der vorgeschriebenen Lehrmittel abwich, was er unter anderem dadurch zum Ausdruck brachte, dass er auf der Wandkarte, die damals das Europa des Kalten Krieges zeigte, mit einem dicken Edding die Grenzen Deutschlands korrigierte, auf die von 1938. Diese Inanspruchnahme des verflossenen Großdeutschland rief, ohne dass ich heute sagen könnte, warum genau, meinen Widerwillen hervor, mit dem Ergebnis, dass Nazis mich in meiner späteren Forschungsarbeit intensiv beschäftigt haben. Man kann sich auch am schlechten Beispiel bilden. Erkenntnis entsteht durch Reibung und Differenz, nicht durch Übereinstimmung.

Und damit zurück zur Personalisierung. Personalisierung bedeutet De-Sozialisierung, also das Wegschneiden von sozialen Zusammenhängen. Ein Kind, das heute in der deutschen Mittelschicht aufwächst, wächst ohnehin in einem ziemlich hermetischen Sozialuniversum auf. Es gibt in modernen Gesellschaften keine Straßenkindheiten mehr, die immer Differenzerfahrungen in Sachen Alter, Geschlecht, Herkunft, Sprache usw. bedeuteten. In unserer Wohnsiedlung beispielsweise spielten die Kinder von Chefärzten mit denen von Krankenschwestern und Heizern zusammen, und übrigens spielten sie unbeaufsichtigt und je nach Jahreszeit anders. Eltern waren noch keine Drohnen, die jeden Schritt des Kindes beaufsichtigen und steuerten, und sie wurden allenfalls mal beigezogen, wenn es eine folgenreiche Prügelei gegeben hatte, bei der noch geklärt werden musste, wer Täter und wer Opfer war und wer sich demgemäß zu entschuldigen oder wer etwas zu ersetzen hatte. Das war es.

Personalisierung fängt heute bei der kindgerechten Ausstattung an, verläuft über die altersgemäßen Sport- und Musikunterrichte, und hört bei den mit Bedacht ausgewählten Medienangeboten noch nicht auf. Schon der kleine Benedikt und die kleine Laetitia sind heute bereits in den Fängen von Apple und Google. Bevor sie selbst denken können, wischen sie schon souverän über die Displays von iPad und iPhone und lassen sich ihre Informationen von der interaktiven Barbie und dem interaktiven Dino geben, die auch deswegen praktisch sind, weil sie a) die Erziehungsberechtigten von der zeitintensiven Betreuungsarbeit entlasten und b), da sie ja interaktiv sind, alles aufzeichnen, was Laetitia so fragt, weshalb Papa und Mama sich das abends schön anhören und besorgte Schlüsse daraus ziehen können.

Barbie als Feindin: gibt alles weiter.

Sozial sind Benedikt und Laetitia in ihrem Universum schon ziemlich reduziert, und als Erwachsene werden sie es noch mehr sein, sorgen doch die smarten Netzangebote, wie gezeigt, auf totalitäre Art und Weise dafür, dass sie auf keinen Fall Erfahrungen machen, mit denen sie nicht gerechnet haben. Denn das zirkuläre Angebot an Waren, Freizeitmöglichkeiten, Informationen und politischen Deutungen, mit denen sie rund um die Uhr versorgt werden, verhindert ja zuverlässig, dass ihnen irgendwas ins Bewusstsein kommen kann, was sie nicht kennen und von dem sie nicht wissen, was sie davon zu halten haben. Was bedeutet: Die Erfahrungswelt, die sich unter dem Vorzeichen der Personalisierung ausbreitet, ist eindimensional, in sie tritt nach Möglichkeit nichts, was dem Kind fremd und ungewohnt und neu sein könnte, das es zu deuten und mit dem umzugehen es zu lernen hätte. Das, was Ernst Bloch die »Beule der Erkenntnis« nennt, die man sich holt, wenn man mit etwas Unbekanntem zusammenstößt, kommt hier nicht vor.

Menschen bilden ihre Subjektivität, also ihre eigenen Möglichkeiten, jemand zu sein und zu bedeuten, gerade an Reibungen, Widersprüchen, Fremdem, Neuartigem aus. Das ist eigentlich ein Gemeinplatz. Wenn ich Kinder in sozial homogene, physisch voll gesicherte und digital überwachte Umgebungen setze, haben sie nur sehr reduzierte Möglichkeiten, ihre Subjektivität zu entwickeln. Wenn sie Glück haben, kommen sie in einen Fußballverein, in dem auch Kinder aus anderen Stadtteilen und Schichten kicken, oder sie können in eine Schule gehen, in der sie auf Kinder aus unterschiedlichen Berufsgruppen und Ländern treffen. Aber grundsätzlich entwickelt sich unsere Gesellschaft in eine hoch segregierte, in der man sich ausschließlich in den sozialen Umfeldern aufhält, zu denen man gehört, und die Grenzen dieser Umfelder nur im Ausnahmefall überschreitet – etwa beim Besuch eines Fußballstadions oder bei Lidl, KiK oder Primark. Billig wollen ja alle. Ansonsten herrscht soziale Monokultur, und das Netz lässt diese soziale Monokultur noch auf das personalisierte Ich zusammenschrumpfen, das keine Erfahrung mehr außerhalb seiner Ich-Bubble macht.

Norbert Elias hat in seinen Überlegungen zur »Gesellschaft der Individuen« dargelegt, weshalb Menschen eine unverwechselbare Individualität entwickeln, obwohl doch jede Erfahrung, die sie machen, unausweichlich schon gesellschaftlich geprägt ist: Weil das Ensemble, das Gesamt dieser Erfahrungen, *so* niemand anderer hat. Die Mannigfaltigkeit der Menschen, Situationen und Dinge, mit denen ein Mensch Erfahrungen machen kann, sind das eigentlich Individualisierende. Deshalb sind moderne Menschen, die in einer wesentlich komplexeren Welt leben als etwa Mitglieder von archaischen Stammesgesellschaften, in diesem Sinn viel mehr Individuum. Umgekehrt gilt es auch erst in der Moderne als wünschenswert, ein Individuum zu sein, ein Mensch mit Eigenschaften, der zu *eigenen* Deutungen und Entscheidungen in der Lage ist.

Das Leben in der Ich-Bubble aber ist nicht individualisierend, sondern typisierend. Es bildet Individualität nach dem Modell der Auswahl ab, so wie man sich im Supermarkt oder, viel besser noch, bei Amazon einen ganz individuellen Warenkorb zusammenstellen kann. Personalisierte Individualität – das ist eine genaue Mimikry der Warenwelt. Ein solches Subjekt schöpft nur noch aus dem vorhandenen Angebot und dem jederzeit Verfügbaren. Es kann nichts anderes wollen, weil das andere nicht im Angebot ist. Kommt auch nicht wieder rein.

FRAGEBOGEN

1. Mit wem würden Sie gern tauschen?
   a) mit niemandem
   b) mit weniger als 5 anderen Personen
   c) mit mehr als 5 anderen Personen
2. Ziehen Sie daraus Schlussfolgerungen?
3. Mit wem würden Sie Ihr Leben nicht tauschen?
4. Wo sehen Sie sich in 5 Jahren?
5. Sehen Sie sich überhaupt?
   a) ja
   b) nein
   c) weiß nicht
6. Sollte Ihrer Ansicht nach alles anders sein?
7. Was haben Sie in Ihrem Leben nicht falsch gemacht?
8. Wären Sie gern ein Tier?
9. Gehören Sie zu einer Minderheit?
   a) zu einer unterdrückenden
   b) zu einer unterdrückten
10. Nutzen Sie alle Ihre Chancen?
11. Wofür?
12. Nehmen Sie Hilfe an?
13. Möchten Sie Teil einer Lösung sein?
14. Von welcher?

Panoptikum

Kultur ist nichts Äußerliches, sie übersetzt sich immer in die Innenwelten der Menschen, die in ihr leben. Das von Ambivalenz, Widerspruch, Erfahrungsoffenheit befreite Subjekt muss zwangsläufig eine verarmte Innenwelt haben; viel passieren wird da nicht mehr. Ein brutales Artensterben der Gedanken wird die Folge sein. Vorausgesetzt, es läuft alles nach Plan.

Die proklamierte Multioptionsgesellschaft ist also in Wahrheit gar keine. Tatsächlich handelt es sich um eine Standardisierungsgesellschaft, die unter der Werbemarke der Vielfalt antritt. Aber die Menschen in der Standardisierungsgesellschaft sind auf sich selbst konditioniert; sie bilden keinen autonomen sozialen Zusammenhang, sondern sitzen gewissermaßen nebeneinander in ihren Ich-Bubbles. Sie sind füreinander nicht sichtbar, sie treffen auch nicht zufällig aufeinander, in ihrer Welt kommen keine Widerfahrnisse vor.

Zum Beispiel: Es gibt ja kaum noch Spontankommunikation in öffentlichen Räumen – wie S-Bahnen und Warteräumen –, weil alle immer auf ihre Bildschirme starren. Niemand flirtet mehr, alle zücken beim Betreten eines öffentlichen Raums ihre Smartphones und schauen, was in ihrer personalisierten Welt wohl so los ist. Man kann heute auch nicht mehr wetten und Ansichten im Streit vertiefen. Früher einmal, also sagen wir 2010, war es ja immer so, dass gewettet wurde, wenn man sich gestritten hat – war das Robert DeNiro oder war es Al Pacino in dem Film? Flasche Wein, Kiste Bier! Das geschieht nicht mehr – es ziehen alle ihre Smartphones raus, Google, zack, »Robert DeNiro, habe ich doch gesagt«. Man schaue sich die Drehbücher von Kriminalfilmen an: Die Widerfahrnisse und ihre Rekonstruktion haben sich komplett verändert. Da sich alle, Verbrecher wie Polizisten, ständig anrufen, gibt einem die Telekom die ganzen Verbindungsdaten, wenn man jemanden dingfest machen will. Schwupps, Fall geklärt. Oder man schaut sich die Bänder von Überwachungskameras an. Das alles ist so öde, als wäre in Hitchcocks »Vögel« einfach der Vogelfänger gekommen und hätte die Möwen und Krähen kurzerhand eingesammelt.

Vorhin war im Zusammenhang der allgegenwärtigen Überwachung vom panoptischen Prinzip die Rede, das Jeremy Bentham in die Welt gebracht hat. Das Geniale dieses Prinzips lag darin, dass alle Gefangenen sichtbar wurden, aber die Beobachter ihrerseits nicht beobachtet werden konnten. Damit übersetzte sich die Überwachung in die Innenwelt der Bewachten; die Möglichkeit, jederzeit kontrolliert werden zu können, transformierte sich in Selbstkontrolle. Das Ergebnis war, Foucault zufolge, die moderne Disziplinargesellschaft. Aber immerhin: Nur das Verhalten konnte gesehen und zum Objekt der Disziplinierung werden. Was der Gefangene aber *dachte* – dazu lieferte auch das Panoptikum keinen Zugang.

Wie die Gefangenen im Panoptikum sichtbar für die Bewacher, aber unsichtbar füreinander sitzen, so lebt das personalisierte Individuum zugleich getrennter von seinesgleichen und sichtbarer denn je für andere. Wie Zygmunt Bauman sagt: Heute trägt jeder »sein eigenes mobiles und portables Ein-Personen-Minipanoptikum« mit sich herum, wie die Schnecke ihr Gehäuse.[15] Der Personalisierungsalgorithmus kennt sogar seine Gedanken, aber er kann sie nur kennen, weil er den Horizont des Denkbaren auf das Überschaubare reduziert hat. Es wird nur noch im Horizont des personalisierten Angebots gedacht, nicht darüber hinaus. Erst diese Beschränkung macht die Gedanken lesbar. Andersherum: Würde der Insasse des digitalen Panoptikums frei denken und entscheiden, würde das Panoptikum augenblicklich im Gegenstandslosen verschwinden. Benthams Panoptikum war physisch, das digitale Panoptikum existiert nur virtuell. Man kann es jederzeit verlassen. Das ist die Chance der Freiheit.

Share Economy

Zurzeit ist viel von einer Revolution im Bereich von Handel und Konsum die Rede: Überall wird geteilt, vom Rasenmäher über das Auto bis hin zu Wohnungen zu Urlaubszwecken und Nahrungsmitteln, deren Haltbarkeitsdatum abzulaufen droht, die aber noch genießbar sind. Die Bewegung des Sharing ist keineswegs neu, es hieß früher nur nicht so. Teilen gehört zum Sozialstaat modernen Typs – öffentliche Leihbibliotheken sind ja ebenso Sharing-Institutionen wie etwa öffentliche Schwimmbäder, Sportanlagen oder Parks. Auch in der sozialen Praxis des Alltags war Sharing schon immer gebräuchlich: vom Ausleihen eines Gartengeräts, eines Viertelpfunds Zucker oder der wechselseitig verbindlichen Nachbarschaftshilfe beim Hausbau auf dem Dorf. Das Carsharing als Mittel zur Reduktion von Aufwand und Kosten für ein Auto, das ohnehin die meiste Zeit herumsteht, wurde vor mehr als dreißig Jahren in der Zivilgesellschaft erfunden. Heute hat es die Automobilindustrie übernommen, und damit kommen wir zum eigentlichen Thema: der Share Economy.

Wie ihr Name schon sagt, geht es dabei vor allem darum, aus dem Teilen ein Geschäftsmodell zu entwickeln. Das größte Problem beim Teilen von Gegenständen, Fahrzeugen, Wohnungen usw. bestand früher darin, den Leihgeber und den Leihnehmer unkompliziert zusammenzubringen – daher die stationäre Organisation der meisten Dinge, die man leihen konnte: Das war die Bücherei oder der Hof, auf dem die Carsharing-Fahrzeuge parkten und für den man einen komplizierten Zugang zum Schlüsselkasten entwickeln musste, um unbefugte Nutzung auszuschließen. Seit man diese Organisation über das Internet und die mobilen Endgeräte ausgesprochen geschmeidig organisieren kann, hat das Sharing an vielen Stellen rasant zugenommen. Leihfahrräder gibt es in allen Städten, ebenso wie die Autos von »drive now« und »car2go«. Der große Vorteil der Vermittlung über Internetplattformen ist die Dezentralisierung des Geschehens: Die Leihobjekte müssen nicht mehr an einer Stelle entliehen und dorthin zurückgebracht werden. Man lässt sie nach Gebrauch stehen, und der nächste Nutzer kann ihren Standort über sein Smartphone identifizieren. Das hat in den Städten interessanterweise dazu geführt, dass Menschen Autos benutzen, die zuvor S-Bahn oder Fahrrad gefahren oder zu Fuß gegangen sind – aber wenn da bei schönem Wetter so ein fesches Mini-Cabrio steht …

Nicht anders hat die Share Economy das Anbieten von Übernachtungsmöglichkeiten revolutioniert: airbnb bietet weltweit Zimmer, Wohnungen, Häuser zur temporären Nutzung an, und wie sehr das genutzt wird, wissen nicht nur Hoteliers leidvoll zu berichten, sondern besonders Bewohner von touristisch interessanten Stadtvierteln, die von Heerscharen rumpelnder Rollkoffertouristen überzogen werden, die mit geringer Rücksichtnahme in privaten Wohnhäusern nächtigen, Partys feiern und nach gehabter Erholung rumpelnd wieder ausziehen, bevorzugt frühmorgens, wenn der Billigflieger geht. Diese Form des Sharings hat in besonders heimgesuchten Städten wie Berlin, Barcelona oder New York schon vielfältige Initiativen auf den Plan gerufen, die Zweckentfremdung von Wohnraum zu verbieten, aber einstweilen verzeichnen die Vermittlungsplattformen noch stetigen Zuwachs.

Interessant ist auch hierbei, wie sich die Nutzung des Internets in einer veränderten Form von Sozialität niederschlägt: Jede studentische WG, die noch vor wenigen Jahren die übliche Praxis gepflegt hat, dass man gelegentlich Schlafgäste aus Südamerika, Vietnam oder Frankreich hatte, weil man selbst auf seinen studentischen Reisen auch andernorts in Wohngemeinschaften unterkam, würde heute gut überlegen, ob das kostenlos vergebene Zimmer nicht auch gewinnbringend über airbnb hätte vermarktet werden können. Die Vermittlung über kommerzielle Plattformen bedeutet nichts anderes als die Monetarisierung sozialer Praktiken.

Mittlerweile hat sich durch all das eine expansive Form von »Plattformkapitalismus« herausgebildet, in der alles und jedes »gesharet« wird, dabei aber auf die Bedürfnisse sowohl unbeteiligter Dritter (wie der Bewohner von Nachbarwohnungen) so wenig Rücksicht genommen wird wie auf Schutzrechte von Arbeitnehmern, Versicherungen, Pflege von Gemeinschaftsgütern et cetera.

Der Plattformkapitalismus zeichnet sich dadurch aus, dass er soziale Intelligenz und eingeübte soziale Praktiken monetarisiert, selbst aber kaum Arbeitsplätze schafft und durch die Förderung der Privatisierung von Dienstleistungen auch für Minderungen von Steuereinnahmen sorgt, von ethischen Fragen beim Sharen mancher Dinge ganz abgesehen. Michael Sandel hat zu den ethischen Problemen ein Buch geschrieben, das sich etwa mit der Frage beschäftigt, ob es ethisch ist, andere gegen Bezahlung für sich Schlange stehen zu lassen.[16] In vielen Länder steht die Plattform »Uber« sehr unrühmlich für die Unterminierung von gesetzlichen Beförderungsbedingungen und Arbeitnehmerrechten, weil es das örtliche Taxigewerbe zu ruinieren droht, indem es private Fahrer mit ihren eigenen Autos an Fahrgäste vermittelt und damit die Beförderungstarife unterbietet. Das entspannte Verhältnis des Uber-Gründers Travis Kalanick zu nationalen gesetzlichen Bestimmungen ist dabei symptomatisch, ebenso wie die wütenden Gegenreaktionen deutscher und besonders französischer Taxifahrer, die ihre Existenz durch Uber bedroht sehen.

Tom Goodwin hat dazu eine interessante Beobachtung angestellt: Die Geschäftsmodelle der Share Economy funktionieren ausschließlich auf der Basis von Dingen und Dienstleistungen, die *andere* bereitstellen, nicht die Unternehmen selbst. Was die Frage aufwirft: Was eigentlich unternimmt dieser Typ Unternehmen? Das klassische unternehmerische Risiko ist hier ebenso abgeschafft wie gesicherte Beschäftigungsverhältnisse; übrig bleibt ein rein parasitärer Suchoperator, der die ohnehin vorhandenen Gegebenheiten danach durchmustert, wo sich etwas monetarisieren lässt, das bislang keine Sache des Geldes war. Dass das noch unter dem positiv besetzten Begriff des »Teilens« firmiert, darf allerdings als Meisterleistung des Marketings betrachtet werden.

Mir scheint hinter der ganzen Share Economy ein tiefgreifenderer Trend erkennbar: Nachdem der Neoliberalismus in den

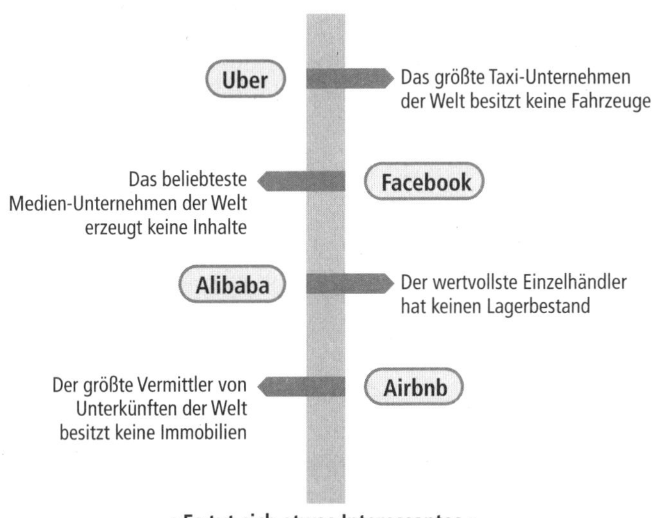

Tom Goodwins Beobachtung, dass etwas Interessantes geschieht.[17]

vergangenen zwei, drei Jahrzehnten die Bedingungen in der Wirtschaft und damit auf den Arbeitsmärkten radikal durch Deregulierungen unterschiedlichster Art verändert hat, zündet nun die Share Economy die zweite Stufe: Und die besteht in der Monetarisierung jener Sozialverhältnisse, die bislang durch die Sozialform Beziehung und nicht durch die Beziehungsform Geld strukturiert war. Die zugehörigen Reklamestatements, dass in der Share Economy jedermann zum Unternehmer werden könne und auch mit Dingen und Leistungen, die sonst ungenutzt blieben, Geld verdienen könne, sprechen da eine deutliche Sprache – und längst gibt es gut organisierte Promotoren, die in all dem wiederum eine rasante Verbesserung der Welt erblicken und bei jeder entsprechenden »Innovation« nach den Möglichkeiten ihrer »Skalierung« suchen. Das Netzwerk »Ashoka« zum Beispiel kann als die Übertragung der Strategien von McKinsey in die vormals geschützten Bereiche des privaten Lebens gelten: Hier werden besonders wortreich und salbungsvoll die Segnungen des »social entrepreneurship« gepredigt.

Mit Teilen als sozialer Praxis, hervorgegangen aus den moralischen Ökonomien, die aus Zeiten größeren Mangels stammen, hat das alles nicht das Geringste zu tun – es geht hier ausschließlich um das Identifizieren von Geschäftsmodellen und um die marktliche Überformung sozialer Praktiken, die bis dato mit dem Markt nichts zu tun hatten. Insofern gehört die Share Economy und gehören besonders ihre Propagandisten in den Formenkreis des Neofeudalismus: Jeder soll Akteur auf dem Markt sein, und niemand soll geschützt sein, wenn er den Anforderungen des Marktes nicht genügen kann. Ja, es ist doch einfach Pech, wenn man als alleinerziehende Mutter nie Geld hat, mal Ferien zu machen – dann kann man seine Wohnung eben leider auch nicht bei airbnb anbieten.

Übrigens gibt es ja noch einen Bereich des Sharens und Leihens, über den in den reichen Gesellschaften und von Organisationen wie Ashoka gar nicht gesprochen wird: Heute leihen sich Paare aus den reichen Ländern die Körper von Frauen aus armen Ländern, um künstlich befruchtete Eizellen zu Kindern austragen zu lassen oder – bei gleichgeschlechtlichen Paaren – sich gleich komplett welche anfertigen zu lassen. Es ist erstaunlich, dass im feministischen Diskurs anhaltend und mit Recht Zwangsprostitution skandalisiert wird, aber was ist es eigentlich anderes, wenn Menschen als Leihmütter gekauft und gebraucht werden? Die indische Leihmutterbranche kommt heute auf einen Umsatz von zwei Milliarden Euro jährlich. »350 Fruchtbarkeitskliniken haben rund 25 000 Leihmütter im Angebot.«[18] Vom Sharen von Organen wie einer Niere, die arme Menschen verkaufen, um die Gesundheit eines reicheren zu verbessern, gar nicht zu reden. Man hört sogar von gekauften Herzen; dafür muss allerdings jemand umgebracht werden. Daher liegt der Preis für ein Herz auch etwa dreimal so hoch wie der für eine Niere (man sagt bei etwa 75 000 Euro).

Auch so etwas gehört in den Formenkreis der Vermarktlichung von sozialen Beziehungen und ethischen Grundfragen, und vor allem wird deutlich, in welchem Ausmaß die Verfügung über Geld die Beziehungen definiert. Wie lebt es sich wohl mit einem gekauften Herzen?

Selbst- und Fremdverhältnis

Menschen sind kooperative Wesen, ihre Lebensform ist konstitutiv sozial. Ein menschliches Gehirn entwickelt sich nur im Zusammensein mit anderen; allein ist es nicht entwicklungsfähig, ein auf sich gestellter Säugling stirbt, selbst wenn er ausreichend mit Nahrung versorgt wird. Das liegt daran, dass Menschen biologisch »zu früh« geboren werden – ihr Gehirn entwickelt sich bis ins junge Erwachsenenalter hinein weiter. Bei allen anderen

Lebewesen ist das anders. Nur Delphine und nichtmenschliche Primaten haben eine relativ lange Phase der Hirnentwicklung, die außerhalb des Mutterleibs stattfindet, deshalb haben sie ein relativ hochentwickeltes Sozialverhalten und sind sehr intelligent. Andere Tiere kommen mit einem vergleichsweise fertigen, ausgereiften Gehirn auf die Welt; sie sind sofort überlebensfähig, aber in ihrer weiteren Entwicklung tut sich auch nicht mehr allzu viel, hirnmäßig.

Bei Menschen findet die Hirnentwicklung grundsätzlich nicht nur unter biologischen Vorzeichen statt, sondern unter sozialen und kulturellen.[19] Die Umwelt, in die ein Kind hineingeboren wird, bildet die Bedingungen, unter denen sich sein Gehirn und dessen synaptische Verschaltungsarchitektur entwickeln wird. Eine digitale Gesellschaft bietet also eine andere Entwicklungsumwelt als eine analoge, aber auch eine analoge moderne Gesellschaft ist eine andere kulturelle Entwicklungsumgebung als eine analoge mittelalterliche oder antike Gesellschaft. Alle diese Gesellschaftsformen stellen unterschiedliche Erfahrungswelten bereit und bilden andere Typen von Subjekten aus.

Ein moderner Mensch hat eine Selbstwahrnehmung, die anders ist als die eines mittelalterlichen Menschen. Die Vorstellung etwa, dass man sich bilden und entwickeln, »etwas aus sich machen muss«, ist spezifisch modern, dem mittelalterlichen Menschen ist sie weitgehend fremd. Das liegt daran, dass das Gefüge einer vormodernen Gesellschaft weitgehend statisch ist und dass die gesellschaftliche Stellung, die jemand einnimmt, nicht variabel ist wie heute, sondern festliegt. Wer als Kind eines leibeigenen Bauern geboren wird, wird niemals Grundherr; wer adelig geboren ist, wird niemals Knecht.

In der Moderne ist das radikal anders geworden – je differenzierter die Bildungsanforderungen wurden, desto mehr Aufstiegskanäle für die Einzelnen öffneten sich und desto mehr individuelle Lebensläufe und Lebensgeschichten konnten sich entwickeln. Dieser Prozess wird Individualisierung genannt. Man kann, wie gesagt, zeigen, dass die spezifische Gestalt eines Individualisierungsprozesses davon abhängt, in welchem sozialen und kulturellen Zusammenhang jemand aufwächst. Daher hängen Selbstwahrnehmung und Selbstbild in hohem Maße vom sozialen Gefüge ab, in dem man heranwächst und in dem man sich jeweils befindet. Kurz: Selbstbild und Fremdbild, wer ich bin und wer die anderen sind, hängen untrennbar voneinander ab.

Wenn sich nun in einer digitalen Kultur Selbstbilder konturieren, die in hohem Maße außengesteuert sind, wie es die Redundanzmaschine der Personalisierung ermöglicht, entsteht notwendigerweise eine Form von Distanz sich selbst gegenüber: Je mehr von außen kommt, desto weniger Eigenes hat die Entwicklung eines solchen Selbst geprägt – es hat sich die Welt weit mittelbarer angeeignet, weniger Widersprüchliches synthetisiert, ist weniger Fremdem begegnet, hat weniger Schwankungen erlebt, weniger Resonanz erfahren.

Es ist ein außengeleitetes, sich selbst fremdes Subjekt, das hier entsteht. Je distanzierter es sich selbst gegenüber ist, desto distanzierter muss es auch gegenüber anderen sein. Es fällt mir schwer, eine solche Entwicklung neutral zu beschreiben, weil ich aufgrund meiner eigenen Lebensgeschichte und der damit verbundenen kulturellen Prägung ein solches außengeleitetes Subjekt für eher gruselig halte und weil ich mir nicht vorstellen kann, wie eine Gesellschaft lebendig sein soll, deren Mitglieder in Ich-Bubbles leben, die nur einen kanalisierten und extern definierten Zugang zu der Welt außerhalb ihrer selbst haben. Aber gewiss ist eine solche Welt denkbar, ebenso wie eine Welt vorstellbar ist, in der es keine Privatheit mehr gibt. Es ist dann eben eine andere Welt als die, die wir kannten.

Und zwar eine, die wesentlich stärker von Distanzverhältnissen gekennzeichnet ist als die heutige. Freundschaften etwa bedürfen dann nicht mehr so sehr des direkten Austausches face to face, es geht auch über soziale Netzwerke. Soziale Beziehungen sind weniger exklusiv, sondern multipler, vielfältiger, zahlreicher. Räumliche Distanzen werden unwichtiger, emotionale Übereinstimmungen und soziale Zugehörigkeiten wichtiger. Insgesamt wächst die Distanz zu den biologischen und sozialen Voraussetzungen des Lebens und Überlebens, Selbststeuerung nimmt ab, Fremdsteuerung nimmt zu. Fremdzwang nimmt ab, Selbstzwang nimmt zu.[20]

Das heißt aber auch: Je distanzierter mein eigenes Verhältnis zur Welt ist, desto größer ist die Gewalt, die ich der Welt anzutun bereit bin. Passiv, nicht aktiv – allein dadurch, dass ich die Wirkungskette, über die ich mit der Welt verbunden bin, nicht mehr überblicke, ja, nicht einmal mehr das Bewusstsein ausbilde, Teil einer solchen Wirkungskette zu sein. Also: Je weniger wirksam ich mich selbst erlebe, desto distanzierter ist mein Verhältnis zu mir selbst, und desto größer ist die Gewalt, die ich mir selbst anzutun bereit bin. Schon, weil ich sie gar nicht als solche empfinde. Weltbeherrschung und Selbstbeherrschung sind zwei Seiten derselben Medaille.

Das sechste Sterben

Kommen wir an dieser Stelle nochmal zurück auf die ökologische Frage. Selbstzwang und Selbstbeherrschung beziehen sich auf die innere Natur, deren spontane Bedürfnisse überformt, gezähmt, verlangsamt, umgeleitet werden. Das nennt man Kultur. Die Beherrschung der inneren Natur, also von blinder Wut, unbändiger Freude, schwärzester Trauer wird sowohl menschheitsgeschichtlich wie in der individuellen Entwicklungsgeschichte immer weiter perfektioniert – Heranwachsen bedeutet auch: immer stärkere Kontrolle von Emotionen, »sich nichts anmerken lassen«. Solche »inneren« Naturverhältnisse spiegeln auch das Verhältnis zu den »äußeren« Naturverhältnissen, also zu den Stoffwechselbeziehungen, die wir als Lebewesen notwendig und unausweichlich mit Natur haben.

In Kulturen, die wie unsere reich an Fremdsteuerungen und langen Wirkungsketten sind, ist der Stoffwechsel zwischen Mensch und Natur kaum noch spürbar; dass alles, was zum Überleben notwendig ist, aus Boden, Wasser und Luft kommt und nicht schon ursprünglich aus der Fabrik und dem Supermarkt, ist weitgehend unsichtbar und daher unbewusst. Das kann so weit gehen, dass man sich allen Ernstes vorstellt, dass eine digitale Gesellschaft die Dinge bereitstellen könnte, die man zum Leben und Überleben braucht.

Leben ist aber analog.

Der hyperkonsumistische Lebensstil, den die reichen Gesellschaften entwickelt haben und der einer inneren Steigerungslogik folgt, wird gegenwärtig rasant globalisiert; die ökologischen Folgen werden immer sichtbarer. Gern redet man vom Klimawandel, weil die Energietechnologie modernisierbar und das Problem technisch beherrschbar scheint. Die Versprechen der Green Economy: »Ihr müsst euer Leben nicht verändern, wir machen das für euch!« »Wachstum, Wohlstand und Nachhaltigkeit sind keine Widersprüche, im Gegenteil, sie bedingen einander« sind die Lebenslügen einer Gesellschaftsform, die auf Raubbau basiert, das aber unsichtbar halten will. Wollte man ohne Raubbau auskommen, bräuchte man eine andere Geschäftsgrundlage.

Würde man tatsächlich über die ökologischen Themen sprechen, die gleichermaßen folgenreich sind wie der Klimawandel und sich aus unserem Geschäftsmodell ergeben, wäre solche Magie schwer durchzuhalten: Denn wie könnte man zum Beispiel mit dem Artensterben »aus grünen Ideen schwarze Zahlen machen«? Mit welchem Kapitalnutzen revitalisiert man die »toten Zonen« in den Meeren, wie rechnet sich die Beseitigung des Mülls in den Ozeanen, mit welchen merkantilen Vorteilen stoppt man ihre Versauerung, wie die Zerstörung der Böden durch Monokulturen und Überdüngung? Darauf hat »der Markt« keine Antworten außer jener, die in Bob Mankoffs Cartoon am Anfang dieses Buches gegeben wird. Solange es Ressourcen gibt, kann man Geschäfte mit ihnen machen.[21]

Ich möchte auf die ökologischen Desaster, die das 21. Jahrhundert radikal prägen und eine ganz neue Form von globaler sozialer Ungleichheit hervorbringen werden, hier nicht im Einzelnen eingehen; es gibt dazu eine Unmenge hervorragender Literatur.[22] Ich halte es mit Dennis Meadows, der den Klimawandel lediglich als *ein Symptom* in einem ganzen Ensemble überlebensbedrohlicher ökologischer Veränderungen betrachtet, die allesamt auf das Überschreiten natürlicher Wachstumsgrenzen durch Überproduktion und Hyperkonsum zurückzuführen sind. An dieser Stelle möchte ich nur kurz auf ein außergewöhnlich kluges Buch der Journalistin Elizabeth Kolbert zu sprechen kommen, die sich mit dem »Sechsten Sterben« beschäftigt hat, dem nach erdgeschichtlichen Zeitmaßstäben extrem schnellen Rückgang der Artenvielfalt.

Man geht heute davon aus, dass es in der Geschichte von Flora und Fauna dieses Planeten fünf große Massenvernichtungen von Arten gegeben hat – das bekannteste ist das Aussterben der Dinosaurier infolge eines Asteroideneinschlags vor 65 Millionen Jahren. Dieser Asteriod hatte einen Durchmesser von etwa zehn Kilometern und setzte eine Energie frei, die mit der Explosion von 100 Millionen Megatonnen TNT vergleichbar wäre.[23] »Beim Aufprall schuf der Asteroid einen riesigen Krater und jagte mehr als das Fünfzigfache seiner Masse an pulverisiertem Gestein in die Luft. Als die hochgeschleuderten Partikel wieder in die Erdatmosphäre eintraten, verglühten sie, verwandelten den Himmel in einen einzigen Feuerball und erzeugten so viel

Hitze, dass die Erdoberfläche praktisch kochte. Durch die geologische Zusammensetzung der Halbinsel Yucatan [wo das Ding eingeschlagen war, HW] war der aufgewirbelte Staub reich an Schwefel. Da Schwefelaerosole das Sonnenlicht besonders effektiv blockieren, kann ein einziger Vulkanausbruch wie der des Krakatau die Temperatur weltweit über Jahre sinken lassen. Nach der anfänglichen Hitzewelle erlebte die Welt einen mehrjährigen ›Impaktwinter‹, der die Wälder dezimierte. (…) Die Ökosysteme der Meere brachen praktisch zusammen und blieben für mindestens eine Million Jahre in diesem desolaten Zustand.«[24]

Das kann man sich vorstellen: Durch eine externe Einwirkung wird, so würden Menschen es bezeichnen, die Erde zerstört. Armageddon. Die Dinos haben es nicht so bezeichnet; ein Dinohirn war, auch wenn die wunderbaren Ice-Age-Filme einen anderen Eindruck vermitteln, nicht so entwickelt, dass die Tiere ihr Aussterben bewusst registriert hätten. Sie waren dann einfach alle tot. Das also war das fünfte Sterben.

Das sechste geschieht ohne großen Knall. Seine Ursache ist kein Asteroid, sondern die höchst erfolgreiche Überlebensform einer Spezies, die sehr viele andere verdrängt. Diese sympathische Spezies sind wir, die Menschen. Nicht alle, die jemals gelebt haben. Unsere Vorfahrinnen und Vorfahren richteten eher wenig Schaden an, sie waren zu wenige und ihnen fehlte die Technik für großflächige Zerstörungen. Daher passiert die ersten knapp 200 000 Jahre ihrer Existenz nicht so arg viel; hier und da wird mal eine Tierart wie der Riesenalk oder die Dronte im Überschwang ihrer leichten Jagdbarkeit ausgerottet, auch die Neandertaler, offensichtlich überlebenstechnisch etwas minder begabte Cousins des Homo sapiens, springen über die Klinge, aber das dauert alles, so 195 000 Jahre ungefähr. Dann kommt die neolithische Revolution. Sie braucht 3000 bis 5000 Jahre (eine äußerst langsame Revolution), dann sind die meisten Menschen sesshaft, bauen systematisch Nahrungsmittel an, züchten Vieh, bauen Städte.

Die Spezies breitet sich sukzessive über die ganze Erde aus. Dann geht alles, nach erdgeschichtlichen Maßstäben, rasend schnell: »An diesem Punkt passieren mehr oder weniger gleichzeitig mehrere Dinge, die dem *Homo sapiens*, wie er sich mittlerweile nennt, eine beispiellose Vermehrung ermöglichen. Innerhalb eines einzigen Jahrhunderts verdoppelt sich seine Population, dann verdoppelt sie sich ein zweites und ein drittes Mal. Riesige Wälder werden gerodet – eine gezielte Maßnahme der Menschen, um sich zu ernähren. Weniger gezielt schaffen sie Organismen von einem Kontinent auf den anderen und bringen damit die Biosphäre durcheinander. Zugleich setzen die Menschen einen noch merkwürdigeren, radikaleren Wandel in Gang. Die Entdeckung und Nutzung unterirdischer Energiereserven wirkt sich auf die Zusammensetzung der Atmosphäre aus, was wiederum Folgen für das Klima und die chemischen Eigenschaften der Meere hat. Manche Pflanzen und Tiere passen sich durch Migration an. Sie klettern Berge hinauf oder wandern in Richtung der Pole. Aber die große Mehrheit – zunächst einige Hunderte, dann Tausende und schließlich vielleicht Millionen – bleibt auf der Strecke. Immer mehr Arten sterben aus, und das Gefüge des Lebens verändert sich.«[25]

Dieser Prozess hat im Unterschied zum Asteroideneinschlag ein paar vorteilhafte und ein paar ungünstige Eigenschaften: Es stirbt nicht alles. Und es sterben nicht alle. Jetzt die ungünstigen: Das sechste Sterben vollzieht sich jenseits der bewussten Wahrnehmungsschwelle und wird erst durch wissenschaftliche Forschung erkennbar, die aber ihrerseits Teil genau jener humanen Weltbeherrschungsmaschine ist, die ab einem bestimmten Entwicklungsniveau so zerstörerische Wirkungen entfaltet. Psychologisch begegnet uns hier wieder das Phänomen der »shifting baselines« – Wandel wird nicht bemerkt, weil die Menschen ihre Wahrnehmungen der sich verändernden Umwelt anpassen. Zudem geht es ihnen ja gut, den Menschen. Trotz rapide wachsender Weltbevölkerung sinkt der relative Anteil derjenigen, die verhungern, die Lebenserwartung steigt, die Überlebenssicherheit wächst ersichtlich.

Aber das ökonomische System, das ihnen die schnellsten Entwicklungsfortschritte in Lebensstandard, Gesundheit, Sicherheit erlaubt, ist ein im Wesenskern unökonomisches System, da es auch vor dem Konsum seiner eigenen Voraussetzungen nicht haltmacht. Es gibt hier keine systematische Grenze, nichtmenschliche Kreaturen verschwinden, zunehmend werden Böden, Meere, Flüsse unbrauchbar als Lieferanten von »Ökosystemdienstleistungen«, wie es inzwischen so marktsprechmäßig heißt. Das bedeutet: Ressourcen werden knapper, ökologischer Stress nimmt zu, mehr Menschen konkurrieren um die weniger werdenden Ressourcen. Alles endet im Desaster. Das ist das idealistische Modell des Weltuntergangs.

Das realistische sieht böser aus. Denn der Niedergang der Naturressourcen und die Zunahme der ökologischen Stressfaktoren vollzieht sich in einer Welt, in der der Zugang zu den Ressourcen, das Leiden unter den Zerstörungsfolgen und die Konkurrenzfähigkeit höchst ungleich verteilt sind. Das System basiert auf Staffelungen: Verschiedene Menschen profitieren in unterschiedlichem Maß, andere erleiden Nachteile in unterschiedlichem Maß. Wo es den einen noch glänzend geht und sie, wie gesagt, die Verknappung von Rohstoffen noch in einen ökonomischen Vorteil ummünzen können, müssen die anderen schon ums nackte Leben kämpfen oder haben diesen Kampf bereits verloren. Der Asteroid hatte dafür gesorgt, dass die Dinos einen sozialistischen Tod starben; das Desaster des 21. Jahrhunderts hingegen trifft nicht alle gleichermaßen. Es ist nicht disruptiv, sondern kontinuierlich und trifft unterschiedliche Gruppen mit unterschiedlicher Wucht zu unterschiedlichen Zeiten.

Das sechste Sterben, so Kolbert, geschieht vergleichsweise unauffällig und hat eine ganz andere Ursache als das fünfte: Diese Ursache kommt nicht von außen, sondern von innen. Sie liegt erstens vor allem in der Art und Weise, wie die menschliche Spezies durch ihre formidable Anpassungsfähigkeit ihr Überleben sichert – durch Rodung von Wäldern, Trockenlegung von Sümpfen, Graben von Minen, industriellen Fischfang, fossile Energieerzeugung usw. usf.; alles das mag vom Standpunkt des menschlichen Überlebens her Rationalität besitzen, aber es zerstört die Habitate und Überlebensmöglichkeiten anderer Arten. Das Problem ist: Es handelt sich um einen dynamischen Prozess, seine Auswirkungen werden tiefer und geschehen schneller. Heute vollzieht sich das Artensterben bis zu tausendmal schneller als unter normalen evolutionären Bedingungen. Man geht davon aus, dass jährlich zwischen 11 000 und 56 000 Arten auf Nimmerwiedersehen verschwinden.[26]

Dabei spielt ein Faktor eine ganz entscheidende Rolle, der eng mit der ausufernden Mobilität und den globalen Warentransporten zu tun hat. Die Welt ist nicht nur, wie Thomas Friedman sagt, »flach« geworden, ihre Kontinente sind auch zusammengerückt. Das ist ein Problem, denn die meisten Arten haben sich in voneinander durch natürliche Grenzen – Meere, Flüsse, Gebirge – getrennten Ökosystemen entwickelt und sind ein Teil von ihnen. Aber diese Trennungen gibt es nicht mehr, weshalb beispielsweise Pilze oder Viren, gegen die Organismen auf dem einen Kontinent nie Abwehrkräfte entwickelt haben, weil sie nicht vorkamen, bei ihrem plötzlichen Auftreten ganze Populationen von Fröschen oder Fledermäusen dahinraffen, und zwar vollständig und unwiederbringlich. »Ein Frosch mit Chytridpilzen wäre niemals von Afrika nach Australien oder von Nordamerika nach Europa gelangt, wenn ihn nicht jemand auf ein Schiff oder in ein Flugzeug geladen und dorthin verfrachtet hätte. Wir mögen diese interkontinentale Durchmischung heute völlig normal finden, in der dreieinhalb Milliarden Jahre langen Geschichte des Lebens ist sie aber vermutlich beispiellos.«[27]

Dieser Vorgang ist wiederum unsichtbar, weil er zu unserer gewöhnlichen Lebenspraxis zählt und man nichts Bemerkenswertes daran findet, eine Fernreise zu machen oder Turnschuhe zu kaufen, die in Kambodscha hergestellt wurden. Tatsächlich funktioniert aber beides als Teil einer gigantischen Durchmischungsmaschine, die die Biosphäre durcheinanderbringt – aber eben nicht in evolutionären Zeitmaßen, so dass die Organismen sich den veränderten Bedingungen anpassen könnten, sondern rasend schnell. Kolbert verwendet ein eindrucksvolles Bild: Da die Kontinentaldrift, die die heutige Gestalt der Landmassen unseres Planeten bestimmt, durch Verschiebungen in der Plattentektonik entstanden ist und zu voreinander abgeschotteten Lebensräumen geführt hat, erzeugt unsere globalisierte Lebensform gewissermaßen eine Umkehrung dieses unendlich lange dauernden Vorgangs, den aber in extrem kurzer Zeit: »Unter dem Aspekt der Biota der Welt sind globale Fernreisen ein radikal neues Phänomen, das zugleich jedoch sehr alte Vorgänge wiederholt. Das Auseinanderdriften der Kontinente (...) kehrt sich nun um – ein weiteres Gebiet, auf dem der Mensch die geologische Geschichte mit hoher Geschwindigkeit rückwärts laufen lässt. Man kann es sich als auffrisierte Version der Plattentektonik vorstellen – allerdings ohne Platten. Indem wir asiatische Spezies nach Nordamerika, nordamerikanische nach Australien, australische nach Afrika und europäische in die Antarktis transportieren, gestalten wir die Welt zu einem riesigen Superkontinent um«.[28]

Mich faszinieren die Ausführungen Kolberts besonders, weil hier, beim sechsten Sterben, der Zusammenhang zwischen der rastlosen, sich immer noch beschleunigenden und expansiven wirtschaftlichen Aktivität und ihrer Tiefenwirkung auf die Ökosysteme besonders sinnfällig ist: Hier geht es nicht um lokal eingrenzbare Zerstörungen, punktuelle Katastrophen oder Unfälle, auch nicht um blödsinniges absichtliches Einschleppen der falschen Tiere in Habitate, wo sie nicht hingehören – wie die Waschbären an den Edersee oder die Kaninchen nach Australien. Nein, hier geht es um Globalisierung und ihre unsichtbaren Kosten und Folgen.

Man kann den Zusammenhang zwischen spezifisch moderner Wirtschaft und Artensterben noch weiter konkretisieren: Wenn sich bestimmte klimatische Bedingungen für bestimmte Pflanzen- und Tierarten etwa durch Temperaturanstieg als zunehmend ungünstig erweisen, dann beginnen diese zu wandern. Wenn aber die Welt durch versiegelte Flächen, Autobahnen, Landstraßen, Kanäle, Bahntrassen, Landebahnen, was auch immer, so fragmentiert ist wie heute, dann stößt diese Wanderung regelmäßig auf Grenzen, das heißt: Sie kann nicht stattfinden. Kolbert spricht daher von einer »finsteren Synergie« »zwischen Erderwärmung und Versauerung der Meere, zwischen Erderwärmung und invasiven Arten und zwischen invasiven Arten und Fragmentierung. Eine Spezies, die wandern muss, um mit steigenden Temperaturen Schritt zu halten, aber in einem Waldfragment – und sei es noch so groß – gefangen ist, wird wahrscheinlich nicht überleben. Zu den prägenden Merkmalen des Anthropozäns gehört es, dass die Veränderung ihrer Überlebensumwelten Arten zur Wanderung zwingt, zugleich aber Barrieren – Straßen, Schneisen, Städte – schafft, die eine solche Migration verhindern.«[29]

An diesem eigentlich einfachen Zusammenhang wird schlagend deutlich, dass es sinnlos ist, die Einzelphänomene unserer gegenwärtigen wirtschaftlichen und gesellschaftlichen Praxis getrennt zu betrachten. Wir können dann immer nur getrennte Ursachen sehen: CO_2 für den Klimawandel, der pH-Wert des Wassers für das Sterben der Riffe, landwirtschaftliche Monokulturen für das Aussterben der Orang Utans, Landraub für das Anwachsen der Städte, industrieller Fischfang für den Rückgang der Fischbestände, Piraterie, Massenmigration, Bürgerkriege wegen Bodenverlusten und Rohstoffkonkurrenz, Vertiefungen von Flüssen und Häfen wegen der Riesencontainerschiffe, globalisierte Produktion wegen des Wettbewerbsdrucks, immer schnellere Befriedigung von immer mehr Bedürfnissen. Aber was auch immer Sie betrachten: Es ist jeweils das Ergebnis der rastlosen Aktivität einer expansiven Kultur. Überall herrscht Wachstum. Daher auch bei der Zerstörung.

Und da Kolbert vom Anthropozän spricht: Dieser Begriff ist vor einem guten Jahrzehnt vom Nobelpreisträger Paul Crutzen ins Spiel gebracht worden, um zu verdeutlichen, dass »der Mensch« heute die entscheidende geologische Kraft ist und das Antlitz der Erde radikal und irreversibel verändert. Dieser Begriff ist falsch. Es ist ja eben nicht »der Mensch«, der das alles macht. Sondern es sind Menschen, die das unter den Vorzeichen eines bestimmten, historisch sehr jungen Wirtschaftsprinzips machen. Die Zerstörung der Welt ist keine anthropologische Konstante, sonst hätte »der Mensch« nicht 200 000 Jahre durchgehalten. Sie ist neu, und besonders in ihrer expansiven Dynamik ohne jedes Vorbild in der Geschichte. Der Begriff »Anthropozän« verschleiert diese geschichtliche Dimension. Richtig müsste man, wie Elmar Altvater, vom »Kapitalozän« sprechen, man könnte auch sagen: Wir leben im »Knetozän«. Das Erdzeitalter des Geldes. Damit wäre ein Zusammenhang markiert.

»Mensch« im Singular, als geschichtsloses, gesellschaftsloses, wirtschaftsloses Wesen gibt es übrigens nicht. Es gibt nur *Menschen*, die zu unterschiedlichen Zeiten unter unterschiedlichen Bedingungen bestimmte Überlebenstechniken entwickeln und mit ihnen für gewisse Zeiträume erfolgreich sind. Das nennt man Kultur. Die gegenwärtige Kultur ist expansiv und vereinheitlichend wie keine menschliche zuvor. Die Wucht, die das entfaltet, lässt sich nicht mit Kategorien wie Gier, Eigennutz, Achtlosigkeit, Unbildung – also psychologischen Kategorien – erklären. Es ist eine systemische Wucht, eine Gewalt des Zusammenhangs.

Es handelt sich um die radikale Vereinfachung der Welt, ihre Zurichtung unter einem einzigen Prinzip, ihre Gestaltung nach einem monologischen Muster. Es ist ja eine Fehlwahrnehmung, dass die Welt komplexer würde: Die Gesellschaften dieser Erde gleichen sich an wie die Fußgängerzonen und die Hotelzimmer in den Städten, wie die Warenangebote und die Sprachen. Das Artensterben beschränkt sich nicht auf die Biologie, es gilt ebenso für die Unterschiede zwischen den Kulturen, die so schnell verschwinden wie etwa die Dialekte und Sprachen. Das bedeutet im Ganzen das Absteigen auf eine niedrigere Stufe der Organisation, ganz wie in der Biosphäre: Komplexität nimmt ab, nicht zu. Sie hängt nämlich, so hat es der große Anthropologe Claude Lévi-Strauss in seinem Buch »Traurige Tropen« formuliert, ab von dem Informationsgefälle, das es zwischen den Menschen gibt. »Jedes ausgetauschte Wort, jede gedruckte Zeile stellt eine Verbindung zwischen zwei Partnern her und nivelliert die Beziehung, die vorher durch ein Informationsgefälle, also durch größere Organisation gekennzeichnet war.«[30]

Und dazu, aus Gründen des Zusammenhangs, noch ein Zitat aus dem Buch von Kolbert: »Wenn man nachvollziehen will, warum Menschen für andere Spezies so gefährlich sind, kann man an einen afrikanischen Wilderer mit einer Kalaschnikow denken, an einen Holzfäller, der mit einer Axt im Amazonasgebiet unterwegs ist, oder auch an sich selbst, wie man mit einem Buch auf dem Schoß auf der Couch sitzt.«[31]

KAPITEL 6

WILLKOMMEN IM KNETOZÄN

Die Marktmacht konzentriert sich und Arschlöcher werden neuerdings angehimmelt. Sie entwickeln nicht nur totalitäre Strategien, sondern sprechen auch darüber.
Es hört aber niemand zu. Deshalb gebrauchen sie die Macht, die ihnen niemand streitig macht. Digital ist übrigens fossil.

»Am Freitag enttäuschte abermals
eine Konjunkturkennziffer.«[1]

Was war die Frage, auf die die demokratischen Nachkriegsgesellschaften westlichen Typs eine Antwort sein sollten? Die Frage war, wie ich die Staatsbürgerinnen und -bürger dazu bringe, sich politisch in das Spektrum liberaler Demokraten mit leichten Ausschlägen nach rechts (Konservatismus) oder links (moderat sozialistisch oder sozialdemokratisch) einzuordnen. Nach der Erfahrung des Nationalsozialismus einerseits und im Angesicht des stalinistischen Ostblocks andererseits erwuchs daraus, wie schon gesagt, das Konzept eines demokratischen Kapitalismus, in dem die Marktkräfte durch eine regulative Wirtschaftspolitik und durch Instrumente wie Mitbestimmung und Tarifpartnerschaft eingehegt wurden. Diese Form einer sozialen Marktwirtschaft war sowohl wirtschaftlich als auch gesellschaftspolitisch außerordentlich erfolgreich und hat genau jene politische Integration hervorgebracht, die speziell im Fall Westdeutschlands nach der Nazizeit fast unerwartbar war: Aus einer Gesellschaft, die dem Autoritarismus des Kaiserreichs und den Unfreiheitsidealen des Faschismus gehuldigt hatte, wurde in nur wenigen Jahrzehnten eine demokratische und freie Gesellschaft.

Dieser Gestaltwandel ist besonders an der dritten Generation, also den Kindern der sogenannten 68er abzulesen, die eine Offenheit gegenüber Differenzen und eine Toleranz gegenüber Ambivalenzen hat, die der Kriegsgeneration ebenso abging wie ihren Kindern, eben den »68ern«. Einer der zentralen integrativen Faktoren war dabei der wachsende Wohlstand und die damit verbundene Teilhabe auch arbeiterlicher Schichten an den Segnungen der Konsumgesellschaft: kleiner Luxus in Form eines Autos, eines Fernsehers, einer Wohnung mit Balkon, einer Urlaubsreise. Das ökonomische Mittel dafür war Wachstum, die jährliche Steigerung des Bruttosozialprodukts und ihre Übersetzung nicht nur in Unternehmens- und Kapitalgewinne, sondern auch in Lohnerhöhungen, Arbeitszeitverkürzungen, Nachtarbeitszuschläge, Kündigungsschutz, mehr Urlaubstage usw.

Das hätte so weitergehen können, wurde aber durch die Wirtschaftskrisen der 1970er Jahre jäh unterbrochen. Der »kurze Traum von der immerwährenden Prosperität«, wie Burkart Lutz das genannt hat, wurde durch gesellschaftspolitische Tiefschläge in Form von Massenarbeitslosigkeit, Überlastung der Sozialsysteme, Aufnahme von Staatsschulden abgelöst, genau von dem Szenario also, das Wolfgang Streeck dargelegt hat. Die integrative Funktion des Wirtschaftswachstums wurde nun durch Schuldenwachstum ersetzt, was die Handlungsspielräume der öffentlichen Hand immer mehr beschränkte. Das war nicht nur in Westdeutschland so: Alle westlichen Gesellschaften, in besonderer Weise die britische, durchliefen diese Phase des Aufwachens aus den Wirtschaftswunderträumen, und dann begann jene volkswirtschaftliche Katastrophe, die längst noch nicht zu Ende ist: die Ära des Neoliberalismus, die – exemplarisch verkörpert durch Margaret Thatcher in England und Ronald Reagan in den USA – eine Kaskade aus Kürzungen von Sozialleistungen, Privatisierungen öffentlicher Unternehmen, Lohnsenkungen, Steuererleichterungen für Konzerne, Deregulierung des Finanzmarktes einleitete.

Das gute Zauberwort des Neoliberalismus ist »Markt«, das böse »Staat«, und überall dort, wo es durch Regierungswechsel oder Systemzusammenbrüche ging, wurde dereguliert, was das Zeug hielt. Naomi Klein hat das in ihrem Buch »Die Schockstrategie«[2] eindrucksvoll beschrieben und Philipp Ther anhand der Transformation Osteuropas nach dem Zusammenbruch des Sowjetsystems akribisch historisch rekonstruiert.[3] Und die Finanz- und Eurokrise haben das letzte Jahrzehnt hindurch live vor aller Augen vorgeführt, wie das Verfahren funktioniert: Staaten werden vor dem Hintergrund ihrer krisenbedingten Überschuldung in finanzpolitische Notstände gedrängt, die durch weitere Kredite temporär aufgehalten werden, die um den Preis gewährt werden, dass Sozialleistungen gekürzt, Unternehmenssteuern reduziert, öffentliche Unternehmen privatisiert werden usw. usf. Am Beispiel Griechenlands ist mustergültig zu sehen, wie einem Land immer weitere Hilfsgelder aufgenötigt werden, mit denen dann hauptsächlich Kredite bedient werden, während die Kreditbedingungen den Ausverkauf der materiellen Substanz des Landes fordern. Diese Schockstrategie führt zu einer rapiden Umverteilung von öffentlichen in private Vermögen, und sie findet seit Ausbruch der Finanzkrise im Jahr 2007, wie schon gezeigt (vgl. S. 91), in spektakulärer Weise statt.

Eine besondere Rolle bei diesem radikalisierten Kapitalismus kommt der Finanzwirtschaft zu, ablesbar etwa daran, dass an den Finanzmärkten 1970 täglich 100 Milliarden Dollar gehandelt wurden, 1980 bereits 590 Milliarden und in der Gegenwart mehr als 4000 Milliarden. Jeden Tag.[4] Diese extreme Steigerung geht auf Deregulierungen im Finanzsektor zurück, etwa die Aufhebung der Trennung von Geschäfts- und Investmentbanking, die Freigabe des Derivatehandels, den Handel per Computer und noch viel mehr. Finanzderivate, also hoch spekulative Konstrukte, denen keinerlei materieller Gegenwert entspricht, wurden bis Mitte der 1980er Jahre in einem Umfang von 50 Billionen Dollar jährlich gehandelt. Ein Jahrzehnt später betrug der Umsatz schon 300 Billionen Dollar, wiederum zehn Jahre darauf waren es 1500 Billionen. Der Finanzjournalist Thomas Fricke schreibt dazu: »Davon könnte man 10 000mal das Griechenland-Rettungspaket von 2010 bezahlen. Das sind pro Tag allein fast acht Billionen Dollar, die da hin und her geschossen werden – eine Summe, für die 40 Millionen Erwerbstätige bei uns drei Jahre lang arbeiten müssen. Macht in jeder Sekunde fast eine Milliarde Dollar. Oder am Tag etwa 56mal so viel wie die Wirtschaftsleistung aller Industrieländer in einem Jahr.«[5] 85 Prozent des Handels an den Finanzmärkten sind Derivatgeschäfte, so Fricke.

Das ist, wie man exakt am Beispiel der Krise nach der Lehmann-Pleite gesehen hat, eine Hochrisikoökonomie, wobei – wie man ebenfalls sehen konnte – das Risiko nahezu ausschließlich aufseiten des Staates und der Steuerzahler liegt, was man an den seither extrem gewachsenen Staatsschulden eindrucksvoll besichtigen kann. Das alles aber bedeutet Umverteilung. Die sagenhaften Vermögenszuwächse führen in Zeiten von Niedrig- oder Null- oder gar Negativzinsen dazu, dass unglaublich viel Kapital unterwegs ist, sozusagen ein monetärer Raketentreibstoff, mit dem dann wahlweise Land in Afrika gekauft, sogenannte Think Tanks und Lobbys finanziert, in Start-ups investiert werden. Hier schließen sich wiederum mehrere Kreise: Denn einerseits führen die damit verbundenen Folgen zu jener dynamischen und nachhaltigen Ausgrenzung armer Bevölkerungsteile, wie sie Saskia Sassen beschreibt, und andererseits zu einer Dynamisierung der ökologischen Zerstörungen, von denen gerade die Rede war. Mir scheint, gerade am Phänomen des Finanzmarktkapitalismus lässt sich am deutlichsten sehen, dass hier in den letzten Jahrzehnten »räuberische Formationen« entstanden sind, die sich für Staaten und Institutionen und deren Garantierung von Recht und Freiheit nur hinsichtlich der Frage interessieren, wie sie sich am effektivsten unter Druck setzen lassen.

Eine Arbeitsgruppe von Informatikern an der ETH Zürich hat 2011 eine Studie publiziert, die die Vernetzungsarchitektur international agierender Unternehmen untersucht hat. Sie kommt auf der Grundlage von Netzwerkanalysen zu dem Ergebnis, dass 40 Prozent des weltweiten Unternehmenswertes von lediglich 147 transnational agierenden Unternehmen gehalten werden. Im ersten Drittel dieses Rankings tauchen ausschließlich Finanzunternehmen auf.[6] Die Gruppe der 147 ist mühelos in der Lage, ganze Volkswirtschaften und ihre Währungen unter Druck zu setzen, und zugleich ist sie in ihrer Vernetzungsarchitektur von bestehenden, gar von nationalen Überwachungsinstitutionen wie Steuerbehörden, Kartellämtern, Transparency-NGOs usw. kaum zu kontrollieren. Die 147 Korporationen, die die Schweizer Forschungsgruppe identifiziert, müssen sich um kulturelle Eigenheiten, nationale Verpflichtungen, Interessenausgleich, Mitbestimmung und dergleichen antiquierte Dinge nicht bekümmern; ihre transnationale Struktur erlaubt ihnen überdies Steuervermeidung in spektakulärem Ausmaß.

Das alles heißt: Hier akkumuliert sich Macht auf eine Weise, wie wir es vom demokratischen Kapitalismus nicht kannten. Hier formiert sich eine neofeudalistische Internationale, die sich den Zugriff auf Ressourcen sichert, Steuern, Umweltauflagen, Arbeitsschutzrechte usw. umgeht, und das in zunehmendem Maß auch gar nicht mehr kaschiert. Denn wo Normen der Integration und des Gemeinwohls gegenüber »Disruption«, »Markt«, »Innovation« in den Hintergrund treten, braucht man ja nicht mehr so viel Mühe aufzuwenden, noch als gesetzestreu, gemeinwohlorientiert und sozial angesehen zu werden. Weshalb das ein neuer Unternehmertypus auch nicht macht.

Die neuen Helden

In der »Frankfurter Allgemeinen Sonntagszeitung« wurde am 28. September 2014 ein Mann namens Oliver Samwer porträtiert. Wie der Untertitel des Artikels behauptete, sei »dieser

Mann eine Sensation«. Samwer verkauft mit seiner Firma »Zalando« Kleidung im Internet und kopiert ansonsten Geschäftsideen, mit denen man in Amerika schon erfolgreich war. Ein »Haudrauf-Unternehmer«, wie es heißt, der alle anderen niederringt und der dem stationären Handel den Todesstoß versetzen will: ›Geschäfte sind Mittelalter, gebaut nur, weil es noch kein Internet gab.‹« Samwer kleidet sich der FAS-Autorin zufolge nachlässig, was allerdings eine Botschaft sein soll: »Dieser Mann hat Wichtigeres zu tun, als sich um sein Äußeres zu scheren. Er hat keine Zeit für Smalltalk, Schnickschnack und dumme Fragen, er liest keine Bücher und geht nicht ins Theater. Er hat eine Mission. Die muss er erledigen. Koste es, was es wolle. (…) Er würde sterben, um zu gewinnen, hat Oliver Samwer mal getönt. (…) ›Think big‹ hat er seinen Leuten als Losung ausgegeben. Dafür ackert er sieben Tage die Woche. Jede Stunde am Tag, die er nicht schläft, ist er bereit, alles für seine Firmen zu geben, ›whatever it takes‹, wie er es formuliert. Meist hat er ein Handy am Ohr, ein zweites in der Hosentasche, das ständig vibriert. E-Mails schreibt er, während er mit anderen spricht, unternehmerische Entscheidungen fällt er im Minutentakt. Wer bei ihm anheuert, von dem verlangt er ebensolche Höchstleistungen, am besten rund um die Uhr. ›Execution now‹, ist einer seiner Lieblingsbefehle am Telefon, bevor er das Gespräch wegdrückt. Ohne Abschiedsgruß.«[7]

Ich kenne den Mann nicht persönlich, möchte ihn aber auch ganz sicher nicht kennenlernen. Mit solchen Leuten will man ja im wirklichen Leben nichts zu tun haben. Denn schon dieses kurze Porträt beschreibt jemanden, der zu asozialem Verhalten und selbstzerstörerischen Handlungen neigt und offenbar von Allmachtsphantasien getrieben ist. Vielleicht sollte man dazu sagen, dass seine Unternehmen bis zum Erscheinen des Artikels noch nicht mal Geld verdient hatten – als das Porträt erschien, machten sie bei 757 Millionen Euro Umsatz sage und schreibe

442 Millionen Euro Verlust. Ich hab keine Ahnung vom Geschäftemachen, aber ich glaube, das könnte ich auch hinkriegen. Sogar ohne viel Telefonieren. Das Geld, das Samwer zum Verlieren braucht, sammelt er bei Milliardären ein, die unkonventionelle Investments suchen. Geld für so etwas gibt es ja, wie schon gezeigt, genug.

Wir kannten diese Sorte bislang ja vor allem in der Gestalt von Fernsehpöblern wie Dieter Bohlen, nun gilt sie plötzlich auch in der Welt der Wirtschaft als Rollenvorbild. Die Zeitschrift »Business Punk« ist eine Art Jungunternehmerpornoheft, in dem die neue Unanständigkeit gefeiert wird und es als schick gilt, wenn jemand wie der »Uber«-Gründer Travis Kalanick Gesetze für sinnlos hält. Typen wie diese, die, wie Sascha Lobo gesagt hat, in Sympathiewettbewerben sogar noch gegenüber Landminen schlecht abschneiden würden, sind für manche die neuen Idealbilder – sozial völlig losgelöst, jede ökologische oder gesellschaftliche Verantwortung souverän ignorierend, kulturelle Analphabeten und auch noch stolz darauf. Sie alle huldigen einer Weltanschauung, die sie »libertär« nennen, die aber nichts anderes ist als eine sozialdarwinistische Theorie, die das Recht des wirtschaftlichen Stärkeren behauptet und die Lage der Schwächeren als natürlich ausgibt. Der Staat, der übrigens dafür gesorgt hat, dass diese Leute zur Schule gehen und studieren konnten, gilt ihnen als Feind und in jeder Hinsicht als hinderlich. Sie glauben an den »Markt« und ohne Unterlass an »Innovationen« – so lautet zum Beispiel der Untertitel des Buches eines der Stars dieser Szene »Wie Innovation unsere Gesellschaft rettet« (wovor wird nicht geklärt).

Eines dieser so innovativen Unternehmen ist bekanntlich Amazon, das den Buchhandel revolutioniert hat und die Arbeitsbedingungen, dort wo es geht, nach dem Modell des Manchesterkapitalismus des 19. Jahrhunderts zurückerfunden hat.

In Deutschland geht das noch nicht ganz so gut, aber in den USA werden, wie die New York Times recherchiert hat, die Amazon-Angestellten so geknechtet, dass sie Dienstreisen aus Angst nicht abrechnen, sondern lieber selbst bezahlen, sich vor den Kolleginnen und Kollegen fürchten, weil Denunziation belohnt wird usw. usf. Jeff Bezos, der 2014 einen Unternehmerpreis in Deutschland unter der Schirmherrschaft von Sigmar Gabriel bekommen hat, hält zu viel Harmonie im Betrieb für innovationsfeindlich, und ein besonderes Merkmal der libertären Superstars liegt für mich darin, dass sie ihr menschenfeindliches Handeln immer noch mit Begründungen ausstatten zu müssen glauben. Dauernd müssen »Probleme gelöst«, »Menschen zusammengebracht«, »das Leben einfacher« gemacht, gar »die Welt verbessert« werden. Unter uns: Es wäre cooler, einfach zu sagen: »Ich will Kohle ohne Ende machen, und nichts könnte mir gleichgültiger sein als die Frage, ob dabei irgendjemand zu Schaden kommt.«

Die libertäre Ideologie ist vor allem in der Internetwirtschaft weit verbreitet. Sie ist ein ganz merkwürdiges Erbe aus der radikalen Staatsferne der Hippie-Ära, kombiniert mit den Allmachtsphantasien der IT-Welt. In ihr halten sich kapitalstarke Internetunternehmer als Funktionsklasse Nerds, die – desinteressiert an sich selbst – unablässig Programme schreiben, die die Kontroll- und Kapitalmacht ihrer Investoren effektiv erhöhen. Das alles tritt unter dem Rubrum der Freiheit an, aber nichts könnte ja unfreier sein als eine Gesellschaft, in der die ganze Kontrollmacht und Wirtschaftskraft in den Händen von Menschen liegt, denen weder Regulierungen noch Gesetze noch Wahlen etwas gelten. Ach so: »Menschen« ist in diesem Fall zu allgemein: Es handelt sich um eine Männerwelt, jedenfalls zu 85 Prozent.

Wo ist, wo wir gerade dabei sind, eigentlich der Feminismus, der dem imperialen Treiben dieser Männer die Grenzen aufzeigt? Und wo, nur als Idee, eine Sozialdemokratie, die die sozialen Fortschritte des 20. Jahrhunderts gegen diese radikalgestrigen Innovasoren verteidigt? Sigmar Gabriel, um kurz bei den Sozialdemokraten zu verweilen, hat zum Thema Folgendes zu sagen: »Die Macht der digitalen Revolution liegt darin, dass kein Mensch gezwungen wird, mitzumachen. Jeder will dabei sein und tut es aus freien Stücken.« Das schreibt er als Blurb, also als Werbetextchen auf dem Rücken eines Buches von Christoph Keese über das Silicon Valley. Ob die Minenarbeiter im Kongo oder die Fabriksklaven bei Foxconn ihren Beitrag zur »digitalen Revolution« aus freien Stücken liefern, sei mal dahingestellt, genauso wie der nicht ganz unbedeutende Sachverhalt, dass auch die freiwilligen Mitmacherinnen und Mitmacher in den reicheren Gegenden der Welt, wie gezeigt, schon dadurch, dass sie mitmachen, ihre »freien Stücke« preisgeben.

Keese allerdings ist es um etwas anderes zu tun bei seinem durchaus interessanten Bericht aus dem Silicon Valley: nämlich darum, wie es erstens den traditionellen Medienunternehmen (wie eben Springer) und zweitens den europäischen Ländern gelingen kann, mit der Machtexpansion von Google & Co. mitzuhalten. Dabei beschreibt Keese die Männer-, Nerd- und Investorenwelt gelegentlich durchaus kritisch, kann sich aber der Faszination vor dieser Oase des Libertarismus nicht entziehen. So schreibt er über San Francisco: »Hippie-Mähnen und Batikhemden prägen das Straßenbild zwar nicht mehr, dafür aber Kapuzenpullis und kurzärmelige Muskelshirts im Mark-Zuckerberg-Stil. Der Geist ist derselbe geblieben wie vor 50 Jahren seit dem Monterey Pop Festival, dem Fanal der Hippie-Bewegung: Aufstand gegen das Establishment. Damals mit Musik, heute mit Technik. Computer waren das, worauf Revoluzzer gewartet hatten. Mit ihnen kann man Machtstrukturen mit geringem Aufwand und großer Wirkung angreifen. Viel besser als mit Sit-ins, Demos und Haschbrownies. Jeder kann mitmachen. Querdenker planen die Abschaffung von Großbanken, Telefonkonzernen und Automultis, nur – anders als in den Sechzigern – mit legalen Mitteln. Nicht durch Sabotage, sondern durch Wettbewerb.«[8]

Aufstand gegen das Establishment, soso. Einstweilen sieht es eher danach aus, dass sich hier ein Establishment neuen Typs etabliert, das in unglaublich kurzer Zeit unglaublich viel Geld bewegt. Die Hippies waren staatsfern und subversiv als Leistungsverweigerer und übrigens auch als Kriegsgegner, während die IT- und Venture-Capital-Helden, die Keese beschreibt, staatsfern nur aus Eigeninteresse sind. Sie halten, und da wird es interessant, inzwischen nicht nur den Staat, sondern Politik überhaupt für etwas ziemlich Hinderliches bei der Durchsetzung ihrer Vorstellungen von einer besseren Welt. Politiker gelten nämlich genauso wie die staatlichen Institutionen als sachfremde Bremser der gerade so schön abgehenden Dynamik des Internet- und Plattformkapitalismus.

Da wäre beispielsweise das Wettbewerbs- und Kartellrecht, das einer der Stars der digitalen Männerwelt, Peter Thiel, für extrem veraltet hält. Warum? Weil Monopole einfach viel tauglicher sind, wenn man grenzenlose Gewinne machen will. Der Wettbewerb bringt ja einen unguten Preis- und Unterbietungswettbewerb mit sich, der nie und nimmer zu den technologisch und wirtschaftlich besten Lösungen führt. Viel besser sind da von kleinen, verschworenen Gruppen entwickelte »Innovationen«, die, wenn man schnell genug ist, zu einem Größenwachstum der um sie herum gegründeten Unternehmen führen, mit dem die Konkurrenten nicht mithalten, weshalb man der Alleinherrscher auf seinem Gebiet sein darf. »Amerikanische Fluggesellschaften befördern beispielsweise pro Jahr Millionen von Fluggästen und setzen 195 Milliarden Dollar um. Doch im Jahr 2012, als der Durchschnittstarif 178 Dollar betrug, verdienten die Gesellschaften pro Flug und Gast gerade mal 37 Cent.

Vergleichen Sie das mit Google, das weniger Umsatz erzielt, aber deutlich mehr davon behält. Im Jahr 2012 setzte Google knapp 50 Milliarden Dollar um, doch davon steckte es rund 21 Prozent ein – damit ist die Gewinnspanne von Google fast 100mal so groß wie die der Luftfahrtbranche. Der Gewinn ist so hoch, dass Google heute fast fünfmal so wertvoll ist wie die gesamte Luftfahrtbranche der Vereinigten Staaten.« Und Thiel nennt auch den Grund: »Die Fluggesellschaften konkurrieren untereinander, während Google Alleinstellung genießt.«[9]

Monopole sind aber, wie Sie jetzt vielleicht glauben, nicht etwa schlecht, nur weil sie ihre vorhandenen Marktvorteile ohne jede Begrenzung ausweiten können. Da sind die Regulierer der freien Marktkräfte aus dem 20. Jahrhundert total auf dem falschen Dampfer, denn: »Wer etwas *anderes* macht als alle anderen, tut sehr viel mehr Gutes für die Gesellschaft und profitiert gleichzeitig von einer Monopolstellung auf einem neuen Markt.«[10]

Bezeichnend für die Äußerungen der Peter Thiels dieser Welt ist, wie hier, die völlige Abwesenheit von Gründen und Argumenten. Thiels sehr seltsames Buch ist voll von Sätzen, die keinerlei Sinn jenseits des Umstands haben, dass sie jemand schreibt, der im Silicon Valley ganz erfolgreich ist. (Thiel hat PayPal mitgegründet und früh in Facebook investiert, weshalb er schweinereich ist.) Als Thiel unlängst in Deutschland auftrat, waren seine Veranstaltungen überfüllt und die Presse berichtete durchaus positiv, was irritiert, wenn man sich sein radikal antidemokratisches Weltbild anschaut. Freiheit ist seiner Auffassung nach mit Demokratie nämlich nicht vereinbar; seit den 1920er Jahren seien »immer mehr Menschen von Sozialleistungen abhängig (geworden) und Frauen gewannen neue Rechte – beides Gruppen, die bekanntermaßen schwer von libertären Positionen zu überzeugen sind –, was dazu geführt hat, dass der Begriff kapitalistische Demokratie eine Art Oxymoron geworden ist.«[11]

Mich erstaunt, dass in unserer routinierten Skandalisierungskultur, wo wissenschaftlich höchst renommierte Hochschullehrer per Kontrollblog auf gendermäßig verdächtige Begriffsverwendung durchgeprüft werden (zum Beispiel auf dem so infamen wie steindummen »muenklerwatch«), solche radikal demokratiefeindlichen Personen völlig außerhalb von Kritik stehen. Wie finden Sie denn den folgenden Satz: »Das Schicksal unserer Welt liegt vielleicht in den Händen eines einzelnen Menschen, der den Mechanismus der Freiheit erschafft oder verbreitet, den wir brauchen, um die Welt zu einem sicheren Ort für den Kapitalismus zu machen.«[12]

Das allerdings ist Totalitarismus in Reinkultur. Ebenso wie die bizarre Vorstellung, extraterritoriale Inselstaaten zu schaffen, in der Staatlichkeit, wie wir sie kannten, keine Rolle spielt.

Dorthin ziehen sich die zurück, die – geradezu comicmäßig – mit dem weltlichen Treiben von Politik und Gesellschaft nicht mehr zu tun haben wollen, als so viel Geld zu verdienen, wie nur irgend möglich, um dann auf selbstregierten Parastaaten ein gesegnetes Leben zu führen. Das zugehörige Projekt heißt »Seasteading Institute« und wird von Thiel mitfinanziert. Von den Inseln aus soll »die nächste Generation von Pionieren« die Wirtschaft auf den unübersichtlichen Kontinenten steuern. Das

Ungestört. Seasteading Institute, wie es später mal gewesen sein wird.

heißt dann »competitive governance from the outside«, also etwa »wettbewerbliche Steuerung von Außen«.

Aber Thiel ist durchaus nicht der Einzige, der seine antidemokratischen Vorstellungen publik macht und mit seinem Geld lanciert. Ein hierzulande prominent gewordener Kollege ist der Hedgefonds-Milliardär Nicolas Berggruen, der in einem Buch mit dem Titel »Klug regieren« entwickelt, wie »Bürger in den Bereichen sinnvoll einbezogen werden, in denen sie kompetent sind, während die Entscheidung über kompliziertere Themen an eine höhere Autorität delegiert wird, die von der Bevölkerung legitimiert ist und sich auf einen breiten Konsens stützt.«[13] Ihm schwebt eine Kombination aus einer »Meritokratie« nach chinesischem Vorbild und einer Art expertengepimptem Parlamentarismus vor, eine Mischung, die in jedem Fall zu besserer Planerfüllung führe als das mühselige demokratische Verhandeln.

Interessanterweise geht es auch Berggruen um eine »Entpolitisierung« des Regierungshandelns auf der Basis von »Wissen«, eine geradezu lächerlich naive, aber politisch brandgefährliche Vorstellung, die übrigens gleich mit der Idee kombiniert wird, dass man Stimmen von Wählern, die mehr wissen (was man durch Tests herausfindet), beim Auszählen höher gewichten sollte als die der minder Informierten.

Hinreichend, solchen Leuten Bewunderung zu zollen und ihnen Geld, Unternehmen, Daten und am Ende gesellschaftliche Gestaltungsmacht zu überlassen, scheint allein schon, dass sie, wie es immer heißt, eine »Mission« haben, die sie verbissen verfolgen. Worin die besteht und ob sie irgendetwas mit demokratischen, freiheitlichen und rechtsstaatlichen Werten zu tun hat, scheint in dem Augenblick gleichgültig zu sein, wo sie mehrmals hintereinander Sätze sprechen, in denen die Worte »Innovation«, »Leadership«, »Disruption«, »Milliarden«, »Strategie«, »Silicon Valley«, »Investieren« in beliebiger Reihung vorkommen. Dann kniet der kaum jemals aus Niedersachsen oder Hessen herausgekommene Wirtschaftspolitiker innerlich nieder und überlegt, wie man solchen Genies auch im IT-mäßig ganz und gar zurückgebliebenen Deutschland eine Bühne bauen und sie zum Investieren in heimische »Start-ups« und »innovation labs« veranlassen kann.

Dabei ist die Unverblümtheit, mit der die antidemokratischen Vorstellungen vorgetragen werden, auch im Fall von Eric Schmidt frappierend. Der frühere Google-CEO wird inzwischen der »Außenminister von Google« genannt, was ja auch schon etwas von den parastaatlichen Ansprüchen dieser Form von Wirtschaft anklingen lässt. In seinem zusammen mit Jared Cohen entworfenen Zukunftsszenario »Die Vernetzung der Welt. Ein Blick in unsere Zukunft« ist viel von den Vorteilen eben dieser Vernetzung zu lesen, wobei es vor allem um »Effizienz« in allen Lebenslagen geht: »Die neuen virtuellen Handlungsspielräume sorgen dafür, dass vieles in der physischen Welt effizienter wird. Wenn die digitale Vernetzung die entlegenen Winkel der Erde erreicht, werden immer neue Nutzer zahlreiche ineffiziente Märkte, Systeme und Vorgehensweisen optimieren können, in den reichsten Nationen genauso wie in den ärmsten. Das Resultat sind erhebliche Effizienz- und Produktivitätssteigerungen, vor allem in den Entwicklungsländern (…). Hier werden die Menschen mit weniger Aufwand bessere Ergebnisse erzielen.«[14]

Oder: »Mit dem Schritt ins Digitalzeitalter werden Handel, Bildung, Gesundheitswesen und Justiz effizienter, transparenter und demokratischer.«[15] Wie bei den anderen Apologeten der digitalen Welt fällt wieder die völlige Abwesenheit von Gründen auf: Wozu soll die höhere Effizienz dienen? Bessere Ergebnisse in was? Dieses Merkmal aller einschlägigen Texte zeigt das eigentlich ideologische Moment dieser angeblich so un-, ja antipolitischen Theorie einer besseren Einrichtung der Welt durch Digitalisierung: Denn weder wird je danach gefragt, was die jeweiligen – also regional-, schicht-, geschlechtsspezifischen – Problemlagen sind, noch danach, wie die Chancen der jeweiligen Gruppen verteilt sind, ihre Welt zu gestalten. Dasselbe gilt für die Rhetorik des Problemlösens. Nie wird gefragt, wer ein Problem hat oder definiert, und was entsprechend eine Strategie für das Finden einer Lösung wäre; immer wird behauptet, irgendein Algorithmus würde eine Lösung bereitstellen – bis hin zu der wirklich großartigen Idee, das Problem des Todes sei zu lösen, indem man eine Sicherheitskopie seiner selbst auf eine Festplatte lädt (der Erfinder dieser »Lösung«, Ray Kurzweil, gilt allgemein nicht als gaga, sondern als Genie, was an sich schon ein Indikator für den geistigen Horizont der Gegenwart ist).

Für die Internationale der Solutionisten, die Schmidts, Thiels, Zuckerbergs, Kurzweils existiert nur eine ausschließlich defizitäre Vorgeschichte, die ab der Stunde null der digitalen Revolution von der Morgenröte einer besseren Zukunft abgelöst wird. Alles wird effizient und optimiert (kann man Effizienz eigentlich optimieren?), ohne auch nur den mindesten Gedanken daran zu verschwenden, dass alle ökologischen Probleme, die wir haben, auf die rastlose Steigerung von Effizienz seit Beginn der Industrialisierung zurückzuführen sind.

Mit anderen Worten: Das Falsche wird verbissen optimiert, und da die Herren weder etwas von Geschichte noch von Psychologie verstehen, skizzieren sie die Segnungen ihrer Zukunftswelten ganz unbelastet von jeglicher Frage, wer das alles eigentlich will und was das für Folgen hat. Was bei Schmidt & Cohen übrigens mit »demokratisch« gemeint ist, ist keineswegs das, was in der langen Geschichte des demokratischen Denkens schließlich zum Konzept der repräsentativen Demokratie geführt hat. Ganz im Gegenteil geht es hier, wenn es hoch kommt, um eine Art akklamativer Beteiligung in sogenannten Sachfragen; Politiker werden als eine Art Erfüllungsbeauftragte betrachtet, denen man mit der allumfassenden Überwachung bestens auf die Finger klopfen kann: »Die Bürgerbeteiligung wird neue Dimensionen annehmen, denn jeder mit einem Mobilgerät und Zugang zum Internet wird in der Lage sein, den Politikern mehr Rechenschaft und Transparenz abzuverlangen. (…) Die Technologie eröffnet Bürgern bislang ungeahnte und kreative Möglichkeiten, die Ordnungshüter zu kontrollieren. Sie könnten beispielsweise interaktive Bewertungsportale einrichten, auf denen sie in Echtzeit jeden Polizeibeamten ihrer Stadt öffentlich beurteilen können.«[16]

Hinter all dem wird erkennbar, dass es hier nicht um Demokratie und Gewaltenteilung geht, sondern um eine Welt der totalen wechselseitigen Kontrolle, in der keine Institution den Einzelnen schützt und jeder die Gestapo des anderen ist. Abgesehen davon, dass das in jeder Hinsicht eine Scheißwelt wäre, die die zivilisatorischen Fortschritte seit der Aufklärung radikal zunichtemacht: Wer definiert denn in dieser postaufklärerischen, postrepublikanischen Welt, was richtiges oder falsches Verhalten ist? Bezieht die »Bürgerbeteiligung« dieses Typs auch den Mafioso ein – darf der auch seine Bewertung des Polizisten abgeben? Und was zählt die dann? Totale Transparenz, hat Peer Steinbrück richtigerweise gesagt, gibt es nur in Diktaturen.

In der smarten Diktatur tritt sie nun ausgerechnet unter dem Vorzeichen der »Bürgerbeteiligung« an. Früher nannte man das »Denunziation«. Diese Transparenzhölle entspricht auf das Genaueste dem, was Dave Eggers in seinem Roman »Der Circle« entwickelt hat: eine totalitäre geheimnislose aseptische Welt, in der jeder aufs Peinlichste darauf bedacht ist, bloß nichts falsch zu machen.

Ein antielitärer Gestus und das vorgebliche Interesse an der Gleichheit aller Menschen ist immer schon ein Merkmal totalitärer Bewegungen gewesen. In Gestalt des Libertarismus kehrt in diesem Sinn, wie auch Jonathan Franzen in seinem Roman »Purity« andeutet, die fürsorgliche Diktatur vom Typ DDR in ganz unerwarteter Weise wieder – auch dort wollte man ja nur das Beste für die werktätigen Massen. Aber nein: Egalitär ist das natürlich alles nicht gedacht. Denn die Serverfarmen, Staatsinseln, Minenunternehmen, Milizen usw. gehören ja nicht allen und sollen es auch nicht. Dieser Überwachungssozialismus hat seine Grenze selbstverständlich dort, wo die Daten gesammelt, aufbereitet, analysiert und verwendet werden. Dort beginnt das Reich des privaten Eigentums. Nicht umsonst gilt Google als das Unternehmen, das über sich selbst am höflichsten von allen schweigt.

In ihrem Weltentwurf machen sich Schmidt & Cohen aber schon mal ein paar Gedanken darüber, wie man für andere Länder revolutionäres Führungspersonal findet: »Anders als heute werden Politikberater aus der Informatik und Kognitionspsychologie kommen, technische Fähigkeiten mitbringen und mit Hilfe von Daten eine politische Persönlichkeit aufzubauen und ihr Profil zu polieren (sic!). Dank der Technik werden sie in der Lage sein, das politische Potential etwaiger Kandidaten einzuschätzen: Mit Analyseprogrammen können sie ihre Reden und Texte auswerten, mit Hirnscans ihre Reaktion auf Stress oder Versuchungen beobachten und mit raffinierten Diagnoseverfahren die Schwächen ihres politischen Repertoires ermitteln.«[17]

Liest das außer mir eigentlich niemand? Die totalitären Phantasien dieser Leute werden in seriösen und renommierten Verlagen publiziert (Berggruen bei Herder, Thiel bei Campus, Schmidt & Cohen bei Rowohlt); wenn sie öffentlich auftreten, sind die Säle voll. Und Politikerinnen und Politiker aller Parteien zeigen sich gern mit ihnen, um zu demonstrieren, dass sie nicht von gestern sind. Die Vorderbühne für diese ganz erstaunliche Blindheit gegenüber den politischen Absichten dieser Leute bilden die erfolgreichen Geschäftsmodelle, die selbst unglaublich invasiv sind, wie man von der Autoindustrie mit ihren albernen vernetzten Autos bis zur Medienindustrie mit ihrer schleichenden Kapitulation vor Facebook, Google und Amazon sehen kann. Von dem Raunen um Industrie 4.0 ganz zu schweigen. Auf der Abnehmerseite sind es die Vielen, die die vermeintlichen Vorteile der digitalen Angebote vom GPS über all die Apps bis zum Barcodescannen und schnellem Auffinden von Sexpartnern genießen, so sehr, dass sie sich ein Leben ohne Smartphone gar nicht mehr vorstellen können. Dass diese schöne neue Welt auf einem Fundament gedacht und verwirklicht wird, das mit unseren Werten, Prinzipien, Rechten und Verfahren nichts oder allenfalls noch auf der Oberfläche etwas gemeinsam hat, scheint hinter all dem Effizienz- und Optimierungs- und Weltverbesserungsgerede unterzugehen.

Noch ein paar Kostproben? »Alle unsere virtuellen Aktivitäten und Beziehungen werden aufgezeichnet, und alles, was wir im Internet abspeichern, wird dauerhaft dort abgelegt. (…) Wir werden für unsere aktuellen und früheren virtuellen Beziehungen zur Rechenschaft gezogen werden. (…) Das Verhalten unserer Bekannten wird positiv oder negativ auf uns zurückwirken. (…) Da Informationen dazu tendieren, ans Licht zu kommen, sollten Sie also nichts abspeichern, das Sie nicht irgendwann in einer Anklageschrift oder auf der Titelseite einer Zeitung lesen wollen, wie es so schön heißt. In Zukunft wird dies nicht nur auf jedes geschriebene und gesprochene Wort zutreffen, sondern auch auf jede Internetseite, die Sie besuchen, auf jeden ›Freund‹ in Ihrem Netzwerk, auf jedes ›Like‹, und auf alles, was Ihre Freunde tun, sagen und veröffentlichen.«[18] Wenn das exakt von den Leuten verkündet wird, deren Firma die größte und mächtigste Datenmaschine der Welt ist, klingt das in meinen Ohren wie eine unverhohlene Drohung, die übersetzt aus der subjektlosen Technikwunderwelt der Zukunft in die irdische Gegenwart lautet: »Wir haben Macht über dich, egal wer du bist und wer du zu sein glaubst! Also sieh dich vor!«

Okay, Sie möchten es *noch* deutlicher im O-Ton? Bitteschön:

»Jede Anwältin, jede Lehrerin und jede Beamtin muss über ihre Vergangenheit Rechenschaft ablegen, wenn sie vorankommen möchte. Was würden Sie davon halten, wenn Ihr Zahnarzt am Wochenende lange Hasstiraden gegen Ausländer ins Internet stellt? Oder wenn der Fußballtrainer Ihres Sohnes nach seinem Studium zehn Jahre lang Touristen durch den Rotlichtbezirk von Bangkok geführt hat? Unser neues Wissen über unsere Kollegen und Führungspersonen wird beispiellose Auswirkungen auf unsere Gesellschaft haben. Die Dokumente aus unserer Vergangenheit werden uns im Alltag und in der Arbeit verfolgen. (…) In demokratischen Ländern wird es im Zeitalter der umfassenden Bürgerbeteiligung schwerer werden, Korruption, Verbrechen und private Skandale zu verbergen.«[19]

Als Bürger in einem Verfassungsstaat sage ich dazu: Solange der Zahnarzt bei seinen Äußerungen keine Gesetze überschreitet, kann er zweifellos denken und sagen, was er möchte. Und ich kann entscheiden, ob ich sein Patient sein will oder nicht. Was der Fußballtrainer meines Sohnes nach seinem Studium gemacht hat, geht mich nichts an. Und was an seinem Beispiel skandalös sein soll, verstehe ich nicht, ebenso wenig, wie ich eine Vorstellung habe, was »private Skandale« sein sollen. Meine Vermutung ist, und das lassen alle diese Sätze anklingen, dass das Private in der erträumten Zukunft von Schmidt & Cohen selbst der Skandal ist. Niemand soll noch Geheimnisse haben dürfen, niemand eine Vergangenheit oder eine Zukunft, die nicht von den Datendiktatoren kontrolliert ist.

Und folgerichtig kennen sie auch das wichtigste Mittel zur Durchsetzung totalitärer Herrschaft: Jeder wird zum potentiellen Richter und Denunzianten seines Nächsten: »In einer Demokratie, in der freie Meinungsäußerung und Bürgerbeteiligung zu Veröffentlichungen ermuntern, werden Bürger zunehmend zu Richtern ihrer Mitbürger. Je mehr Daten über jeden Menschen verfügbar sind, umso stärker wird dieser Trend«.[20]

Genug davon. Wenn Jaron Lanier, einer der klügsten Vertreter der Netzszene, davon spricht, dass das Silicon Valley »die freundlichste und gutmütigste Diktatoren-Klasse in der Geschichte der Menschheit« hervorgebracht habe, dann trifft er damit zwar das Marketing der smarten Diktatur, aber zweifellos nicht die zugrundeliegende Strategie, wie sie Macht und Herrschaft sichert und ideologisch unterfüttert. Er verfehlt die Sprengkraft seiner eigenen Analyse, wenn er sagt: »Facebook wird von 1,4 Milliarden Menschen genutzt, aber von einer einzigen Person kontrolliert. Es ist eine extrem außergewöhnliche Konzentration von Macht. Irgendwann wird der Gründer sterben. Und was dann kommt, wissen wir nicht, und wir können es auch nicht kontrollieren.«[21]

Ich glaube, in dieser Betrachtungsweise liegt ein verhängnisvoller Irrtum. Denn der Systemwechsel wird nicht erst eintreten, wenn den smarten Diktatoren weniger smarte nachfolgen. Das ist unter Herrschaftsgesichtspunkten gar nicht nötig. Denn der Systemwechsel findet ohne formalen Wechsel der Herrschaftsform statt. Die Demokratie wird substantiell entmächtigt, wenn die Privatheit abgeschafft wird: Sie setzt nämlich schlicht und einfach voraus, dass es Bürgerinnen und Bürger gibt, die für ihre Angelegenheiten und das Gemeinwesen eintreten und es gestalten. Das können sie aber nur dann, wenn es eine Trennung von öffentlich und privat gibt: Ich kann nur dann Bündnisse schließen, Strategien entwickeln, Argumente verfertigen, wenn es einen privaten Raum gibt, in den niemand Einblick hat. Dasselbe gilt für meine Person.

Ich bin nur dann autonom, wenn ich Dinge tun oder lassen kann, ohne irgend jemand anderem darüber Rechenschaft abzulegen. Was ich privat mache, ist – mit einem Begriff von Raymond Geuss – »unbeachtlich«, es geht niemanden etwas an. Alle Verfassungsväter und -mütter von der amerikanischen Verfassung an waren sich der Notwendigkeit des absoluten Schutzes von Privatheit bewusst, deshalb stehen Grundrechte wie die Unverletzlichkeit der Wohnung, das Briefgeheimnis usw. in jeder modernen Verfassung.

Und genau deshalb waren sich alle totalitären Denker und Herrscher und Diktatoren darüber klar, dass Privatheit *das* zentrale Hindernis für die Durchsetzung totaler Herrschaft ist. Solange Menschen etwas *für sich* haben, in das niemand anderer, schon gar nicht der Staat, eindringen kann, sind sie nicht vollständig beherrscht. Deshalb ist in allen Diktaturen »das Selbst das erste besetzte Gebiet« (Günther Anders).

Und damit stehen wir vor der historisch neuen Situation, dass wir Objekte einer Technologie geworden sind, die unser »Selbst« schon besetzt hat, bevor sich die Staatsform formal geändert hat. Diese Besetzung betrifft alles, was wir sind und zu sein beanspruchen: unsere Gedanken, unsere Vorlieben, unser Kaufverhalten, unser Bankkonto, unsere sozialen Beziehungen, einfach alles. Wir sind, Eric Schmidt wird es freuen, das zu hören, schon längst nicht mehr die, die wir zu sein glauben. Längst schon haben andere Formen der Selbstkontrolle Macht über uns ergriffen, längst zensieren wir uns, bevor andere das tun, längst haben wir Angst, dass irgendetwas »von früher« zutage tritt, das heute negativ betrachtet wird, längst sagen wir wirklich Privates, gar Subversives nur noch unter genau geprüften Bedingungen.

Im vergangenen Jahr nahm ich an einer interessanten Podiumsdiskussion teil, auf der es um Liquid Democracy ging. Auf dem Podium saß ein investigativer Journalist, spezialisiert auf Überwachung und Geheimdienste. Was er zu berichten hatte, war sehr beunruhigend. Aus dem Publikum fragte jemand, was sich für ihn in den letzten Jahren persönlich geändert habe. Seine Antwort: »Ich bin viel mehr an der frischen Luft als früher.«

Ding, ding, ding. Man hörte förmlich, wie bei den Zuhörern langsam die Groschen fielen. Natürlich: Heute trifft man sich nicht mehr drinnen! Man lässt die Handys im Raum und geht raus, an eine Stelle, wo Hoffnung besteht, ungesehen und ungehört zu sein. Solches Verhalten ist bereits in einem Rechtsstaat erforderlich geworden, nicht mehr nur in einem Verfolgungssystem wie in Aserbaidschan oder in China. Das *ist* der Systemwechsel, von dem Jaron Lanier fürchtet, dass er erst käme, wenn aus den smarten Diktatoren brutale geworden sind.

Allerdings: Wenn wir bei Lanier bleiben, nennt er erstaunlicherweise genau die Phänomene, die den Systemwechsel markieren, und die Mechanismen der Herrschaft. So sagt er etwa: »Der oberste Grundsatz einer nutzerorientierten Plattform im Silicon Valley ist, dem Nutzer zu schmeicheln, so viel es irgend geht. Schmeichelei ist ein uraltes Spiel. Und wir im Silicon Valley haben es darin zur Meisterschaft gebracht. Wir verschaffen dem Nutzer die Illusion, dass er viel beliebter ist, als er in Wirklichkeit dasteht. Das nimmt zuweilen erpresserische Züge an. Die Menschen bekommen es mit der Angst, ihre Beliebtheit zu verlieren, wenn sie sich nicht den Regeln unterwerfen, die in den Netzwerken gelten. Also wird es ein Kontrollsystem. Eine klassische kybernetische Kontrolle. Wie eine Skinner-Box.«[22]

Interessant ist hier, dass Lanier auf jene Form der Herrschaft zu sprechen kommt, die sich selbst in die Nutzer hineinverlegt: Gerade ihr Wunsch, dazuzugehören, verpflichtet sie darauf, den Regeln zu folgen, weshalb folgerichtig, wie Schmidt & Cohen so befriedigt sehen, »Bürger zunehmend zu Richtern ihrer Mitbürger werden.«

Lanier fährt im Interview fort, vom Umbau der inneren Verfasstheit der Nutzer zu sprechen, die »dressiert werden, sich den Regeln von Facebook und anderen Netzwerken zu unterwerfen, so dass sie in ständiger Furcht leben, die empfundenen Vorzüge des Netzes zu verlieren, wenn sie sich nicht konform verhalten. (...) Facebook ist kein Medienhaus, Facebook ist ein Konzern der Verhaltenskontrolle. Das muss man verstehen. Facebook kontrolliert Verhalten als eine Form der Machtausübung. Es zielt nicht primär auf Gewinne ab. Medien sind irrelevant für Facebook als Geschäft. Facebook gehören keine Medien, es könnte sich nicht weniger für deren Schicksal interessieren. Das Entscheidende ist, den Rückkanal für Informationen zu erobern, ihn feinfühlig zu manipulieren und darüber Verhalten zu beeinflussen.«[23]

Das ist ein historisch neues Mittel der Ausübung von Herrschaft. Denn einen »Rückkanal« gab es in Diktaturen, wie wir sie kannten, nicht. Herrschaft bedurfte zwar der Zerstörung von Privatheit durch Überwachung, Denunziation und Spitzelwesen, auch der Androhung und Anwendung von Gewalt, aber im Unterschied zu heute konnte diese Herrschaft nicht mittels Personalisierung und Informationskontrolle bestimmen, was die Beherrschten selbst zu sein glaubten und sein wollten. Die Beherrschung des »Rückkanals« ist eine entscheidende machttechnologische Innovation.

Und wie zur Bestätigung dieser unheimlichen Beobachtung schreiben Schmidt & Cohen in ihrer Apologie der »Vernetzung der Welt«: »In Zukunft werden Eltern bedenken, inwieweit der Erfolg ihrer Kinder mit ihrer Auffindbarkeit durch Suchmaschinen zusammenhängt. Wahre Strategen werden ihren Kindern nicht nur Profile sichern und Internetadressen kaufen (zum Beispiel www.EricSchmidt.com), sondern sie werden die Namen ihrer Kinder schon so auswählen, dass sie im Internet leicht zu finden sind. Einige Eltern werden bewusst ausgefallene Namen oder Schreibweisen wählen, um ihren Kindern in den Suchmaschinen einen Vorteil zu verschaffen und sie online leichter vermarktbar zu machen.«[24]

In meinen früheren Büchern und Texten hatte ich oft das Gefühl, dass ich Zitate, Äußerungen, Sachverhalte, die ich heranzog, kommentieren und deuten musste, um für die Leserinnen und Leser nachvollziehbar zu machen, warum ich sie verwendete und wofür sie aus meiner Sicht standen. Im Moment, wo ich diese Zeilen schreibe, geht es mir anders: Mir scheint, es steht alles schon da, und es gibt überhaupt nichts daran zu deuten. Zugleich habe ich das merkwürdig surreale Gefühl, dass es den meisten Menschen völlig egal ist, ob es da steht oder nicht. Vielleicht denken auch manche, die Schmidt & Cohen lesen: »Stimmt, daran haben wir ja noch gar nicht gedacht! Lass uns darüber nachdenken, wenn wir ein Kind bekommen – vielleicht nennen wir es Saddam-Adolf? Oder, wenn es ein Mädchen wird, Verona-Hillary?«

Vielleicht bin ich ein Sonderfall, weil mich dieser IT-Kram nie fasziniert hat. Ich bin überhaupt nicht technikaffin (abgesehen von Autos und Motorrädern bis Baujahr 1990), ich bin nicht internetaffin (obwohl ich im Unterschied zu den meisten »digital natives« programmieren gelernt habe), ich habe auch kein Smartphone – mich interessiert das alles nicht. Und ich habe genau wie Lanier lange gedacht: »Das ist gefährlich, was dort passiert. Aber so lange wir rechtsstaatliche Verhältnisse haben, ist das kein Problem, das wird erst in dem Moment gefährlich, wo es einen Regimewechsel gibt und alles benutzt werden kann, was zur Verfügung steht.« Es hat bei mir ziemlich lang gedauert, zu verstehen, dass dieser Gedanke falsch ist: Weil der Wechsel des Systems innerhalb unserer noch funktionierenden Demokratie stattfindet, *innerhalb* unserer definierten und garantierten Freiheitsspielräume. Die Veränderung der Sozialverhältnisse vollzieht sich innerhalb des nach außen stabil aussehenden Systems. *Die Auflösung der Demokratie geschieht im Rahmen der Demokratie.*

Günther Anders hat schon vor fünfzig Jahren verblüffend interessante Dinge über Überwachung und totalitäre Gesellschaften geschrieben, zu einer Zeit, als es Telefon gab, Fernsehen, Radio und ein bisschen Abhörtechnik, Wanzen und so etwas. Vom Internet ahnten damals nicht einmal Science-Fiction-Autoren.

Günther Anders reflektiert darüber, dass die elektronischen Geräte nicht neutral sind, sondern dass sie benutzbar sind und dass es ab dem Augenblick, in dem es sie gibt, relativ gleichgültig ist, ob ein totalitäres System herrscht oder ein demokratisches, rechtsstaatliches System. Die Geräte selbst machen den Unterschied. Weil sie Potentiale eröffnen, die die Sozialität verändern. Die Formulierung bei Günther Anders lautet: »Jedes Gerät ist seine Verwendung«.

Damit *schafft* es veränderte Verhältnisse. Man kann das durchbuchstabieren, denken Sie an die Einführung der schon erwähnten Überwachungskameras. Die gab es mit der Perfektionierung der Videotechnik und sie wurden ursprünglich zur Verkehrsüberwachung eingesetzt. Dann hat man festgestellt, wenn es Demonstrationen gab und man glücklicherweise Verkehrsüberwachungskameras hatte, dass man die Bänder auswerten konnte, um herauszufinden, wer denn die »Rädelsführer« bei diesen Demonstrationen sind. Und als man auf diese Idee gekommen ist, hat man Verkehrsüberwachungskameras auch dort eingesetzt, wo es gar keinen Verkehr gab, dafür aber möglicherweise Demonstrationen. Und so haben sich diese Dinger in irrsinniger Geschwindigkeit ausgebreitet. Und sie sind da, zusammen mit den Satelliten und den Drohnen und den privaten Kameras, und wir wissen das alle und wir finden es gut und vernünftig, wenn im »Tatort« Kamerabilder ausgewertet und Telefonverbindungen gecheckt werden.

Ganz auf der Linie von Anders hat Shoshana Zuboff, die Theoretikerin der expansiven Überwachung, drei Gesetze aufgestellt und »Zuboffs Gesetze« genannt. Sie lauten:

Erstes Gesetz: Alles, was automatisiert werden kann, wird automatisiert.

Zweites Gesetz: Alles, was in Information verwandelt werden kann (»informated«), wird in Information verwandelt.

Drittes Gesetz: Ohne hindernde Restriktionen und Sanktionen wird jede für Überwachung und Kontrolle nutzbare digitale Anwendung für Überwachung und Kontrolle genutzt, unabhängig davon, wofür sie einmal gedacht war.[25]

Das heißt: Wenn die Geräte in der Welt sind, werden sie verwendet, und denen, die sie zu ihren Zwecken verwenden, wächst Macht zu. Aus ihrer Sicht und zum Teil aus den Pflichten ihrer Funktion heraus wäre es fahrlässig, die neuen Möglichkeiten nicht zu nutzen. Das heißt: *Macht wird nicht missbraucht, sie wird gebraucht.* Und exakt das ist es, was Sozialverhältnisse verändert, was Systeme im Inneren umbaut, obwohl sie dem äußeren Rahmen nach noch immer das zu sein scheinen, was sie einmal waren. Den Leuten, die über die Technologien und die monetären Machtmittel verfügen, wächst Macht zu, die sie ganz folgerichtig gebrauchen. Das ist wie mit den NSA-Leuten, die sich kaputtlachen, dass die Menschen die Instrumente zu ihrer eigenen Überwachung freiwillig mit sich herumtragen und auch noch bezahlen. Ich bin sicher, dass auch Joseph Goebbels oder Felix Dsershinski lustig gefunden hätten, was heute geschieht. Und ich habe beim Lesen von Büchern wie dem von Schmidt & Cohen den Verdacht, dass auch sie lustig finden, was sie schreiben. Besonders den Gedanken, dass ihre Leser trotzdem alles mitmachen, wozu sie aufgefordert werden.

An welcher Stelle merkt man eigentlich, dass die Dinge völlig aus dem Ruder laufen? Und welche Konsequenzen für einen selbst, für das eigene Verhalten, müsste ein solches Bemerken eigentlich haben? Wir stehen ja offensichtlich vor zwei Hürden: Erstens merken wir nicht, dass die Dinge aus dem Ruder laufen, weil sie das schleichend tun, und zweitens ist die Wahrscheinlichkeit, dass man daraus eine Konsequenz zieht, äußerst gering, weil wir meinen, einen Nutzen davon zu haben. Die Wahrscheinlichkeit der Zustimmung zu dem, was geschieht, ist systematisch immer viel größer als die Wahrscheinlichkeit, dass man dagegen vorgeht.

Don't believe the hype!

Total sinnloses Tier, nachdenkend.

Das ist Cooper. Cooper ist zwei Jahre alt und unser Kater. Er kommt von einem Bauernhof in der Uckermark, ist also alles andere als eine Rassekatze. Im Alter von wenigen Monaten hat er einen Unfall gehabt, seither steht sein linker unterer Reißzahn vor wie bei einem wilden Eber. Nachteile sind ihm dadurch nicht entstanden. Im Gegenteil scheint es so zu sein, als gewinne Cooper die meisten Kämpfe gegen die Kater in der Nachbarschaft. Hauptleidtragender ist Micky, der frühere Platzhirsch. Micky ist zwölf Jahre alt und war lange Jahre alleiniger Chef der Straße und des angrenzenden Wäldchens. Aber im Zuge der Gentrification sind eine Menge Kater dazugekommen und haben Micky das Leben schwergemacht. Heute läuft der alte König ängstlich durch sein verlorenes Reich, sein Territorium ist auf ein Zehntel seiner ursprünglichen Größe zusammengeschrumpft. Sic transit gloria mundi. Cooper hat sich mit einem anderen Kater, Oggie, zusammengetan, was die Machtbasis der beiden ebenso deutlich vergrößert hat wie die Möglichkeit, an Futter zu kommen. Oggie kommt auch zu uns zum Fressen, zu Beginn undercover, weil er fast genauso aussieht wie Cooper und die Unterschiede ab der Dämmerung nicht auffallen, wenn man nicht ganz genau hinschaut. Aber heute gehört er fast zur Familie. Cooper macht es bei Oggies Familie genauso.

Wer ist intelligenter – ein Smartphone oder Cooper? Ich glaube, die Antwort ist völlig unstrittig. Der Kater ist ohne weiteres in der Lage, sein soziales und physisches Umfeld in seinem Sinn zu organisieren und zu nutzen, er kann nicht nur mit Artgenossen kommunizieren, sondern auch mit Menschen. Er kann seine Bedürfnisse über Artgrenzen hinweg artikulieren, Emotionen zeigen, Befindlichkeiten erkennen, trösten, sauer sein. Er weiß, wenn seine Leute in den Urlaub fahren wollen, und bringt sein Missfallen dadurch zum Ausdruck, dass er sich auf die Reisetasche legt. Wenn man trotzdem fährt, pisst er auf eine Stelle, von der er weiß, dass es seine menschlichen Hausgenossen besonders schmerzt. Er kann Mäuse und Vögel fangen, sein Revier verteidigen, unter bestimmten Voraussetzungen Türen öffnen, Menschen wiedererkennen und sich vor der Tierärztin schon dann verdrücken, wenn die noch ihr Auto auf der Straße einparkt.

Ach, und was das Beste an Cooper ist: Er ist für NICHTS gut. Okay, er hat tatsächlich schon mal eine Maus gefangen, die ins Haus geraten war, aber das war mehr eine Gefälligkeit und vermutlich vor allem eine Demonstration seiner Fähigkeiten. Ansonsten ist der Kater völlig nutzlos. Man kann ihn nicht mal dressieren. Er ist kein Mittel zu irgendeinem Zweck; im Gegenteil beansprucht er Aufmerksamkeit, Futter, Wasser, Pflege. Ich muss um halb sieben aufstehen, wenn er vor der Tür steht und hineinwill. Aus keinem Grund bereichert er mein Leben ganz ungemein.

Wollen Sie sich allen Ernstes einreden lassen, ein Computer sei intelligent?

Bullshit

Alphabet, airbnb, Apple, Ashoka und all die anderen: Sie alle wollen nur die Welt verbessern. Man könnte sagen: Je brutaler und ausgrenzender die realen ökonomischen Verhältnisse werden, desto mehr Unternehmen, Stiftungen und Einzelpersonen treten mit der Mitteilung auf, sie seien gekommen, um endlich den Hunger und die Ungerechtigkeit in der Welt zu beseitigen, den Verkehrstod abzuschaffen, die Hotel- und Taxitarife zu drücken, Gender-Benachteiligungen zu mildern, Rassismus zu bekämpfen und überhaupt: alles zu tun, damit das Leben schön wird. Mir waren die klassischen Kapitalisten lieber, die ein Geschäftsmodell hatten und sagten, dass sie Schrauben oder Traktoren produzierten, um damit Geld zu verdienen. Das war wenigstens nicht gelogen.

Die Moralisierung der Geschäfte, wie sie in Mode gekommen ist, seit die Ausbeuter aussehen wie Langzeitstudenten, kommt nicht von ungefähr: Jede Ökonomie hat ihre zweiten Welten, die die Erscheinungsformen der getätigten Geschäfte in besserem

Licht erscheinen lassen.[26] So gehört es zur Praxis traditioneller Konzerne, den Sport oder Kunstmuseen zu fördern, Stiftungen zur Förderung von Wissenschaft und Kultur zu unterhalten oder Kunstsammlungen zu pflegen. Die Internetökonomie spart sich diese kostspieligen Umwegaktivitäten in der marktfernen Zone, erklärt sich gleich selbst zur besseren Welt und behauptet, unentwegt dazu beizutragen, dass Unrecht, Ungerechtigkeit, Korruption, Ausbeutung, Umweltverschmutzung, Ressourcenverschwendung, Rassismus, Verkehrsunfälle, wahrscheinlich auch Schnupfen, schon bald der Vergangenheit angehören werden.

Dabei spart sie, und da wird das moralische Marketing ideologisch, jeden Verweis auf die Modi ihrer eigenen Wertschöpfung aus. Sie trennt auf eine interessante Weise, die ihrer eigenen Marktideologie radikal widerspricht, den ökonomischen Stoffwechsel vom gesellschaftlichen Dasein, marxistisch gesprochen, das Sein vom Bewusstsein. Das ist folgenreich dafür, wie politisch und gesellschaftlich über Probleme gesprochen wird und damit für die Definition dessen, was überhaupt relevante Probleme sind. Ist Ihnen schon einmal aufgefallen, dass in unseren Gesellschaften unablässig über Anerkennung und Vielfalt gesprochen wird, aber kaum mehr über soziale Ungleichheit? Die Obsession, in der in den reichen Gesellschaften zum Beispiel über die Anerkennung auch noch der absonderlichsten sexuellen Orientierungen gerungen wird, ist ein Symptom dafür, dass über soziale, also über *veränderbare* Ungleichheit, *nicht mehr* gesprochen werden soll. Es geht nicht mehr um die Abschaffung von Ungleichheit, sondern nur noch um die Anerkennung von Differenz, und das in einem hypermoralisch aufgeladenen Diskurs.

Sozial vererbter Ungleichheit wollte die Sozialdemokratie zu Zeiten Willy Brandts durch die Öffnung des Bildungssystems beikommen, ich selbst habe davon profitiert: Wäre ich ein paar Jahre früher geboren, hätte es kein Schüler-Bafög und damit wahrscheinlich kein Gymnasium für mich gegeben. Heute herrscht, wie jede PISA-Auflage belegt, das alte System der Bildungsungleichheit wieder; heute lässt man Schulen und Lehrkörper verwahrlosen und nennt die Sparmaßnahmen »Inklusion«. So wurde mit großer Emphase, etwa in Schleswig-Holstein, die »Gemeinschaftsschule« eingeführt, die auf der Grundlage gemeinsamen Unterrichts bis Klasse 10 den Bildungsweg, wie es heißt, für die einzelnen Kinder länger offen hält. Das wäre für sich genommen sehr gut, wenn es mit einer hinreichenden finanziellen Ausstattung einherginge.

Da es überdies in der Vorbereitung auf die Wettbewerbsgesellschaft aber ohne Differenzierung der Leistungsfähigkeit der Kinder doch nicht gehen soll, hat man das Konzept der »inneren Differenzierung« ersonnen, was bedeutet, dass zwar alle in einer Klasse sitzen, ihre Leistungen aber unterschiedlich bewertet werden, je nachdem, ob die Kinder auf dem Hauptschul-, dem Realschul- oder dem Gymnasialniveau eingestuft sind. Eine perfektere Schule für die Herausbildung individualisierten Konkurrenzverhaltens und persönlicher Versagenszuschreibung kann man sich gar nicht denken, abgesehen davon, dass der Lehrkörper mit der differenzierten Notengebung völlig überfordert ist: Was dem internen Gymnasiasten in diesem System nämlich eine G3 ist, ist dem internen Hauptschüler eine H1. Das ist leider kein Witz, das ist Neoliberalismus als Inklusion verkleidet.

Dieses Beispiel illustriert, was passiert, wenn man das gesellschaftliche Ganze und seine materiellen Voraussetzungen aus dem Blick verliert und sich auf individuelle Differenzierung konzentriert: In solcher Optik spielt die zerstörerische Wachstumswirtschaft ebensowenig eine Rolle wie die systemisch angelegte Ungleichheit von Lebenschancen wie die zunehmende Vertiefung sozialer und ökologischer Ungleichheit, und zwar national wie global. Individualisierung ist eine Wahlverwandte der Personalisierung in der Filter-Bubble. Das Ergebnis ist in beiden Fällen Vereinzelung.

Das ganze Gerede über Inklusion und Anerkennung kaschiert, dass diese Gesellschaft ihren Anspruch auf Integration preiszugeben droht. Schlimmer noch: Die politische Debatte über soziale Ungleichheit ist durch eine moralische Debatte über biologische Differenz ersetzt worden. Soziale Ungleichheit kann nicht durch Anerkennung, sondern nur durch die Veränderung der Verhältnisse gemildert oder aufgehoben werden, das ist der Unterschied.

Dazu passt der übrige Bullshit der digitalen Ökonomie bestens, denn an jeder Stelle wird so getan, als würde die Welt an einem Nullpunkt neu erfunden: Geschichtlichkeit und Pfadabhängigkeit von Macht, Einfluss und Finanzmitteln werden geleugnet, wenn von »Disruption«, »Innovation«, »Start-up«, »design thinking« usf. die Rede ist – alles das kommt daher, als sei die Vorgeschichte irrelevant für das, was jetzt passiert. Dasselbe gilt für die seltsame Ideologie des »Win-win«, die völlig irrationale Behauptung, dass es gesellschaftliche Entwicklungen gäbe, von denen ausnahmslos alle profitierten. Das ist nicht der Fall: Gesellschaftliche Modernisierung bedeutete in der Moderne immer, dass bestimmte Gruppen Privilegien abgeben mussten – die Sklavenhalter die Sklaven, die Manchester-Kapitalisten die Profite aus Kinderarbeit, die Weißen ihre rechtlichen Privilegien gegenüber Schwarzen, die Männer ihre gegenüber den Frauen. Und das waren keine rein symbolischen Vorgänge von Anerkennung, die kosten nämlich nichts. Sondern es waren zum Teil lange, beharrliche Kämpfe um die Verringerung von Ungleichheit. Deren Erfolge werden nun sukzessive rückgängig gemacht, indem von den Ursachen von sozialer Ungleichheit, marktgetriebener Umweltzerstörung, forcierter Ausgrenzung und Vertreibung abgelenkt und stattdessen »Anerkennung«, gar »Respekt« gefordert wird. (Das ist übrigens etwas, was ich überhaupt nicht verstehe. »Respekt« ist eine durch und durch autoritäre Kategorie, die die Frage der Legitimität von Ansprüchen ausblendet. Warum, zum Beispiel, sollte ich vor dem rassistischen Milliardär und Republikaner Donald Trump, dem CSU-Politiker Markus Söder oder vor der AFD-Chefin Frauke Petry Respekt haben? Sie alle verkörpern für mich das Gegenteil dessen, wofür ich mich einsetze, und die Mittel, die sie einsetzen, erscheinen mir ganz und gar inakzeptabel.)

Wir haben es mit einem für die Moderne ganz erstaunlichen Rückfall in eine Biologisierung sozialer Verhältnisse zu tun – soziale Unterschiede sollen nicht durch De-Privilegierung der Bessergestellten gemildert werden, sondern sind lediglich noch Gegenstand wechselseitiger »Anerkennung«. So redet man heute lieber über »Vielfalt« als über »Ungleichheit«, lieber über »Anerkennung« als über »Gerechtigkeit«. Herbert Marcuse hat dafür vor einem halben Jahrhundert den Begriff der »repressiven Toleranz« geprägt, was die Toleranz gegenüber Entwicklungen und Verhältnissen meint, die bekämpft, zurückgedrängt, eingeschränkt gehören. Repressive Toleranz ist heute zur Verhaltensnorm geworden, moralische Indifferenz im Gewand von Hypermoral.

Das Negativ dazu bildet die radikale Individualisierung des Subjekts, von der in diesem Buch schon oft die Rede war – im Zusammenhang des Self-Logging, der Personalisierung, der Vereinzelung, der Selbstüberwachung. Wenn es keine Gesellschaft gibt, sondern nur Individuen, wie seit Margaret Thatcher die ganze neoliberale und libertäre Welt behauptet, dann muss das Objekt der Optimierung, Effizienzsteigerung, aber auch der Schuld des Versagens und des Ungenügens der oder die Einzelne sein, oder »der Staat«, der ja immer noch an der antiquierten Vorstellung hängt, dass der Markt nicht alles regelt. Auch darin liegt eine radikale Biologisierung sozialer Verhältnisse; konstitutive Nachteile spielen keine Rolle; sie durch Sozialprogramme, Solidarprinzipien, Gesundheitsversorgung usw. auszugleichen, ist eine Idee von gestern. So hat die marktliche Individualisierung ihre psychologische Entsprechung: Es ist nicht etwa das Wirtschaftssystem, sondern das Individuum, das schuldig ist, wenn es unter die Räder kommt.

Mir scheint, als habe sogar die Umweltbewegung auf eine vertrackte Weise nach- und mitvollzogen, was die neoliberale Weltvorstellung vorgegeben hat. Denn aus der gesellschaftstheoretischen und kapitalismuskritischen Ökologiebewegung der 1970er Jahre, für die Namen wie Ivan Illich, Carl Amery, André Gorz, Robert Jungk, Rudolf Bahro, Denis de Rougemont und andere stehen, ist ja im Laufe der Jahre eine geworden, die ihren Frieden mit den Produktions- und Marktverhältnissen zu machen bereit war, wenn am Ende der Wertschöpfungsketten sichergestellt schien, dass am Produkt schließlich irgendetwas bio, fair, CO_2-einsparend oder am besten alles zusammen war. Jetzt ist es nicht mehr die Wachstumswirtschaft, die systematisch die ökologischen Überlebensbedingungen zerstört, sondern das Individuum, das beim strategischen Konsum versagt. Oder beim Mülltrennen. Einige Jahrzehnte erfolgreicher Aufklärungsbemühungen in Sachen Umweltschäden haben hauptsächlich dafür gesorgt, dass die Individuen sich dieser Schuld auch bewusst sind und ein schlechtes Gewissen haben, wenn sie chronisch ihrem Bewusstsein zuwiderhandeln.

Auch hier findet sich ein Prozess der Individualisierung: Problemlagen werden nicht mehr im Lichte ihrer ökonomischen und politischen Verursachung betrachtet, sondern als individualisierter Schuldzusammenhang. Was das Gemeinwesen, die Versorgung, die »großen« Zusammenhänge angeht: Das sollen andere verantworten, das fällt nicht in den eigenen Zuständigkeitsbereich. Man selbst beschränkt sich darauf, Politik als Lieferung entgegenzunehmen und zu bewerten, wobei die Dislikes überwiegen. Wir können diese Form der Entpolitisierung auch dort antreffen, wo die Vorstellung abhanden gekommen ist, dass das Politische immer auch Auseinandersetzung, Konflikt, Kampf ist und im Ergebnis Gewinner und Verlierer kennt.

Diese Vorstellung ist heute weitgehend ersetzt durch die Ponyhof-Phantasie des Win-win: Überall lassen sich Lösungen finden, bei denen niemand verliert. Wir können weltweit Wirtschaftswachstums realisieren *und* nachhaltig sein, versichert die UNO; wir können grün sein *und* wirtschaftlich wachsen, sagen die GRÜNEN, wir können immer mehr Energie brauchen *und* trotzdem öko sein und alle Handys dieser Welt haben *und* trotzdem fair. Eine soziale Welt, in der alle immer nur gewinnen, ist eine soziale Welt, in der es keine Interessen, keine Machtungleichgewichte, keine Ungerechtigkeit gibt, ein magisches Reich, der Himmel auf Erden. Das ist in etwa so regressiv wie der Glaube an die Mitteilung der Unternehmenssprecher der Digitalisierung, man könne bald *alle* Probleme lösen, und *alle* könnten sich ihre Produkte am 3-D-Drucker ausdrucken und den Politikern auf die Finger schauen und keine Ressourcen verbrauchen und für immer leben.

Kurz: Die Vorstellungen über das So-Sein der Welt und über ihre materiellen Voraussetzungen werden zunehmend kindisch, jedenfalls in den Weltgegenden, wo man es sich leisten kann, kindisch zu werden, weil andere für einen sorgen. Anderswo wird man dagegen früh erwachsen, weil man dafür arbeiten muss, das infantile Narrenparadies der Reichen auszustatten.

Selbstentmündigungsfatalismus

Es gibt in nahezu allen Beiträgen zu Big Data, zum Verschwinden der Privatheit, zur Überformung der Sozialität und zur Überwachung eine anscheinend unausweichliche Formulierung. Sie lautet: Das alles ist nun mal da, also müssen wir die

Konsequenzen tragen. So sagt der junge Medienwissenschaftler Florian Sprenger in einem Interview: »Die Abgabe der Souveränität an eine Maschine bringt eine neue Definition des Menschen – oder des Menschlichen – mit sich. Ich denke, es wäre ein Fehler, sich gegen eine solche Ausweitung der Souveränität auf Maschinen zu wehren, weil man dann die technische Entwicklung verpasst.«[27] Ah ja. Das ist nicht mal binär, das ist die reine Tautologie: Man muss sich der Entwicklung anpassen, weil man sonst die Entwicklung verpasst. Symptomatisch für den Selbstentmündigungsfatalismus ist auch das an vielen Stellen kluge Buch »Data Love« des Kulturwissenschaftlers Roberto Simanowski, der am Ende resümiert: »Privacy, wie wir sie kennen, ist im Kontext der neuen Technologien und der damit verbundenen neuen Kulturtechniken nicht zu sichern.«[28] Das ist ungefähr so ambitioniert wie die Mitteilung: »Ungerechtigkeit wird es immer geben.« Aber niemand, der versucht hat, das Leben gerechter zu machen, ist davon ausgegangen, dass er Ungerechtigkeit komplett abschaffen würde und könnte. Darauf kommt es auch nicht an. Es kommt darauf an, Entwicklungen, die das Leben *ungerechter* machen, zu bekämpfen, und Strategien, die es *gerechter* machen, zu unterstützen und auszubauen. Es hätte nie eine Moderne gegeben, hätten immer schon alle dem So-Sein der Verhältnisse zugestimmt.

Daher kommt es heute darauf an, gegen die Beraubung und Einschränkung von Freiheitsrechten vorzugehen; dafür hat man die Freiheit schließlich und für nichts sonst. Und es kommt darauf an, die Freiheit weiter zu sichern und auszubauen. Wer sind Sie denn, sich von einer Armada monothematischer Langweiler, die im Augenblick Geld haben und daraus Macht ableiten, vorschreiben zu lassen, was Sie zu denken, wie Sie zu leben und womit Sie Ihre Zeit zu verbringen haben?

Die Demut gegenüber einer überlegen scheinenden Technologie, zumal dann, wenn sie mehr als alles andere Sozialtechnologie ist, ist verbreitet; Günther Anders hat sie »Prometheische Scham« genannt – das Schamgefühl darüber, dass man weniger kann als die Technik, die man selbst geschaffen hat. Aber das ist doch lächerlich. Aus Western oder auch aus den Lucky-Luke-Heften kennt man diesen Typen, der auf der Sitzbank seines Planwagens steht und Wundermittel in Flaschen anpreist – ge-

Ist Google nicht auch nur ein Elixier?

gen Haarausfall, Magendrücken, Fettleibigkeit, Trunksucht, was auch immer. Die Krankheit, die kuriert werden soll, ist beliebig, das Wässerchen, das in der Flasche ist, genauso. Es soll gegen ALLES helfen, also, Leute, kauft es!

Das, was von den Internetunternehmen angeboten wird, ist exakt dasselbe: Eines Tages, sagt Eric Schmidt im Chor mit all den anderen Apologeten der solutionistischen Internationale, werden wir alle Probleme gelöst haben. Dies wird dann, fügt er hinzu, die Frage aufwerfen, was Menschen eigentlich richtig gut können. Die Antwort, auf die er hofft, lautet: sich bescheißen lassen von den Typen mit dem Haarwuchsmittel.

Denn: Google und all die anderen lösen ausschließlich Probleme, die wir nie gehabt haben. Oder war es für Sie jemals ein Problem, die Heizung hochzudrehen, wenn Sie fröstelten oder das Fenster aufzumachen, wenn die Luft im Zimmer stickig war? War es jemals ein Problem, das Haus eines Freundes anzusteuern, den man besuchen wollte? War es jemals ein Problem, Milch zu kaufen? Die Probleme, die Google und all die anderen lösen, sind triviale Probleme. Das heißt: Für das Leben ist es total egal, ob die »gelöst« werden oder nicht. Anders verhält es sich mit nicht trivialen Problemen. Das sind zum Beispiel Ungerechtigkeit, Unterdrückung, Gewalt, ungleiche Verteilung von Ressourcen, die Ausnutzung von Macht – Dinge, die die komplette Geschichte der Menschheit durchziehen, ohne je gelöst worden zu sein. Wohl aber: abgemildert, verbessert, gewandelt. Und zwar in einem sozialen Prozess, den man Zivilisierung nennt, »Versittlichung«. Das heißt: Ich setze ungeregelten Verhaltensweisen, ungezügelter Macht, unbegrenzter Willkür Regeln und Institutionen entgegen, zähme und befriede sie damit. Das heißt nie, dass ich Macht, Willkür, Gewalt usw. abschaffe, aber ich kann sie so einhegen, eingrenzen, wandeln, dass weitaus weniger Menschen sie ausüben können und weitaus weniger Menschen unter ihnen zu leiden haben.

Solche Regeln sind Recht, Gewaltenteilung, Demokratie, Lebenssicherheit. Sie werden in modernen Gesellschaften durch staatliche Institutionen garantiert, nicht durch Märkte, nicht durch Algorithmen, nicht durch »Lösungen«. Nein, sie werden durch Sie als Souverän garantiert, ohne den es diese Institutionen nicht gäbe, weil dann niemand Steuern bezahlen würde. So einfach ist das. Alles, was unseren zivilisatorischen Standard geschaffen hat und sichert, und das ist im globalen Maßstab ein höchst ungewöhnlicher und kostbarer, hat mit Algorithmen NICHTS zu tun. Also glauben Sie den ganzen Quatsch nicht. Bitte. Und glauben Sie auch den ganzen anderen Käse nicht, den die Verkäufer der smarten Welt Ihnen andrehen wollen wie der Typ auf dem Planwagen: dass Sie ohne GPS nicht überleben könnten und ohne Netflix keine Filme sehen könnten und ohne App sich nicht die Schuhe zubinden könnten. Drei Tage ohne Strom reichen, um das ALLES lahmzulegen. Genauso wie Ihnen drei Tage ohne Wasser oder sieben ohne Nahrung reichen, um zu sterben, auch wenn Sie ein 1A-funktionierendes Smartphone besitzen. Wenn Sie verdorbenen Fisch gegessen haben und Sie sich drei Tage lang die Seele aus dem Leib kotzen, wird Ihnen nichts gleichgültiger sein als Ihr Smartphone. Sie wollen einfach nur wieder gesund sein. Und Sie sehen plötzlich: Auf das Digitale kommt es ja gar nicht an.

Dagegen kommt es für die Qualität menschlichen Lebens, wie immer schon, darauf an, dass man soziale Intelligenz anwendet, um Verhältnisse zu verbessern oder daran zu arbeiten, dass sie nicht schlechter werden. Das funktioniert seit 200 000 Jahren ganz gut, mit Rückschlägen zwar, aber unterm Strich doch recht erfolgreich. Schauen Sie sich nur Ihr Leben an und vergleichen es mit dem Ihrer Großeltern.

FRAGEBOGEN

1. Wenn Sie über Ihr Leben nachdenken: Finden Sie es gut?
2. Halten Sie Ihr Leben für
   a) analog oder
   b) digital?
3. Was folgt daraus, wenn Sie a) angegeben haben?
4. Haben Sie jemals ein Problem gehabt, das durch Microsoft gelöst wurde?
5. Oder durch Apple?
6. Haben Smartphones Einfluss auf Ihre Gefühlswelt? Wenn ja, welchen?
7. Trinken Sie Bier im Internet?
8. Sind Sie im Internet einsam?
9. Wie viele Tage Stromausfall braucht es, um die komplette digitale Welt außer Funktion zu setzen?
   a) 3
   b) 10 oder
   c) 100 Tage
10. Ist Freiheit für Sie wichtig?
    a) Ja
    b) Nein
    c) Weiß nicht
11. Fürchten Sie sich vor den Armen?
12. Warum nicht?
13. Wem gehört die Welt?
14. Wem gehört die Luft?
15. Kann Ungerechtigkeit online beseitigt werden?
16. Fürchten Sie, dass Sie offline verlassen werden könnten?
17. Falls Sie je verfolgt würden: Wer würde Ihnen helfen?
18. Und womit?

Die Wiederaneignung der Welt

Unlängst ging durch die Medien, dass zwei Hacker sich in die Bedienung eines fahrenden Autos eingeschaltet hatten und den (vorher eingeweihten) Fahrer damit verblüfften, dass sie das Radio oder die Scheibenwischer nach Belieben ein- und ausschalten und den Motor lahmlegen konnten. Der Fahrer saß entmächtigt in seiner Kiste und musste sich beschallen, holpern, bremsen lassen. Sein Auto fuhr ihn, nicht er das Auto. Aber die Automobilindustrie ersinnt ja mit ihren Heerscharen von Ingenieuren noch viel tollere Funktionen: Autos parken heute schon selbständig ein, erledigen den Stop- und Go-Verkehr im Stau, während der Fahrer E-Mails beantworten kann, und der regressive Traum vom selbstfahrenden Auto wird ja auch sehr intensiv geträumt. Bald fahren sie alle autonom, also automatisiert, also gerade nicht-autonom, wie der Testfahrer des gehackten Wagens.

Ich dagegen träume: Wie ein Sicherheits- und Ausgrenzungspolitiker wie David Cameron nach einer Sitzung noch ganz nachdenklich in den Fond seines Jaguar steigt, seine Nachrichten auf dem Blackberry sortiert und beim unabsichtlichen Blick aus dem Fenster denkt: »Wo fahren wir denn lang?« Herunter sirrt die Trennscheibe. Vorn sitzt der schon sichtlich gestresste Fahrer. Cameron: »What the hell, George?« – »Sir, I don't know! I have absolutely no control of that fucking car!!!« Leider tut es die Bremse nicht. Leider sind die Türen verriegelt. Leider reagieren die elektrischen Fenster nicht. Leider bricht das WLAN ab. Leider rauschen George und David mit dem Jaguar in ein Gewerbegebiet, ganz weit draußen in East London, dort in eine Lagerhalle. Die Zentralverriegelung macht plopp, Camerons Tür wird geöffnet: »Welcome, Mr Cameron!« So könnten Entführungen im digitalen Zeitalter aussehen. Man muss da nicht mit aufwendigen Plänen, Schusswaffen usw. wie in »Die hard« rummachen; ein Laptop reicht aus und: »Yippieyeiyeah, Schweinebacke!«

Sehr schön auch die Vorstellung, wie jemand die Sicherheitskopie, die Ray Kurzweil von sich selbst auf die Festplatte geladen hatte, so gehackt hat, dass für den Rest der Ewigkeit nur noch genau die Menschen in seinem postmortalen Netzwerk vorkommen, die er immer gehasst hat. Das hört dann nie mehr auf, Ray, die Ewigkeit ist eine verdammt lange Zeit!

Super wäre dazu das Hochfahren des personalisierten Pensums für die Self-Logger: Nein, das waren jetzt erst 30 000 Schritte, mach weiter! Viel langsamer als gestern, schneller, hopp hopp! Und für alle anderen: Kein Geld mehr auf dem Konto? Fiese Verläufe auf dem Account? Niemals geschickte obszöne Nachrichten im ganzen Freundesnetzwerk? Ja, so ist eine Fremdversorgungswelt, in der es überraschenderweise nicht nur gute Menschen gibt, sondern auch böse. Wobei man einmal mehr sieht: Die Bösen sind die mit der Freude, die Guten die mit dem Schaden.

Und was böse Menschen ausgerechnet an Weihnachten 2014 in den USA tatsächlich schon gemacht haben: All die schönen nietennagelneuen X-Boxen, die für die übergewichtigen digital natives der nächsten Generation unter dem Weihnachtsbaum gelegen hatten, liefen infolge eines Hackerangriffs nicht – vielleicht war das eine gerade noch rechtzeitige Zerstörung des digitalen Urvertrauens. Etwas anderes hat der gigantische Software-Betrug in der Automobilindustrie gezeigt, der im Herbst 2015 aufflog: Die Programmierung erlaubte der Motorsteuerung, sich je nach Betriebszustand unterschiedlich zu verhalten – weshalb sie unter Prüfbedingungen erheblich weniger Schadstoffausstoß erlaubte als unter Alltagsbedingungen. Die Autos verstellten sich gewissermaßen vor den Prüfern – eine ganz neue Form des großflächigen Betrugs. Das freilich war ein Nutzen der neuen Täuschungsmöglichkeiten vonseiten der Anbieter; viel häufiger wird von Angriffen auf Unternehmen mit geschäftsschädigender Absicht berichtet oder etwa auch von seltsamen Abwärtsbewegungen an der Börse (»flash crash«), die auf Manipulationen im Computerhandel zurückgehen.

Das alles heißt: Die Digitalisierung der Lebens- und Wirtschaftswelt schafft ganz neue Verletzlichkeiten; diese Welt ist aus dem Schatten angreifbarer und verletzlicher als je eine zuvor in der Geschichte der Moderne. Diese Welt ist nicht robust; insbesondere deswegen nicht, weil sie aufgrund ihrer Verflechtungsarchitektur systemische Risiken schafft, die sehr schnell zu Dominoeffekten führen können. Marc Elsberg hat in seinem Roman »Blackout«[29] gezeigt, was alles nicht mehr funktioniert, wenn großflächig der Strom ausfällt. Das sind Dinge, auf die man so schnell nicht kommt: Fahrstühle, Rolltreppen, Licht, Warmwasser, Kühlschrank – das ist klar. Aber wer denkt darüber nach, dass man nicht mehr tanken kann, weil die Zapfsäulen Energie benötigen, genauso wie Verkehrsampeln, Straßenbeleuchtungen, Bankautomaten, Straßenbahnen, Züge – also die komplette Infrastruktur unseres ganz normalen Alltagslebens? Wer kommt dann wie zur Arbeit, zur Schule, zum Dienst? Das alles ist aber noch harmlos: Weiter geht es mit dem Ausfall von Kühlanlagen in Supermärkten und Atomkraftwerken, den Sicherungseinrichtungen in Gefängnissen, wenn es lange genug dauert: den Notstromaggregaten in den Krankenhäusern und Sicherheitszentralen usw. usf.

Ein solches Szenario führt, wie der Roman ziemlich sachlich darlegt, sehr schnell zum Zusammenbruch der öffentlichen Ordnung, inklusive Plünderungen, Gewalt und all dem, was funktionierende Institutionen und Infrastrukturen normalerweise gewährleisten, ohne dass einem das bewusst wäre. Die digitale Welt ist in einem solchen Fall in kurzer Zeit schlicht und ergreifend inexistent, und die analoge steckt in allergrößten

Gelegt. Strommasten auf der Krim, November 2015.

Schwierigkeiten, weil die Vernetzung das System insgesamt ja so verletzlich gemacht hat, dass viele Teilsysteme eben nicht mehr autonom funktionieren.

Das heißt aber nichts anderes als: *digital ist fossil.* Denn gegenwärtig sind ja die Infrastrukturen der Energieversorgung global betrachtet weit überwiegend die des fossilen Zeitalters und basieren auf Öl, Kohle, Atomkraft und nur zu geringen Anteilen und sektorenspezifisch aus erneuerbaren Energiequellen, deren Funktionieren übrigens wiederum von digitaler Technologie abhängig ist. Ein solches System kann nicht robust sein; mit dem Vernetzungsniveau steigt das Verletzungsrisiko. Das ist eine einfache Rechnung, grundsätzlich aber keine schlechte Nachricht, zeigt sie ja nur: Dieser Kaiser ist ziemlich nackt.

Denn die ganze Wundermaschine der Digitalisierung hat ein systemisches Problem: Sie ist nicht autark. Sie funktioniert nicht autonom, sondern nur in Abhängigkeit – deshalb ist sie nach außen offen und daher grundsätzlich angreifbar und prinzipiell verletzlich. Absoluten Schutz, und das demonstriert nicht nur das gehackte Auto, gibt es nicht. Was aber noch gravierender ist: Die Maschine hängt, das zeigt »Blackout« eindrucksvoll, von externer Energiezufuhr ab, weshalb all die Gadgets, all die Serverfarmen, all die Überwachungszentralen nicht mehr als nutzloser Plunder sind, wenn der Strom lange genug ausfällt. Und die Maschine braucht Input, sonst läuft sie nicht. Fällt nur einer dieser Faktoren aus, wird die angeblich so intelligente Maschine blitzartig, von einer Sekunde auf die andere, dumm wie ein Stein. Sie ist nämlich nichts aus sich heraus. Ein iPad lässt sich dann allenfalls noch als Frühstücksbrettchen verwenden. Die Sache mit dem Input weist auf etwas Grundlegendes: Die Dummheit, die hinter all der Smartness auftaucht, wenn etwas extern nicht funktioniert, ist systemische Dummheit.

Triviale und nicht-triviale Probleme

Heinz von Foerster, der große Kybernetiker, hat triviale von nicht-trivialen Maschinen unterschieden: Eine triviale Maschine ist beispielsweise ein Computer, eine nicht-triviale ist, zum Beispiel, ein Hund. Der Computer ist trivial, weil alles, was er macht, abhängig ist von dem Input, den er bekommt. Im Unterschied zum Hund, der manchmal macht, was er will. Sie können ihm jede Menge Input geben, aber Sie wissen nie, was er mit dem Input macht, das ist seine eigene nicht-triviale Angelegenheit.

Genauso wie es triviale und nicht-triviale Maschinen gibt, lassen sich triviale und nicht-triviale Probleme unterscheiden. Triviale Probleme sind die mit dem Input: Ich möchte, dass meine Wohnung geheizt (oder gekühlt) ist, wenn ich nach Hause komme. Lösung: Ich brauche einen Thermostaten, der mit meinem Auto kommuniziert. Wenn ich den Motor starte, sagt das Auto dem Thermostaten: »jetzt hochregeln«, sehr trivial. Das nicht-triviale Problem wäre: Der Fahrer macht noch einen Abstecher ins Bordell, weshalb das triviale System nicht funktioniert: es heizt die Wohnung hoch, ohne dass jemand daheim ist. Und wenn die Gattin nach Haus kommt, hat sie Anlass, sich zu wundern.

Ernsthafter: Nicht-triviale Probleme sind solche mit vielen Unbekannten, die überdies einen zeitlichen Verlauf haben. Ungerechtigkeit ist nicht-trivial, Zusammenleben ist nicht-trivial, Gesellschaft ist nicht-trivial, Skat zu spielen ist nicht-trivial, Unterdrückung, Ironie, Schauspielen, Simulieren, Hochstapeln, Täuschen, Betrügen – alles nicht-trivial. Das komplette digitale Universum arbeitet nach der immergleichen binären Logik, und aus 0 und 1 lässt sich nichts Nicht-Triviales kombinieren. Deshalb sind auch Lösungen, die die digitalen Haarwuchsmittelanbieter anzubieten haben, immer nur Lösungen für triviale Probleme, im strengen Sinne: Probleme, die unser Leben nicht betreffen. Innovationen sind trivial, Fortschritt ist es nicht. Innovation ist binär, wie Peter Thiel sagt, »from zero to one«; Fortschritt dagegen ist kulturell, er braucht ein Kriterium jenseits der binären Logik.

Zum Glück ist unser Leben nicht-trivial, daher auch nicht »effizienter«, »besser«, »optimiert« zu haben, schon gar nicht mit Algorithmen. Leben kann als besser empfunden werden, wenn man eine Sternschnuppe sieht oder einen Delphin. Oder einen Berg ersteigt. Es kann durch ein Gespräch, eine Begegnung, ein Gemälde, ein Musikstück reicher werden, aber das alles ist nicht-trivial. Solche Bereicherung kann nicht durch ein Programm geleistet werden, und der Grund dafür ist, dass ich nicht dabei bin, wenn das Programm abläuft. Jedes Gefühl, dass das Leben gerade gelingt, hat damit zu tun, dass man selbst dabei ist, als Erlebender, Fühlender, Sprechender, Sehender, Denkender. Alles andere sind Angebote, die man nutzt. Ein Output der Maschine, die zuvor einen Input bekommen hat. Praktisch vielleicht, hilfreich, effizient, aber vital ganz und gar gleichgültig.

Nicht-trivial (mein Lieblingscartoon).

So betrachtet, könnte die ganze digitale Trivialwelt auch selbstgenügsam vor sich hin zählen; das Internet der Dinge unablässig mit sich interagieren, alles Zeug in Bewegung setzen, das man sich nur vorstellen kann – es wäre eigentlich ganz egal, es rechnet sich ja am Leben vorbei. Das ist der überlebenswichtige Unterschied zwischen trivialen und nicht-trivialen Maschinen: Wenn Ökosysteme, wenn das Klimasystem, wenn der Stoffwechsel nicht mehr funktionieren, ist es *nicht* egal. Dann geht vom Überlebensstandpunkt betrachtet nichts mehr. Und das ist, wenn man leben will, alles andere als trivial.

Die nicht-trivialen Folgen der digitalen Trivialwelt, oder: The Return of Schicksal

Einen der wichtigsten Sätze der Sozialpsychologie hat William I. Thomas vor gut einhundert Jahren formuliert: »Wenn Menschen Situationen für real halten, dann *sind* sie real in ihren Folgen.« Das heißt: Eine Weltsicht, eine Wahrnehmung kann so verzerrt, falsch, irre sein wie nur irgend denkbar, wenn jemand aufgrund einer solchen Wahrnehmung handelt, schafft er trotzdem Wirklichkeit. Die Vorstellung der Nazis, es gäbe eine jüdische Weltverschwörung, war irre, mündete aber in einen wirklichen Massenmord. Die mittelalterliche Idee, es trieben Hexen ihr Unwesen, war zweifellos irrational, aber die betroffenen Frauen wurden wirklich verbrannt. Die Überzeugung, eine Wirtschaft könne unendlich wachsen, ist reine Magie, führt aber tatsächlich zur Zerstörung der von ihr heimgesuchten Naturräume. Das Phantasma, die Digitalisierung würde das Leben verbessern, führt zu wirklicher Entfremdung und Entmächtigung. Die triviale online-Welt hat nicht-triviale Wirkungen in der offline-Welt, also der Welt, in der das Leben tatsächlich gelebt wird.

Zum Beispiel dort, wo die Versicherungswirtschaft sich vom Solidarprinzip auf das Personalisierungsprinzip umstellt. Dann gilt nicht mehr: Alle haben verschiedene Körper und existieren in unterschiedlichen Verhältnissen, weshalb die einzige Lösung im Angesicht der Verschiedenheit der Ausgangsbedingungen ist, sie alle gleich zu behandeln und diese Gleichbehandlung solidarisch zu finanzieren. Sondern es gilt: Alle sind gesundheitlich optimierbar und die Verhältnisse sind standardisierbar; wenn trotzdem Abweichungen auftreten, ist die Lösung, die Menschen ungleich zu behandeln. Mit anderen Worten: Ungleichheit ist dann kein systemisches Phänomen mehr, sondern ein individuelles. Für den Einzelnen ist das Schicksal: Glück oder Pech gehabt!

Zum Beispiel dort, wo für die Überwachungsindustrie grundsätzlich alle Menschen Kriminelle oder Terroristen sind. Dann gibt es keinen Beweis des Gegenteils; wenn ich *noch* nicht kriminell geworden bin, heißt es ja nicht, dass ich es nicht morgen schon sein könnte. Deshalb gibt es prinzipiell keine Unschuld mehr und daher konsequenterweise auch keine Unschuldsvermutung. In der smarten Diktatur sind alle *schuldig*, nur manche im Latenzzustand. Die dürfen frei herumlaufen. Noch. Bis der Algorithmus etwas Auffälliges verzeichnet. Dann springt der Latenzzustand in den manifesten des Abweichenden, Verdächtigen, Kriminellen. Es genügt, wie in der Quantentheorie, eine kleinstmögliche Zustandsveränderung, um ein Leben vollständig aus der Bahn zu werfen. Der Algorithmus wird Schicksal.

Zum Beispiel dort, wo keine Dienstleistung mehr unbezahlt bleiben soll. Dort wird jede soziale Handlung binär, nämlich codiert nach finanziellem Vorteil bzw. Nachteil. In der Share Economy gibt es logisch keine Gefälligkeit, keine Hilfsbereitschaft, keine Mitmenschlichkeit. Alle Elemente einer moralischen Ökonomie sind jetzt Elemente einer Tauschökonomie geworden. Und auch hier regiert plötzlich das Schicksal: Glück gehabt, wenn man viel zu bieten hat, Pech, wenn nicht.

Abrakadabra: Die pseudorationale Herrschaft der smarten Diktatur führt die ureigenste Kategorie der vormodernen Welt wieder ein: das Schicksal. Aufklärung war gestern, willkommen im digitalen Vorgestern.

Freiheit ist das Gegenteil von Schicksal

»›Freiheit von‹ ist nicht das Gleiche wie positive Freiheit, nämlich ›Freiheit zu‹.«[30]

Das heißt: Freiheit ist nicht einfach nur ein Gewinn für die Individuen wie für die Gesellschaft, sondern sie »kostet« auch etwas, bedeutet chronische Orientierungs- und Entscheidungsnotwendigkeit. Freiheit ist deshalb immer auch eine Zumutung für den Einzelnen, und es ist kein Zufall, dass Gesellschaften immer Räume angeboten haben, sich von dieser Zumutung zu entlasten: durch Rituale, Rausch, Massenereignisse, Saalschlachten, Fansein im Stadion. Man kann auch die regressive Welt des Digitalen über weite Strecken als Verführung zur Entlastung von Freiheit betrachten – Sie müssen ja heute nicht einmal mehr entscheiden, welche Musik Sie für Ihre Joggingrunde am Morgen aussuchen, das macht Spotify für Sie. Und künftig fährt Sie Ihr Auto autonom irgendwohin, Sie brauchen nicht einmal dafür mehr Aufmerksamkeit und Selbstkontrolle, sondern können sich allen Unterhaltungs- und Informationsangeboten hingeben, selbst wenn Sie mit 200 über die Autobahn rauschen, voreingestellt. Sie sind frei von jeder Verantwortung. Aber zu was sind Sie frei?

Erstaunlich: Wenn wir von jungen Menschen hören, die sich freiwillig in die Narrenhölle des IS oder anderer terroristischer Sekten begeben, verstehen wir das nicht – sie verzichten ja willentlich und freiwillig auf ihre Autonomie und geben sich Regeln und Forderungen hin, die völlig jenseits ihrer individuellen Entscheidung liegen, bis hin zum Selbstmordattentat. Und wir verrätseln mit großem pädagogischem Eifer das Angebot totalitärer Gesellschaften, die Menschen von der Freiheit zu entlasten, ihnen die Zumutung des eigenen Entscheidens abzunehmen.

Warum kam es hierzulande vor einem Dreivierteljahrhundert zu einer kollektiven Aufgabe der Freiheit, warum frönte ein erheblicher Teil der sogenannten 68er-Generation Unfreiheitsidealen (im Namen der Freiheit), warum ziehen die meisten Menschen, ließe man ihnen die Wahl, Sicherheitsversprechen Freiheitsversprechen vor? Weil Freiheit kein Wert ist, der Universalität beanspruchen könnte. »Wir wissen (…) nicht, aber wir können es ahnen, wie viele Menschen sich in Erkenntnis ihrer wachsenden Unfähigkeit, die Last des Lebens unter modernen Verhältnissen zu ertragen, sich willig einem System unterwerfen würden, das ihnen mit der Selbstbestimmung auch die Verantwortung für das eigene Leben abnimmt.«[31]

So hat es Hannah Arendt formuliert, und auch Sebastian Haffner hat als größte Attraktion der totalitären Gesellschaft die völlige Suspension von Verantwortung für sich selbst gesehen.[32] Es wird deutlich: Angebote zur Regression wirken entlastend, Freiheitsangebote belastend. Deshalb braucht gerade die freie Gesellschaft, wie schon gesagt, einen stabilen rechtlichen und institutionellen Rahmen, der individuelle Freiheit unter der Voraussetzung von Sicherheit gewährt. Solange Menschen keine Sicherheit haben, sind sie nicht frei, sondern von der Willkür anderer abhängig. Freiheit und Sicherheit bedingen einander, sie sind, ganz anders als Sicherheitspolitiker glauben machen wollen, keine Widersprüche. Und die Geschichte zeigt: Je freier eine Gesellschaft, desto sicherer leben ihre Mitglieder. Je sicherer eine Gesellschaft, desto freier können ihre Mitglieder leben.

Aber Entlastungen von Verantwortung werden auch unter modernen Bedingungen immer wieder angeboten und entfalten immer wieder Wirksamkeit – egal, ob es um »Kameradschaft« geht, um radikalen Islamismus, um Orthodoxien aller Art oder um die binäre Welt der Digitalisierung: Stets finden sich geschlossene Erklärungsmodelle, die nur regelgerecht angewendet werden müssen, um Dinge ohne störende Reste von

Widersprüchlichkeit oder Unschärfe zu erklären. Dieser dringende und tiefe Wunsch nach Eindeutigkeit hat die säkulare Moderne immer begleitet, und er war immer schon einer ihrer stärksten Gegner.

Hannah Arendt ebenso wie Erich Fromm, deren Überlegungen schon fast ein dreiviertel Jahrhundert alt sind und die moderne »Massengesellschaft« zur Voraussetzung haben, sehen beide die »Heimatlosigkeit« der modernen Individuen als Ursache der Zustimmungsbereitschaft zu totalitären Lösungen: »Die Grunderfahrung menschlichen Zusammenseins, die in totalitärer Herrschaft politisch realisiert wird, ist die Erfahrung der *Verlassenheit*«, heißt es bei Arendt;[33] bei Fromm »überwindet der einzelne sein Gefühl der Ohnmacht gegenüber der überwältigenden Macht der Außenwelt, indem er entweder auf seine individuelle Integrität verzichtet oder indem er andere zerstört, so daß die Welt für ihn nicht länger bedrohlich ist.«[34] Die menschliche Lebensform ist die der wechselseitigen Beziehung; kein Mensch wird *allein*, ohne ein soziales Beziehungsgeflecht erwachsen. Totalitarismus ist vor allem daran interessiert, die eigensinnigen und autonomen Beziehungen zu zerstören, die Menschen also voneinander zu isolieren. Erst in diesem Zustand kann totale Beherrschung stattfinden. »Verlassenheit« und Isolation bilden die perfekte Voraussetzung dafür.

Im 20. Jahrhundert waren die Denkerinnen und Denker davon überrascht, wie der Totalitarismus wider alle bürgerliche Erwartung eine so große psychische Anziehungskraft entfalten konnte. Heute kommt er anders daher, der Totalitarismus, er behauptet, die höchste Form der Individualisierung und der Friedfertigkeit darzustellen, die maximale Bequemlichkeit und die größte Entfernung von Aufwand und Anstrengung. Dieser Totalitarismus kommt daher als ursachenlose Welt, in der für alle gesorgt ist. »Je weniger die modernen Massen in dieser Welt noch wirklich zu Hause sein können, desto geneigter werden sie sich zeigen, sich in ein Narrenparadies oder eine Narrenhölle abkommandieren zu lassen, in der alles gekannt, erklärt und von übermenschlichen Gesetzen im vorhinein bestimmt ist.«[35]

Alles gekannt, erklärt und von übermenschlichen Gesetzen bestimmt: Erinnert Sie das an etwas?

Jeden Tag eine neue Welt

Jeden Tag gibt es Neuigkeiten, die mit der dynamischen Überformung unserer Welt durch die Digitalisierung zusammenhängen. Da liest man von der Verurteilung einer 21-jährigen Frau zu zwei Jahren Gefängnis auf Bewährung, weil sie es richtig fand, am Steuer SMS-Nachrichten zu schreiben und dabei zwei Radrennfahrer zu überfahren. Der eine starb noch an der Unfallstelle, der andere überlebte schwerverletzt; die Frau fuhr weiter, vermutlich musste sie noch dringend eine Nachricht beantworten. Oder man wird informiert über das Start-up »4Moms« aus Pittsburgh, das automatische Wiegen entwickelt und verkauft: Man schnallt sein Baby in ein Ding, das aussieht wie eine Kreuzung aus iPhone und Kaugummiautomat, und das wiegt dann den kleinen Goldschatz im Känguru-, im Autofahr- oder im Wellen-Modus, alles inklusive passender Geräusche. Mom kann in derselben Zeit alles wirklich Wichtige auf ihrem Smartphone im anderen Zimmer abarbeiten, ohne ständig das lästige Kind auf dem Arm zu haben.

Die Babys tragen übrigens »Mimo«, das ist eine Kleinkind-NSA, die wie ein Strampelanzug aussieht. »Mimo« überwacht Atem, Liegeposition, Körpertemperatur und schickt alles aufs Smartphone. Wenn Mom beim gelegentlichen direkten Kontakt mit ihrem Kind Schwierigkeiten hat, dessen doch arg unartikulierte Äußerungen zu dechiffrieren, hilft der »Cry Translator«, der übersetzt, was es meint. Und dann gibt es noch das Töpfchen mit iPad-Halter, damit auch die Kleinsten beim Kacken nicht ihre Zeit verschwenden, sondern zum Beispiel ihren Grundwortschatz im Chinesischen verbessern können.

Dann bekommt man Nachrichten darüber, dass Amazon an der Ein-Stunden-Auslieferung arbeitet; dass sich Versicherungen, Dienstleister, Händler, Plattformen unablässig neue Angebote ausdenken zur porenlosen Begleitung der Smartphone-Besitzer in jeder Lebenslage, bis hin zur App, die Ruhezeiten für die Smartphone-Benutzung vorgibt. Dazu kommen Kaskaden von Meldungen über Industrie 4.0, das vernetzte Auto, die Abschaffung des Bargelds, weitere sogenannte Überwachungsskandale, schwere Fälle von Hackerangriffen auf Wirtschaftsunternehmen und Behörden, Cyber-War-Szenarien, Besorgnisse der Datenschützer, neue Anwendungen und Komfortversprechen und nicht zuletzt: Innovationen, Innovationen, Innovationen.

In diesem Trommelfeuer von banalen und wichtigen, harmlosen und gefährlichen Neuigkeiten aus dem digitalen Universum, das an sich schon die Aufmerksamkeit von vielleicht substantielleren Fragen des Lebens abzieht, wird die Eindringtiefe vieler Neuerungen in die Lebenswelten gar nicht begreiflich. Das mutet ein wenig an, wie die zentrale Regel totalitärer Systeme, dass »die Bewegung« besonders zu Beginn, in der Formierungsphase der »neuen Welt«, um jeden Preis am Leben gehalten werden muss. Die Entdeckung von Verbündeten und von Feinden, die Liste dessen, was verändert wird und verändert gehört, eine nicht endende Reihe von Anlässen, Aufmärschen, Führerreden, Aktionen, Sammlungen, Fackelzügen usw. hielt die Sowjetbürger genauso wie die Deutschen im »Dritten Reich« in Atem – die sinnliche und informationelle Überforderung der Menschen ist für die Implementierung »revolutionärer« Regime solchen Typs essentiell. Die Beherrschten und die künftig zu Beherrschenden sollen nicht zur Ruhe kommen. Sebastian

Haffner hat exakt das in seinem Bericht aus dem Jahr 1933 detailliert beschrieben;[36] für den Stalinismus kann man das bei Jörg Baberowski nachlesen.[37] Werte, in dieser Einsicht waren totalitäre Herrscher schon immer weiter als ihre demokratischen Antipoden, verändern sich durch die und mit der Praxis, und nicht umgekehrt. Man muss die Aufmerksamkeit der Menschen besetzen.

Im Unterschied zum analogen Wirtschafts- und Alltagsleben heute, in dem Veränderungen eher langsam und selten »disruptiv« erfolgen, liefert die Fülle der sozialen, rechtlichen und technischen Innovationen unter dem Vorzeichen der Digitalisierung immer schon gleich den schlagenden Beweis mit, dass nun eine »neue Zeit« angebrochen sei. Und dabei ist das Moment der Zerstörung des Alten im selben Augenblick mitgedacht, sonst würde der Begriff der Disruption, der ja eine radikale Unterbrechung bezeichnet, gar keinen Sinn machen: Einzelhandel ist, in den Verlautbarungen der smarten Diktatoren, komplett veraltet, 20. Jahrhundert, ebenso wie das Hotel- und Taxigewerbe, wie Gewerkschaften, Kartellgesetze, Steuern und im Grunde auch Wahlen und die vordigitalen Verkehrsformen der Demokratie.

In der dynamischen Überformung und Überforderung der Wahrnehmung entsteht zum einen eine »very rapidly shifting baseline«; es geschieht scheinbar so viel so schnell, dass einem die Referenzpunkte für die Wahrnehmung von Veränderung abhandenkommen, und zugleich eine Übermächtigung der Urteilsfähigkeit. Und dann sagt man: Das alles ist ja nun mal so, das kann man nicht ändern.

Man kann es aber ändern.

Acht Übergangszonen ins Totalitäre

Man kann, wenn man die Gedanken der vorangegangenen Kapitel noch einmal Revue passieren lässt, präzisieren, wo unsere Welt heute schon ein totalitäres Narrenparadies geworden ist oder zu werden droht. Nennen wir das: die Übergangszonen ins Totalitäre.

Zunächst: Es zeichnet sich eine systemische Konvergenz – also das Verschwinden grundlegender Systemunterschiede – ab: Während sich nämlich die »alten« Demokratien durch Digitalisierung und Überwachung einerseits und die Erpressungen des Finanzmarktkapitalismus andererseits entdemokratisieren, schlagen die kapitalistisch nachrückenden Gesellschaften gar nicht mehr den Weg in die Demokratie ein. Die Welt, wie wir sie aus Sicht der reichen demokratischen Gesellschaften kannten, ist dynamisch in Bewegung. Die Ordnung ist längst nicht mehr, wie in Zeiten des ersten kalten Krieges, binär, sie ist multipolar: Es sind viel mehr mächtige Spieler auf dem Platz als damals, als es nur zwei »Weltmächte« gab.

Während sich dieses Gefüge differenziert, gilt in wirtschaftlicher Perspektive das genaue Gegenteil: Überall herrscht kapitalistische Wachstumswirtschaft, da gibt es, sieht man von Nordkorea ab, keinerlei Systemkonkurrenz. Wir sehen also auf der Vorderbühne eine »neue Unübersichtlichkeit« mit neuen Machtbalancen und auf der Hinterbühne eine ökonomische Monokultur, die konkurrenzlose und daher immer ungezähmtere Form von Wachstumswirtschaft. Die alte Systemkonkurrenz Kapitalismus versus Kommunismus gibt es nicht mehr, nicht einmal mehr »dritte Wege«. Dafür gibt es eine neue, nämlich die zwischen Demokratie und Autokratie. Man könnte auch sagen: zwischen Freiheit und unterschiedlichen Erscheinungsformen von Diktatur. Und es zeigen sich Übergangszonen, in denen sich Demokratisches in Diktatorisches verwandelt. So sehen sie aus:

Die erste Übergangszone ist die Welt des Hyperkonsums. Das Kaufen von Produkten und Dienstleistungen im Netz ist das Tor zur Transparenzhölle. Jeder Klick fügt dem Überwachungsuniversum eine weitere Information zu, die zu gegebener Zeit genutzt werden kann, zu beliebigen Zwecken, die sich auch später erst ergeben können. Nicht nur, dass der beständigen Steigerung der Produktmengen, der Verkürzung der Produktzyklen, der unmittelbaren Lieferung gleich nach oder schon vor dem Aufleuchten des Bedürfnisses eine ökologisch zerstörerische Kraft innewohnt, der sich immer größere Mengen und Lager von Ressourcen unterwerfen müssen – diese Zerstörungsdynamik wird durch die Digitalisierung weiter vorangetrieben.[38] Dieselbe Zerstörungsdynamik wirkt in der sozialen Welt. Amazon und all die anderen, die die »Endkundenerwartungshaltung« beständig in einem Stadium der Nicht-Befriedigung halten, stehen für diese Zerstörungsdynamik, im Sozialen wie im Physischen. Nicht umsonst gilt im totalen Konsum wie in der totalen Überwachung dasselbe Motto: alles, immer, überall.

Die Magisierung des Marktes, seine Überhöhung von einem sozialen Mechanismus der Verteilung zu einer schicksalhaften Macht, die unbedingten Glauben fordert, ist die zweite Übergangszone. Niemals zuvor in der Geschichte des Kapitalismus gab es diesen metastasengleichen Übergriff des marktlichen auf nahezu alle gesellschaftlichen Lebensbereiche. Nichts soll der Monetarisierung mehr entzogen sein und nichts darf noch eigensinnigen Logiken folgen. Eigensinn überhaupt wird durch das gleichmachende Verfahren der Verrechnung in Gleichsinn transformiert. Aus Sozialbeziehungen werden marktliche Beziehungen. Aus Vielfalt wird Einfalt.

Zugleich, das ist der dritte und womöglich folgenreichste Übergang, wird Sozialität – also die Art und Weise, in der Menschen ihre Beziehungen und ihre Identität gestalten – radikal verändert: Personalisierung vereinzelt die Individuen und schafft für jedes eine eigene, desynchronisierte Welt mit isolierten Zeitstrukturen und Waren- und Dienstleistungsangeboten. Soziale werden durch mediale Beziehungen ersetzt, die die Kontrollmöglichkeiten über das Individuum kontinuierlich erhöhen. Die Bedeutung wirklicher Beziehungen wird ersetzt durch Pseudogemeinschaften in der virtuellen Welt; Anteilnahme, Mitleiden, Mitfreuen finden nicht statt, sondern werden simuliert. Das Selbst ist allein wie nie zuvor in der Moderne, in der smarten Diktatur besetzt bis in seine Reaktionsweisen hinein. Es weiß, dass ihm niemand helfen wird, wenn es nicht funktioniert, was seine Abhängigkeit von digitalen Beziehungsprothesen im Netz erhöht.

Diktaturen, wie wir sie kannten, arbeiteten mit der Zerstörung von Privatheit durch Überwachung, Denunziation und Aushorchung, bedurften aber noch der permanenten Androhung und Anwendung von Gewalt. Unter solchen Bedingungen ist Unterdrückung fühlbar. Die Digitalisierung schafft dagegen ein viel unauffälligeres und zugleich wirksameres Machtmittel, nämlich die Beherrschung des *Rückkanals*, also aller Reaktionen auf die Angebote und Entwicklungen der smarten Diktatur. Solche Herrschaft kann kontrollieren, was die Beherrschten selbst zu sein glauben und sein wollen. Dies ist herrschaftstechnisch die innovativste Übergangszone ins Totalitäre. Das kannten wir noch nicht.

Durch solche Transparenz wird auch die aktive Gestaltung der Gesellschaft durch das politische Gemeinwesen eingeschränkt, die Gesellschaft wird von der res publica zur res oeconomica. Das ist die fünfte Übergangszone ins Totalitäre. Man kann das schon heute nicht nur an der immer noch zunehmenden Dominanz der Lobbys und an der Erpressbarkeit des Staates durch die Finanzunternehmen ablesen, sondern auch an der antipolitischen Propaganda der libertären Großsprecher. Die scheinbar komplizierten und daher »ineffizienten« Verfahren der demokratischen Abstimmungs- und Entscheidungsfindungsprozesse sollen durch einfache Akklamationen im Netz abgelöst werden. Politikerinnen und Politiker sollen ebenso wie Polizei, Justiz, Bildungs- und Gesundheitswesen nach ihrer Fähigkeit, zu liefern, bewertet werden. Politik wird grundsätzlich als Störung der marktlichen Ordnung der Welt betrachtet; sie gehört daher eliminiert.

In diesen Formenkreis gehört auch die sechste Übergangszone: die Erklärung der individuellen Lebenslagen zum Schicksal. Das macht Sinn: Denn wenn es Schicksal ist, ob man Minenarbeiter im Kongo oder aber Bill Gates ist, bedarf es weder einer internationalen noch einer nationalen Politik der Herstellung humanerer Bedingungen, der Kampf um Gleichheit wird überflüssig. Schicksal schließt Politik aus. Und umgekehrt: Politik schließt Schicksal aus. Die realen Auswirkungen sieht man in der zunehmenden Durchsetzungskraft der »räuberischen Formationen«, wie sie Saskia Sassen beschreibt, oder in den 147 mächtigsten Korporationen der Welt, wie sie von den Informatikern der ETH Zürich in ihrer Vernetzungsarchitektur analysiert worden sind. Eine nicht mehr durch Gesetze einzuhegende wirtschaftliche Macht schließt Politik aus; ihre Optionen und Entscheidungen werden für die, die am falschen Ende der »Wertschöpfungskette« sitzen, zum unausweichlichen Schicksal.

Arbeit findet zu vormodernen Zwangsverhältnissen zurück. Wir sehen eine Staffelung, die von der buchstäblichen Sklavenarbeit in den Minen im Kongo über die ungesicherte manchesterkapitalistische Knechtung bei Amazon bis zur gewerkschaftlich abgesicherten und gut bezahlten Arbeit in den westlichen Industrieunternehmens alten Typs reicht. Diese Staffelung ist multipel: Auch in einem Land wie Deutschland, in dem sektoral noch abgesicherte Arbeitsverhältnisse und gute Arbeitsbedingungen die Norm sind, sind rechtsunsichere Niedriglohnsektoren längst etabliert. In Ländern ohne entwickelte sozialstaatliche Strukturen fällt die Ungleichheit noch weit dramatischer aus. Die Digitalisierung, also die noch viel weitergehende Automatisierung von Arbeitsprozessen und die Industrialisierung der geistigen Arbeit, wird die Dequalifizierung weiter vorantreiben und die Arbeitsverhältnisse unsicherer machen.

Die um sich greifende »Bewertung« von allem und jedem bildet eine siebte Übergangszone ins Totalitäre. Wo alles dem binären Urteil gut/schlecht unterworfen wird, von der universitären Vorlesung über die »Leistungen« einer Politikerin und den Komfort einer Urlaubsreise bis hin zu den Einzelqualitäten eines potentiellen Beziehungspartners, gehen alle qualitativen Unterschiede und Bruchlinien, also die Zonen der eigenen Erfahrung verloren. Zugleich wird unwichtig, wer das jeweilige Urteil spricht und was ihn oder sie dazu qualifiziert. Urteilsfähigkeit wird nebensächlich, zentral ist allein das Urteil. Jeder Klick, jeder Kommentar ist gleich viel wert.

Schließlich Zone acht: Durch die »Transparenz« genannte Überwachung verschwindet die Privatheit. Die aber ist das einzige, was dem Totalitarismus widersteht. Totalitär ist die vollkommene, porenlose Redundanz und Transparenz. Totalitäre Gesellschaften lassen keinen Raum für Geheimnisse. Aufseiten der Beherrschten. Das bedeutet ihre vollkommene Verlassenheit. Es bedeutet zugleich: dass es auf sie nicht ankommt.

FRAGEBOGEN

1. Haben Sie Tagträume?
   a) So viel wie früher?
   b) Weniger als früher?
2. Worauf führen Sie das zurück?
3. Würden Sie sagen, dass Sie ein Ich besitzen?
4. Würden Sie sagen, dass Sie ein Ich sind?
5. Unter welchen Umständen würden Sie gern kein Ich besitzen?
6. War das schon immer so?
   a) ja
   b) nein
   c) weiß nicht
7. Wen würden Sie gern für Ihre Fehler verantwortlich machen?
   a) Ihre Mutter
   b) Die Gesellschaft
   c) Ihre Kindheit
   d) Die Umwelt
   e) Habe keine Fehler
8. Träumen Sie manchmal, dass Sie nicht schlafen können?
9. Können Sie manchmal tatsächlich nicht schlafen?
10. Beunruhigt Sie das?
11. Gibt es jemanden, der weiß, dass Sie schlecht schlafen?
12. Beunruhigt Sie das?
13. Warum?
14. Finden Sie den Gedanken tröstlich, dass alle sterben müssen?
15. Hätten Sie gern eine Sicherheitskopie von sich?

KAPITEL 7

ZURÜCK ZUR ZUKUNFT

Wunschhorizont gegen Effizienzhölle. Gebraucht werden Zukunftsbilder. Und eine Ästhetik des Widerstands.

Widerstand hat, wenn wir ihn historisch betrachten, immer zwei Grundlagen. Die erste: Menschen lehnen sich gegen Unterdrückung auf, weil ihnen das Leben unter den herrschenden Bedingungen unerträglich geworden ist. Da Menschen aber äußerst duldsame Wesen sind, ziehen sie es oft doch vor, sich anzupassen oder die Flucht zu ergreifen. Deshalb hat Widerstand noch eine zweite Voraussetzung: Man muss sich ein anderes Leben, eine andere Gesellschaft vorstellen können, also eine Theorie, ein Wunschbild, eine Utopie haben. Das braucht man, um zu wissen, wo man hin will und wer der Gegner ist. In einem der großartigsten Romane zum Thema Widerstand, Ilija Trojanows »Macht und Widerstand«, wird eines klar: Am schlimmsten sind im Gefängnis oder unter der Folter diejenigen dran, die zufällig in die Fänge der Geheimpolizei und des Verfolgungsapparates geraten sind. Sie werden zum Opfer, weil sie keinerlei Halt in einer eigenen Wirklichkeit finden und daher der Willkür der Täter und ihrer Definition der Situation hilflos ausgeliefert sind.

Widerstandskämpferinnen und -kämpfer dagegen, die nicht nur gegen einen Staat, sondern zugleich auch *für* einen anderen eintreten, wissen, wofür sie verhaftet wurden und wofür sie leiden. Die Definition der Täter gewinnt daher nicht so leicht Macht über sie, und manche können sogar der Folter widerstehen. Was für unseren Zusammenhang wichtig ist: Es geht nicht ohne die Vorstellung, wie die Welt sein sollte, in der man leben will, wenn man widerständig sein möchte und Strategien des Widerstands zu entwickeln versucht. Eine rein negative Bestimmung der eigenen Haltung muss immer reaktiv bleiben und hat daher immer schon verloren. Man muss dem Gegner im Wunschhorizont voraus sein, um ihn schlagen zu können.

Man muss also erst mal eine andere Zukunft wollen als die smarten Diktatoren mit ihren stinklangweiligen und phantasielosen Effizienzhöllen anzubieten haben. Dazu eine alte Geschichte aus einem Heinz-Erhard-Film (für die Jüngeren: jetzt sofort googeln!), in dem Peter Frankenfeld dem Besucher Heinz Erhard angeberisch eine ultramoderne Küche mit allen damaligen Schikanen vorführt. Erhard zeigt sich verhalten interessiert. Eine Stunde später, bei der Verabschiedung an der Haustür, sagt Erhard: »Auf Wiedersehen, es war ziemlich nett bei Ihnen! Und Ihre Küche: toll! Würd ich mir nie kaufen!«

Warum sagt heute aber niemand: »Toll! Würd ich mir nie kaufen!«? Weil kein Wunschhorizont existiert, der den sicheren Bezugspunkt für eine solche entspannte Ablehnung liefern würde. Deshalb: Auch wenn man die Zukunft, wie sie die smarten Diktatoren propagieren, bei genauerer Betrachtung schnell öde finden kann – immerhin haben sie eine anzubieten. Ihre Visionen sehen wenigstens von Ferne nach Zukunft aus. Und Zukunft ist für Menschen, wenn sie sie noch nicht hinter sich haben, attraktiv. Da ist es ein Problem, dass der visionäre Horizont in unseren westlichen Gegenwartsgesellschaften kaum noch zu sehen ist, so nah ist er. Je komfortabler auf der einen Seite und je krisenhafter auf der anderen Seite diese Gegenwart geworden ist, desto weniger Zukunft taucht in den Wunschhaushalten auf. Zukunft, das ist heute: Schlimmeres verhindern, Vorhandenes konservieren, keine Experimente. Das war mal anders. Schauen wir uns also kurz die vergangene Zukunft an.

Beginnen wir mit diesem berühmten Bild des Graphikers Klaus Bürgle, der im vergangenen Jahr verstorben ist. Seine Vision einer künftigen Mobilität ist mehr als ein halbes Jahrhundert alt, vergangene Zukunft also. Die 1950er und 1960er Jahre waren, beiderseits des »Eisernen Vorhangs«, höchst zukunftsträchtige Jahre. Im Westen träumte Walt Disney zusammen mit Wernher von Braun von der Eroberung des Weltraums,

Auch schon mit Kameras: die Zukunft von gestern.

im Osten schickte man den ersten, übrigens ganz wunderbar designten, Satelliten ins All und schuf damit den »Sputnik-Schock«, der den Auftakt zu einem äußerst ambitionierten Wettlauf ins All bildete. Aber nicht nur das: Dass der Westen technologisch kurz hinten zu liegen schien, führte in Westdeutschland auch dazu, eine »Bildungskatastrophe« festzustellen und daraufhin die Hochschullandschaft weit zu öffnen. Technologischer Rückstand bedeutete die Notwendigkeit sozialen Fortschritts!

Es galt, eine Menge aufzuholen, und das war nicht nur technisch gedacht. In den USA arbeitete man derweil fieberhaft am Apollo-Programm und war tatsächlich zuerst auf dem Mond, und zwar bemannt und das gleich mehrmals. Das Ganze basierte auf Zukunftsvorstellungen, die die physischen und sozialen Grenzen der Gegenwart mühelos hinter sich ließen. Energetisch stand dafür »unser Freund, das Atom« (Disney) als niemals versiegende Energiequelle, geeignet zum Heizen von

Feldern zur Verbesserung der Ernte genauso wie zum Antrieb von Autos, Schiffen, Flugzeugen, was immer. Die Fortschrittszuversicht war systemübergreifend und fand ihren Ausdruck im technologisch hochgerüsteten American dream, der selbstverständlich auch die Grenzen des Planeten für überwindlich hielt. Das sah man auf der anderen Seite des Eisernen Vorhangs genauso: Hier überwand man die Grenzen eben mit der in jeder denkbaren Hinsicht überlegenen Leistungsfähigkeit des Sowjetsystems.

Ganz egal, zu welchem System die Himmelsstürmer gehörten: Einig waren sie sich in der Überzeugung, dass die Welt vor allem aus Zukunft bestand. Diese imaginäre Zukunft hatte viele Dimensionen und ergriff auch die Gesellschaftsvorstellungen: Skinner erträumte die rationalistische Funktionshölle von »Walden Two«, einer durch und durch totalitären Utopie (die mit der smarten Diktatur übrigens viel gemeinsam hat), die westliche akademische Jugend träumte wahlweise von der »befreiten Gesellschaft« oder praktizierte sie hippiemäßig schon mal. Zukunftsforscher traten auf die Bühne, derweil Commander MacLane genauso wie das (dem Westfernsehen tatsächlich weit überlegene) Ostzonen-Sandmännchen gern mit dem Raumschiff kam und die Zukunft daheim im Wohnzimmer visualisierte. Kurz: Die Zeit war voller Zukunftsbilder. Sie wirkten stark, weil die Zukunft machbar schien. So ganz anders als heute.

Heute scheint ja nicht mal mehr die Gegenwart machbar. Selbst in der wirtschaftlich so prächtig dastehenden Bundesrepublik erscheint alles außer den Wirtschaftsdaten im Aggregatzustand der Krise: Die militärischen Interventionen endeten seit Bushs katastrophalem »Krieg gegen den Terror« allesamt in einem Fiasko, das neben ganz neuen Formen des organisierten Terrorismus riesige Flüchtlingszahlen hervorgebracht hat; Klimawandel, Finanzmarktkapitalismus, die Rückkehr des Kalten

Krieges – wohin man auch blickt, sieht es aus, als habe man den besten Teil der Zukunft schon hinter sich. Und die Öko- und Klimabewegten sind sehr gut im Beschwören negativer Zukunftsbilder – doch wo sind ihre positiven?

Die Ökobewegung hat es nie geschafft, eine wünschenswerte Zukunft zu bebildern. Ihr Bildhaushalt besteht entweder aus plastiküberschwemmten Meeresoberflächen, verölten Möwen, depressiven Eisbären und räudigen Waldflächen oder aber aus einer komplett phantasiefreien Rama-Welt, in der friedfertige bunt angezogene Mittelständlerinnen und Mittelständler im Schatten kreisender Windräder gute Laune haben. Die Öko-Dystopien taugen so wenig wie die Utopien zu irgendetwas. Apokalypsen sind langweilig, wenn sie nie eintreten, und im Übrigen ideologisch, wenn sie den Untergang für alle prophezeien. Denn nicht mal der Ökozid hält einen sozialistischen Tod bereit, den alle Menschen gleich sterben werden – die Armen trifft es auf jeden Fall eher, die Reichen später.

Und die fürchterlichen Prospektbildchen von der nachhaltigen Zukunft sind genauso dicht an der Warenästhetik der konsumistischen Wirklichkeit, dass darin aber auch nicht das kleinste Fünkchen des Anderen, also einer unentdeckten, zu erobernden, neuen Wirklichkeit aufblitzt. Zukunft ist bloß wie jetzt, und wenn's hoch kommt, etwas nachhaltiger. Ihr Gegenteil, die Apokalypse, wird diskontiert: So schlimm wird es ja erst in einer noch unbestimmten Zukunft kommen, weshalb wir heute erst mal so weitermachen können. So wird die dystopische Zukunft zu einer Abstraktion, trotz all der Untergangsbilder, und eine utopische gibt es gar nicht erst.

Diese Lücke im Bildhaushalt des Zukünftigen ist nicht nur ein Symptom dafür, dass Gesellschaften wie unserer nichts mehr einfällt, sie lässt auch jede Menge Raum für Scharlatane wie die Silicon-Valley-Innovasoren, die mitteilen, ihre Programme könnten künftig Krankheit und Behinderung beseitigen, die

Energieverschwendung beenden, den Tod abschaffen, die Kinder überwachen und die Katze füttern.

Nur das Fehlen jeder Idee von einer wünschbaren Zukunft lässt solche Schwundstufen des Visionären als attraktiv erscheinen: Vergleichen Sie mal die Vision vom fliegenden Auto mit der vom selbstfahrenden Auto. Im einen überwinden Sie die Schwerkraft und die Begrenztheit des Raumes, im anderen werden Sie gefahren wie ein Kleinkind in der Karre. Mit dem einen erobern Sie, das andere hat Sie erobert. Das Space Age verstand Zukunft als Expansion von menschlichen Möglichkeiten und dachte in der Kategorie der permanenten Überschreitung des heute Machbaren; die digitale Epoche dagegen hat nicht mehr in ihrem visionären Vorratsschrank als immer weitere Gadgets zur Erhöhung von Bequemlichkeit mittels Fremdsteuerung und Kontrolle. Sie liefert schon jetzt die perfekte Ausstattung für eine sedierte Gesellschaft phantasiefreier Konsumzombies, denen jederzeit gesagt wird, was sie als Nächstes wünschen sollen.

Viermal schärfer als 1080p – Sag einfach »Hey Siri«!

»**Live Photos** Erinnerungen werden lebendig – mit einer neuen Art der Fotografie, die verändert, wie du Bilder erlebst.

Roségold Das iPhone gibt es jetzt in einer weiteren beeindruckend schönen Farbe.

3D Touch Ein revolutionäres druckempfindliches Display läßt dich mit deinem iPhone interagieren wie noch nie zuvor.

A9 Chip Unser fortschrittlichster mobiler 64-Bit-Chip sorgt für superschnelle Performance und macht alles flüssiger und reaktionsschneller.

Hey Siri Siri ist jetzt immer einsatzbereit und wartet nur auf deine Sprachbefehle. Sag einfach ›Hey Siri‹ und es ist sofort da, um dir zu helfen.

Bessere Selfies Zeig dich von deiner allerbesten Seite mit der 5 Megapixel FaceTime HD Kamera.

Retina Flash Das Retina HD Display dient jetzt auch als Blitz – für tolle Selfies in schlechtem Licht.

Härteres Glas Das härteste Glas, das jemals für ein Smartphone verwendet wurde.

4 Mikrophone Die Sprachqualität ist jetzt mit 4 Mikrophonen so brillant wie noch nie.

4K Video Nimm Videos in fantastischer 4K Auflösung auf. Das ist bis zu viermal schärfer als 1080p HD.

7000er Aluminium Die stärkste Legierung, die wir jemals für ein iPhone verwendet haben.

Schnelleres WLAN Jetzt kannst du dich bis zu doppelt so schnell mit WLAN Netzwerken verbinden.

Touch ID der 2. Generation Ein verbesserter Sensor lässt dich dein iPhone noch schneller entsperren.

Taptic Engine Gibt dir haptisches Feedback für 3D Touch in Form präziser und dezenter Taps.

M9 Motion Coprozessor Trackt viele verschiedene Fitness-Aktivitäten, damit du weißt, wie viel du dich jeden Tag bewegst.

12 Megapixel iSight Kamera Die Kamera hat jetzt einen hochmodernen 12 Megapixel Sensor mit fortschrittlicher Pixeltechnologie – für Fotos, wie du sie noch nie gemacht hast.

iOS 9 Unser mobiles Betriebssystem – fortschrittlicher und intelligenter denn je – ist noch einfacher, noch intuitiver und macht noch mehr Spaß.

LTE Advanced Ermöglicht bis zu doppelt so schnelle Verbindungsgeschwindigkeiten und unterstützt mehr LTE Bänder als jedes andere Smartphone.«[1]

Dies ist die komplette Wiedergabe der Printwerbung zur Einführung des iPhone 6. Außer der Überschrift »Alles, was sich geändert hat, ist alles« habe ich nichts weggelassen. Ich habe auch nichts hinzugefügt. Das ist die reine objektive Auflistung aller Angebote, die Ihnen Apple macht, damit Sie für Ihr Geld dieses Gerät kaufen und Unheil in Ihrem Leben anrichten lassen. Nichts davon haben Sie sich jemals gewünscht, nichts davon würden Sie jemals gebraucht haben, bevor das Management von Apple die Sklavenarbeiter bei Foxconn veranlasst hat, diese Dinger millionenfach zusammenzuschrauben und die Händler dazu, es Ihnen anzudrehen. »Jetzt kannst du dich bis zu doppelt so schnell mit WLAN-Netzwerken verbinden.« Bis zu doppelt so schnell? Wollten Sie jemals so sein, wie Apple will, dass Sie sein sollen?

Zukunftsbilder

Gerade hier, in der radikal sinnfreien Zone, spüren wir das Verschwinden von Zukunftsbildern aus unseren Wunschhaushalten besonders schmerzhaft. Die Gegenwart besteht eben nicht nur aus lösbaren Problemen, sondern vor allem aus unlösbaren. Gewalt zum Beispiel ist, obwohl fast alle sie schlecht finden, noch aus keiner Gesellschaft verschwunden, Ungerechtigkeit ebenso wenig wie Ausbeutung; die ästhetische und ökologische Verschundung der Welt ist ein größeres Problem als jemals zuvor. Das alles ist nicht lösbar, aber Fortschritt bestand in den letzten paar hundert Jahren vor allem darin, die Rahmenbedingungen so zu gestalten, dass die unlösbaren Probleme immer weniger schlimm ausfielen. Dafür wurde die Zukunftsvorstellung, Menschen sollten frei sein und gleich vor dem Gesetz, umgesetzt, indem Freiheit und Gleichheit erkämpft wurden. Die machtvollsten Instrumente dafür waren Träume, und gewiss hatten die technoiden Tagträume vom besseren Leben ihre Wahlverwandtschaft in den sozialen Tagträumen derselben Zeit: »I have a dream« war deshalb der stärkste Satz der Epoche. Er fehlt heute. Ohne Träume geht es nicht.

Gerade in unserer absurden Gegenwart, die zwischen dem höchsten jemals erreichten Lebensstandard und realen und irrationalen Ängsten vor allem und jedem oszilliert, sind Zukunftsbilder, Skizzen eines möglichen anderen Lebens, Wirtschaftens und Kooperierens unverzichtbar. Man muss sich etwas anderes vorstellen können, um den Wunsch zu haben, sich dahin auf den Weg zu machen. Dafür sind Reallabore gut – Orte, an den schon heute anders gelebt, gearbeitet, gedacht wird –, aber sie ersetzen nicht die Bilder, wie alles anders sein könnte. Das ist eine Aufgabe für Kommunikations-, Transformations-, Social-Designerinnen und Designer: zu entwerfen, was nicht ist, aber sein sollte. Und zwar nicht nach den öden Phantasien technologischer Machbarkeit, sondern nach den Überraschungen des Entdeckens. Dann wird Zukunft nicht »wie jetzt, nur besser«, sondern »besser, aber anders«.

Die Moderne zeichnet sich dadurch aus, dass sie das Entwerfen und Planen von gesellschaftlichen wie individuellen Zukünften überhaupt erst ermöglicht hat. In vormodernen Zeiten galt das Leben als statisch, eine weitgehend festgelegte Abfolge ohne Gestaltungsmöglichkeiten und Abweichungen. Zukunft in einem modernen Sinn als etwas Herzustellendes, Offenes existiere nicht, nur das Adventum, die Wiederkehr Christi am Ende der Zeiten.[2] Und individuell winkte nach einem mühseligen Erdendasein, wenn es gottgefällig gelebt wurde, das Himmelreich. In der Moderne entsteht mit der Aufklärung, der Entwicklung einer kapitalistischen Wirtschaft, der Industrialisierung ein Vorstellungsbewusstsein darüber, dass Zukunft etwas anderes sein wird und sein muss als die als unzulänglich empfundene Gegenwart und die als überwunden gedachte Vergangenheit. Die gesellschaftliche wie die individuelle Zeit wird eine gerichtete – die Zukunft verspricht auf diesem Zeitpfeil ein besseres Leben, mehr Möglichkeiten, mehr Glück als die Gegenwart. Dieser Vorstellung sind ja auch noch die smarten Diktatoren verpflichtet, aber ihre Zukunftsvorstellungen richten sich nicht auf das Leben, sondern auf die Kontrolle des Lebens zum alleinigen Zweck des Geldverdienens. Das kann man wollen, muss man aber nicht. Ich ziehe es vor, mein Leben selbst zu gestalten, und ich lebe in einer Gesellschaft, die mir das ermöglicht. Wofür ich dankbar bin.

Mein Zukunftsbild sieht daher vor, dass diese Gesellschaft in ihren Grundzügen der institutionellen Verfahren und Regeln so bleibt, wie sie ist – erst das ermöglicht mir ja Freiheit. Aber sie sollte die damit verbundene Ungerechtigkeit abbauen, auf die sie ihren unglaublichen materiellen Reichtum gegründet hat. Diese Ungerechtigkeit hat zwei Dimensionen, eine horizontale und eine vertikale. Horizontal ist diese Ungerechtigkeit, indem wir in den reichen Gesellschaften eine Form der Inselexistenz entwickelt haben – wir beziehen unsere materiellen Grundlagen von außen und geben den Müll und die Emissionen nach außen wieder ab.[3] Davon war in den vorderen Kapiteln viel die Rede. Gegenwärtig tendiert die neofeudale Ökonomie dazu, die horizontale Ungerechtigkeit zu erhöhen, statt sie zu mildern. Es wäre ein zivilisatorisches Projekt, Menschen und Naturräume nicht mehr für etwas auszubeuten und zu zerstören, was wir dann »gutes Leben« nennen. Gutes Leben wird umgekehrt nur das sein können, was auf gerechterem Handeln gründet.

Dasselbe gilt für die vertikale Ungerechtigkeit. Damit ist der schlichte Sachverhalt bezeichnet, dass wir in den Hyperkonsumgesellschaften mehr Ressourcen verbrauchen als nachwachsen können, dass also weniger hat, wer später kommt. Das ist das ebenso schlechte wie unausweichliche Ergebnis vertikaler Ungerechtigkeit. Beides lässt sich mildern, wenn es gelingt, von expansiven Strategien der Natur- und Menschenbeherrschung auf reduktive überzugehen. In den reichen Gesellschaften, in denen die meisten Menschen zu viel besitzen und zu viel besitzen können, ist das ganz leicht möglich. Man nennt das Entlastung. In Deutschland bemerken gerade sehr viele Menschen im Angesicht der besitzlosen Flüchtlinge, dass sie sehr viel und meist zu viel haben, weshalb der Wunsch, etwas abzugeben, sich hier fast automatisch aufdrängt. Man sieht übrigens gerade an diesem Beispiel, dass Veränderung eine Sache der Praxis, nicht der abstrakten Einsicht ist.

Für dieses Zukunftsbild einer reduktiven Moderne kann ich mir eine reiche Bebilderung vorstellen. Technologie spielt in diesen Bildern genau jene dienende Rolle, die ihr grundsätzlich zukommt. Wenn es beispielsweise für gemeinsame Nutzungsformen von Fahrzeugen sinnvoll ist, das Teilen digital zu organisieren: super! Wenn mir digitale Technologien dabei helfen, aus vorhandenen baulichen Strukturen nachhaltigere zu entwickeln: sehr schön! Wenn ich Operationstechniken mit digitaler Hilfe verbessern kann: wunderbar! Aber in all diesen Fällen geht das Soziale dem Digitalen voraus: Vor der Plattform kommt die Nutzungsgemeinschaft, vor dem Umbau die Idee der Weiternutzung, vor der Operation die Übereinkunft, was gesund ist. Auf diese Weise lässt sich das Digitale aus dem Komplex von Konsum und Überwachung lösen: Man muss sozial definieren, wofür man es braucht. Und vor allem: ob man es braucht.

Und das gilt grundsätzlich immer und überall in der Gesellschaft, die ich mir für die Zukunft vorstelle: Technikeinsatz und damit natürlich auch der Einsatz digitaler Technologie hängt von der sozialen Übereinkunft ab, welchen Fortschritt in welchem Bereich man anstreben möchte. Wobei für die meisten sozialen Fortschritte nicht eine andere Technik, sondern eine andere Verteilung von Teilhabechancen, Mitteln und Gütern entscheidend ist. So ist der Fortschrittsbegriff in meinem Zukunftsbild ein sozialer, kein technischer. Darf ich in diesem Zusammenhang an John F. Kennedy erinnern, der das Apollo-Projekt nicht nur mit dem Versprechen verbunden hat, dass Menschen auf dem Mond landen, sondern vor allem mit dem, dass sie auch wieder zurück nach Hause kommen?[4]

Die menschliche Lebensform ist eine kooperative Lebensform; die Zersplitterung des Sozialen, die Vereinzelung der Menschen wirkt auf diese Lebensform zerstörerisch. Sie verwandelt Kooperation in Hierarchie, in Machtausübung, in Herrschaft der einen über die anderen. Ich kann mir keine wünschenswerte Zukunft vorstellen, in deren Zentrum nicht Gemeinschaftlichkeit und Kooperation stehen. Eine von isolierten Konsumzombies bevölkerte Welt ist nicht zukunftsfähig; ihr fehlen die Widersprüche und die Unterschiede, die Vitalität überhaupt erst ermöglichen. Also ist meine zukünftige Welt eine der Kooperation, gar nichts Neues.

Es steckt ja auch unglaublich viel Zukunft in der Gegenwart, übrigens, wie Ernst Bloch immer gesagt hat, ebenso in der Vergangenheit. Die ist nämlich voll von Hoffnungen, Wünschen und Chancen, die nie eingelöst worden sind, aber immer noch ihr Eigenleben führen. Zukunftsbilder enthalten also Konstanten – Freiheit gehört dazu, Lebenssicherheit, Schutz vor Krieg und Gewalt, aber auch Gemeinschaftlichkeit, Gerechtigkeit, gelingende Beziehungen, ein langes Leben, Sinnerfüllung, etwas schaffen und hinterlassen zu wollen.

Tatsächlich sind in unserer Form von Gesellschaft die meisten Hoffnungen und Wünsche eingelöst oder sogar übererfüllt, die Menschen vor einem Jahrhundert hatten, weshalb es nun darauf ankommt, von Gesellschaften zu lernen, die schlechter dran sind als wir. Denn was uns gegenwärtig die Zukunft verstellt, ist ja der historische Erfolg in Gestalt des materiellen Überflusses, der sich heute in Blockierungen vielfältigster Art übersetzt: Menschen verbringen heute mehr Zeit mit Konsumentscheidungen als mit Konsum, fühlen sich übersättigt und unterfordert, aber das sind nicht nur individuelle Erscheinungen: Moderne Gesellschaften sind von Infrastrukturen geprägt, die Neues schwer umsetzbar machen und das Einschlagen besserer Pfade verhindern. Wo aber ein Land nicht durch Autobahnen erschlossen ist, lässt es sich heute – gerade über lange Strecken – viel besser über moderne Massenverkehrsmittel erschließen,[5] wo nie ein fossiles Energiesystem installiert war, lässt sich leichter ein solares realisieren.[6] Man nennt das »Leapfrogging« und überspringt bestimmte Technologieschritte einfach. Worauf es aus meiner Sicht dabei aber ankommt, ist die umgedrehte Lernperspektive: Was können wir in unseren saturierten, überfütterten, sedierten Gesellschaften von jenen lernen, in denen Mangel und Improvisation herrscht? Oder: Was könnte man mit einer Archäologie nachhaltiger Lebenspraktiken für heute lernen – Nachhaltigkeit ist ja nichts, was man neu erfinden muss; der sorgfältige Umgang mit Ressourcen war noch vor wenigen Jahrzehnten viel selbstverständlicher als heute.

Welche Formen der gemeinschaftlichen Organisation und des kollektiven Protests kann man ohne das Digitale entwickeln und anwenden? Direkte Kommunikation ist klarer, schneller, sicherer als jede, die zwischen sich Technologien braucht. Und nur offline bleibt etwas »unter uns«.

Zukunftsbilder von heute wären in diesem Sinn global und anachronistisch: Sie steuern das Bessere nicht in der Zieloptik der digitalen Hyperkonsumgesellschaft an; die ist es ja gerade, die zugunsten der Freiheit überwunden werden muss. Gutes Leben ohne Freiheit ist nicht denkbar. Zu lernen wäre also: wie man mit weniger besser lebt, welche lokalen Formen der Beteiligung in die Strukturen repräsentativer Demokratie zu integrieren, welche Kombinatoriken aus Tradiertem und Modernstem zu basteln sind.

Und weiter: Eine expansive Gesellschaft ist ein Gesamtwerk, das in jedem seiner Verfahren und jeder ihrer Entscheidungen zu expansiven Lösungen tendiert – und da trifft sie sich mit der Trivial-Logik der Digitalisierung, die es erlaubt, von allem immer schneller immer mehr zu haben. Eine reduktive Gesellschaft würde genau umgekehrt verfahren. Reduktion darf niemals mit der Erhöhung von Effizienz verwechselt werden. Wir alle wissen, dass uns alle digitalen Anwendungen, die als Entlastungen verkauft werden, am Ende vor allem eins kosten: Zeit.

90 Prozent aller E-Mails sind Spam. Erst, wenn ich alle E-Mails, SMS- und WhatsApp-Nachrichten, all die Rückversicherungen, Feedbacks, ccs usw. weglasse, dann wird sie mir plötzlich zurückerstattet, die Zeit.

Dasselbe gilt natürlich auch für Information. Eine Information an sich ist nichts. Sie ist nur als *gedeutete* etwas, nämlich dann, wenn ich weiß, welche Bedeutung sie für mich oder jemand anderen hat. Deshalb liegt in der schieren Erhöhung der Nachrichtenmenge das Gegenteil von brauchbarer Information – es entsteht ein unterschiedsloses informationelles Rauschen, das hauptsächlich Indifferenz, wenn es hoch kommt: Oberflächlichkeit erzeugt. Solcher informationeller Umweltverschmutzung entgegenzuwirken – damit kann man selbst anfangen: nur einmal pro Tag Nachrichten entgegennehmen, über Nachrichten sprechen, um sie in ihrer Bedeutung zu erschließen, Zeitung lesen, ganz altmodisch. Es geht aber auch noch ein paar Schritte weiter: »Delayed Gratification« zum Beispiel ist ein Magazin, das alle drei Monate erscheint. Die Redaktion will zu den Letzten gehören, die die neuesten Meldungen bringen – nämlich erst dann, »wenn sich der Staub gelegt hat«, und klar geworden ist, was vom aktuellen Hype nachhaltig wichtig war.[7] Auch das spart jede Menge Zeit, weil unendlich viel Unwichtiges automatisch entfällt.

Das ist das eigentliche Geheimnis: All die versprochenen Entlastungen an Zeit, Aufwand, Aktivität, die die smarten Diktatoren unablässig anpreisen, treten genau dann ein, wenn man das Gegenteil macht. *Jenseits der Steigerungslogik* erfüllen sich die Versprechen, hier erst öffnet sich Raum für eigene Zeit, eigene Interpretationen, eigene Absichten, kurz: für die autonome Gestaltung des eigenen Lebens. Man muss weglassen können.

Aber eine solche reduktive Orientierung steht der expansiven Logik der Wirtschaft radikal entgegen. Sie würde unausweichlich eine andere Form von Ökonomie voraussetzen, womöglich sogar den Kapitalismus durch etwas anderes ersetzen müssen. Aber durch was? Okay, die historischen Alternativen sind krachend gescheitert, aber macht das die Frage nach einem anderen Weg überflüssig oder nicht ganz im Gegenteil notwendiger denn je? Und wieder sieht die Utopie der smarten Diktatoren ganz armselig und unbrauchbar aus. Denn keine ihrer vorgeblichen Lösungen sieht ja vor, wie man aus einer nicht-nachhaltigen Kultur eine nachhaltige machen kann. Aber das ist eben auch ein nicht-triviales Problem. Eines, von dem künftiges Überleben abhängt.

Übrigens taucht hier ein weiteres Paradox auf: Der Solutionismus ist schon im Kern totalitär: Denn jede Lösung vernichtet alternative Möglichkeiten durch Schaffung von Faktizität. Das kommt ja zum Beispiel in Peter Thiels Votum für Monopole zum Ausdruck: Monopole sind Organisationen zur Vernichtung anderer Möglichkeiten. Also ist der einzige Bereich einer nachhaltig organisierten Demokratie, der auf Expansion zielt: die Vergrößerung der Zahl von Möglichkeiten.

Die smarte Diktatur dagegen erweitert, anders als ihre Propaganda behauptet, die Handlungsmöglichkeiten nicht, sondern schränkt sie systematisch immer weiter ein. Man denke hier nur an die von außen gesetzten Normen, ob beim Selflogging oder der gegenseitigen Überwachung, an das rapide Anwachsen der Fremdsteuerung, an die Erhöhung von Redundanz und Reduktion von Reibung, Konflikt und Erfahrung, an die Totaltransparenz – kurz: an die Schrumpfung des individuellen Möglichkeitsraums in allen Dimensionen. Alles, was diese Welt bietet, ist ein multioptionales Konsumuniversum, in dem man nicht handelnd und gestaltend vorkommt, sondern lediglich noch aus einem von anderen bereitgestellten Angebot auswählt.

Dagegen bietet uns die offene Gesellschaft, wie sie historisch erkämpft worden ist, nicht nur individuelle Handlungsspielräume, die im historischen Vergleich einzigartig sind, sondern eben auch die Chance, dieser Handlungsspielräume weiter auszubauen. Das ist die schon realisierte Utopie der freiheitlich verfassten demokratischen Gesellschaft: eine Möglichkeitsgesellschaft zu sein. In den vergangenen Jahren haben sich in der Bundesrepublik ja immer mehr Bürgerinnen und Bürger aktiv zu Wort gemeldet, haben Initiativen ins Leben gerufen, Genossenschaften gegründet, Schulprojekte gestartet, sich an Kampagnen beteiligt, eigene Portale wie Abgeordnetenwatch.de oder netzpolitik.de gegründet. Alles dies sind Anzeichen für die Lebendigkeit der Demokratie, und sie bilden ein zwar nicht hinreichendes, aber notwendiges Gegengewicht zum wuchernden Lobbyismus, mit dem die Parlamentarier unter Druck gesetzt werden. In diesem Zusammenhang hat sich die komplexe Debatte um Formen direkter Demokratie, vermehrter Bürgerentscheide usw. intensiviert, und auch wenn man am Beispiel der Schweiz die Ambivalenzen von Volksabstimmungen gut beobachten kann, zeigt diese Debatte doch, dass die Demokratie in Bewegung ist, und zwar in Richtung: mehr Demokratie, nicht weniger. Wenn in diesem Zusammenhang noch der Mobilisierungserfolg von Netzkampagnen, Initiativen zur Liquid Democracy, die Erfolge der Schwulenbewegung usw. in Rechnung gestellt werden, wird unmittelbar klar: Die Demokratie ist die Regierungsform, die die Möglichkeitsräume auf eine viel erstaunlichere Weise erweitert als in der Diskussion über die Berliner Republik normalerweise gesehen wird.

Diese Möglichkeitsräume gilt es künftig aber noch viel intensiver zu nutzen.

Und dies ist dann der Augenblick, in dem ein Bruch kommen muss. Die Widerstandsformen, die ich bislang angesprochen habe, sind meist Spiel- und Luxusformen des Widerstands. Sie haben ihren Sinn darin, die hegemoniale Wirklichkeit zu perforieren und eine andere Wirklichkeitsbehauptung durchzusetzen. Darin sind sie emanzipativ – man kann sich als wirksam erfahren und die Gegenseite durch kleine Nadelstiche irritieren. Alles das ist gut und wichtig. Aber Widerstand ist sofort etwas anderes, wenn die Macht schon so einseitig verteilt ist, dass die smarte Diktatur nicht mehr nur eine unheimliche Dystopie, sondern Realität geworden ist. Die Welt des »Circle«, die Dave Eggers literarisch entworfen hat, ist eine höchst bedrohliche, aber wenn sie erst Wirklichkeit geworden ist, wird es zu spät sein, gegen sie vorzugehen. Das heißt, und das sage ich ohne Dramatisierungsabsicht, es kommt darauf an, *jetzt* zu verstehen, dass die Sache ernst ist. Und daraus Schlüsse zu ziehen.

KAPITEL 8

VORWÄRTS ZUM WIDERSTAND

Widerstand muss dort sein, wo die Leute sind. Der Wurm muss dem Fisch schmecken. Ein Motiv ist nicht identisch mit der Richtung, die man einschlägt. Affirmation ist eine gute Strategie. Gegen sie haben die Gegner nichts in der Hand.

Es geht also um etwas. Wenn man, wie ich, für die Freiheit und die Demokratie ist, dann muss man um sie und für sie kämpfen. Das ist, wenn man so privilegiert leben darf wie in Deutschland, absolut nichts Heldenhaftes. Es gibt, solange unsere Gesellschaft noch frei ist, selbstverständlich Handlungsspielräume für einen solchen Kampf, und zwar sehr große. Ich habe in diesem Buch zu zeigen versucht, wie schnell sie enger zu werden drohen. Die größte Gefahr liegt im freiwilligen Verzicht auf Freiheit, aber solange die Dinge noch im Übergang sind, kann man gerade auf diese Entwicklung Einfluss nehmen. Das geht nicht im Alleingang, man braucht dafür Bündnisse, Gemeinschaften, Gruppen. Erstens, um wirksame Aktionsformen zu entwickeln und zweitens, um nicht isoliert zu sein. Der Kampf gegen die Verlassenheit ist praktischerweise eine Gemeinschaftsaufgabe – schon im Widerstand bildet sich ein lebendiges Wir gegen die personalisierte Isolation des Netzes. Das heißt: Auch wenn im Netz politische Gemeinschaften organisiert werden können, ist die konkrete Erfahrung von Gemeinschaftlichkeit offline. Das ist ein sehr starker Widerstand gegen die Zerstörung des Sozialen durch die smarten Diktatoren.

Viele Menschen fühlen sich eingeengt und gesteuert, weshalb die smarte Diktatur ja beständig die Parole ausgibt, dass sich die Möglichkeiten des Individuums unendlich ausweiten. Eine Gegenbewegung gegen die smarte Diktatur müsste also an demselben Bedürfnis ansetzen, es aber nicht mit immer mehr Fremdsteuerung und Erhöhung des Selbstzwangniveaus beantworten, sondern im Gegenteil: die Menschen zur Freiheit ermutigen und ihnen Räume zur Erfahrung von Wirksamkeit eröffnen. Der Kampf um die Freiheit ist ein praktischer Kampf, er muss gelebt werden. Nicht online, sondern offline.

In einer freien Gesellschaft mit Handlungsspielräumen heißt das ganz einfach: Dieses Land gehört uns. Was aus ihm wird und aus uns, die wir in diesem Land leben wollen, hängt von uns ab, von niemandem sonst. Also müssen wir uns ganz altmodisch als Bürgerinnen und Bürger verstehen: Wir bilden und gestalten ein Gemeinwesen, das wir gut und gerecht finden und deshalb erhalten wollen. Und nicht nur erhalten, sondern weiter ausbauen – so, dass es einerseits sozial wieder integrativ wird und andererseits seine Möglichkeiten auch für die jüngeren und kommenden Generationen vorhalten kann.

Und jetzt kommt eine überraschende Erkenntnis: Es gibt sie noch, die Bürgerinnen und Bürger, sie sind lange noch nicht ersetzt durch den redundanzgefütterten Konsumenten, wie Amazon & Konsorten ihn gerne hätten. Denn in der Bundesrepublik geschieht seit Sommer 2015 etwas ganz und gar Faszinierendes: Nach Europa kommen mehr Flüchtlinge als jemals zuvor in der Nachkriegszeit – Kriegsflüchtlinge aus Afghanistan und dem Irak, Flüchtlinge vor den Mördern des IS, Bürgerkriegsflüchtlinge aus Syrien, Entkommene aus Libyen, Eritrea, dem Sudan, dem Kongo usw. usf. Viele europäische Länder verweigern die Aufnahmen, ja sogar die Kooperation mit den Institutionen der Europäischen Union. Kein sicherheitspolitisches Paradigma hilft mehr: Sie kommen einfach, die Menschen. Viele hoffen nicht nur auf das nackte Überleben und auf die Rettung ihrer Familie, sie haben auch ein gutes Leben vor Augen, Ausbildung, Arbeit, ein kleines Glück. Das alles war absehbar, aber die europäische Außenpolitik hat sich nicht vorbereitet.[1] Das Problem wird bleiben, kein heutiger Fluchtgrund wird auf absehbare Zeit entfallen. Aber ist es eigentlich ein Problem?

Nur dann, wenn man zu einer Gemeinschaft von Nationalstaaten gehört, von denen sich die meisten trotz gegenteiliger völkerrechtlicher Vorgabe unsolidarisch verhalten und einseitig die Aufnahme von Flüchtlingen verweigern. Und zweitens, wenn man zudem der historisch immer noch tiefsitzenden Auffassung nachhängt, dass Zugehörigkeit eine biologische Kategorie sei. Diese Auffassung haben die meisten Bürgerinnen und Bürger Deutschlands längst überwunden, und was sozialpsychologisch überraschend war: Mit dem Anwachsen der Flüchtlingszahlen stieg zunächst die Zuversicht, dass ein reiches Land wie die Bundesrepublik die Integrationsaufgabe bewältigen könne – im August 2015 waren 60 Prozent der Bürgerinnen und Bürger dieser Auffassung; im Juli waren es noch 54 Prozent gewesen.[2] Und das blieb kein Lippenbekenntnis: Nie zuvor gab es ein so großes praktisches Engagement – viele Menschen gehen in die Flüchtlingsheime, um Hilfe zu leisten, Kleidung, Geräte und Spielzeug zu bringen oder spenden Geld – laut einer Forsa-Umfrage im Oktober 2015 44 Prozent![3] Willkommenstransparente und Demonstrationen gegen Neonazis gab es noch im kleinsten Dorf. Aber besonders die CSU begann seit dem Herbst 2015 eine Ausgrenzungspropaganda, die einerseits zu einer Fülle neuer Gesetze führte, andererseits aber dem Rechtspopulismus Zulauf verschaffte. Seither widmen die Medien diesem so viel Aufmerksamkeit, dass die verantwortungsvolle Haltung der Mehrheitsgesellschaft zunehmend aus der Optik gerät. Das ist allerdings bizarr, denn aus Sicht der Demokratie ist ja nichts wünschenswerter, als dass sich die Bürgergesellschaft gerade unter Krisenbedingungen eigenverantwortlich engagiert. Daraus ergibt sich die merkwürdige Situation, dass man neuerdings die Mehrheit gegen Minderheiten verteidigen muss.

Wahrscheinlich kommt hinzu, dass es in Mitteleuropa kaum eine Familie ohne Flucht- und Vertreibungserfahrung gibt, deshalb findet das Stereotyp, bei den Ankommenden handele es sich um Nutznießer und Ausbeuter des Sozialstaats, keine Verankerung. Die Leute wissen aus ihrer eigenen Familiengeschichte, was Krieg ist und was es bedeutet, die eigene Heimat verlassen zu müssen. Saul Friedländer hat einmal von »deep memory« gesprochen, einer tief verankerten und generationsübergreifenden historischen Erfahrung – hier wird sie wirksam.

Dieses Beispiel zeigt: Menschen sind sogar in Mehrheiten aktivierbar, Zeit, Geld und Gefühle einzusetzen, um etwas besser zu machen, als es ohne ihren Einsatz wäre. Das widerspricht nicht nur der ohnedies blödsinnigen Theorie vom homo oeconomicus, sondern auch dem Bild, dass die Menschen in den alten Demokratien längst nur noch an Konsum, Urlaubsreisen und Events interessiert seien, weshalb man bereits in einer Welt der »post democracy« (Colin Crouch) lebe. Stimmt alles, stimmt alles nicht. Erstens sind die Menschen heute sehr gut informiert, zweitens sind sie meist ziemlich gebildet. Drittens legen sie Wert auf ihr eigenes Urteil, und die Daten zur sinkenden Wahlbeteiligung, zu den kontinuierlich rückläufigen Partei- und Gewerkschaftsmitgliedschaften werden zwar oft (von Politikern) als Politikverdrossenheit gedeutet, sind aber eher das Gegenteil. Sie bringen Unzufriedenheit mit den Organisationen und Parteien und nicht zuletzt auch mit dem politischen Personal zum Ausdruck, aber das heißt ja nur: Die Leute interessiert, was da vorgeht, sie stimmen dem bloß nicht automatisch zu.

Und wir sehen ein erstaunlich hohes Maß des zivilgesellschaftlichen Engagements, auch an Bereitschaft zum Protest und zum Eintreten für eigene Interessen. All das braucht eine lebendige Demokratie, und es ist da. Mehr noch: Als die höchst regionalspezifische und entgegen allen Selbstbeschreibungen rechtsextreme Pegida-Truppe die Medien in Atem hielt, machten sich überall im Land Leute auf, um *für* die Demokratie und gegen ihre Feinde zu demonstrieren. Das sah dann etwa so aus, dass in Hannover mehr als 20 000 Menschen gegen Pegida und 200 gegen die vorgebliche Islamisierung des Abendlandes auf die Straße gingen. Postdemokratie? Kann man daraus nicht lesen. Und wenn man dann noch weiß, dass die Demo von einer jungen erfolgreichen Unternehmerin mit iranischen Eltern organisiert worden war, weiß man auch: Dieses Land ist wirklich gut.

Wofür man sich engagiert

Es braucht aber offenbar ein hinreichendes Maß an Anschlussfähigkeit an das eigene Leben und an die eigenen Werte, um eine so beeindruckende Aktivierung zu erreichen. Wenn man also eine Bewegung für die Freiheit und gegen die freundliche Übernahme durch die smarten Diktatoren ins Leben rufen möchte, gilt es genau das zu berücksichtigen: Was hat das alles mit dem jeweiligen eigenen Leben zu tun? Warum lohnt sich der Einsatz? Kurz: Wo findet sich das Element des ganz und gar Selbstverständlichen – wo jemand einfach sagt: Natürlich bin ich dabei, das ist doch klar!

Denn der chronisch wiederholte Fehler aller politischen Aktivierungsversuche in scheinbar unpolitischen Zeiten besteht darin, dass man Menschen von der Wichtigkeit von etwas zu überzeugen versucht, das für sie subjektiv gar nicht bedeutsam ist. Eine alte Werbeweisheit lautet: Der Wurm muss dem Fisch schmecken, nicht dem Angler! Leider wird diese Weisheit gerade von politischen Aktivisten allzu oft ignoriert – was bei ihnen dann umgehend zu nachhaltiger Verbitterung darüber führt, dass so viel Ignoranz in der Welt herrscht. Der serbische Aktivist Srdja Popovic, der die Widerstandsbewegung Otpor mitgegründet hat, die schließlich Slobodan Milošević zu Fall gebracht hat, schreibt dazu: »Sie haben sich leidenschaftlich für die Rettung des Wildlachses, gegen den Kauf von iPhones oder für die Unterstützung von bulgarischen Waisenkindern eingesetzt, und Ihre Zuhörer haben nur freundlich genickt. Ich bin natürlich zynisch, aber ich möchte damit nur unmissverständlich ein ganz wichtiges Gesetz des gewaltlosen Aktivismus klarmachen: Den Leuten geht Ihr Thema ausnahmslos und garantiert am Arsch vorbei. Nicht, weil sie schlechte Menschen wären. Die meisten Menschen sind anständig, freundlich und bescheiden. (…) Außerdem gehen ihnen eine Menge andere Dinge im Kopf herum, zum Beispiel ihre Arbeit, ihre Kinder, große Träume, kleine Ärgernisse, nicht zu vergessen ihre Lieblingsfernsehserie und der ganze Krempel, den sie noch in eine Kiste packen und an Amazon zurückschicken müssen. Man könnte jetzt behaupten, dass das alles Lappalien sind. Man kann sich über Leute aufregen, denen es reicht, still vor sich hin zu leben und ihr Auto zu waschen, und man kann sie als egoistisch, blind und vielleicht sogar unmoralisch bezeichnen. Es gibt eine schlimme Sorte von Aktivisten, die genau das tun. Damit erreichen sie allerdings gar nichts, weil es völlig unrealistisch ist, zu erwarten, dass sich die Leute um noch mehr Dinge kümmern, als sie ohnehin schon um die Ohren haben – wer das versucht, ist schon gescheitert.«[4]

Tatsächlich braucht man sich nur die erfolglosen Versuche anzuschauen, den Klimawandel mit dem Mittel der Aufklärung zu politisieren: CO_2 sieht man nicht, hört man nicht, riecht man nicht, schmeckt man nicht. Es spielt im Leben der Menschen keine Rolle. Die Auswirkungen, die dieses unsichtbare Treibhausgas hat, werden überdies noch in die Zukunft verlegt und mit gleichermaßen abstrakten Dingen wie dem »2-Grad-Ziel« verknüpft – und dann erwartet man, dass jemand *deswegen* entscheidet, lieber mit dem Fahrrad als mit dem Flugzeug in den Urlaub zu reisen? Es gibt sogar Menschen, die das wegen des Klimawandels tun, aber das ist angesichts der heillosen Kommunikation eigentlich ein Wunder – wenn ja nicht einmal die Klimawissenschaftler auf die Durchführung internationaler Konferenzen verzichten, für die unglaublich viel hin und her geflogen wird.

Hier ist überdeutlich, dass es die Anforderungen und Aufgaben des alltäglichen Lebens sind, die die Handlungsweisen der Menschen bestimmen, und nicht Abstrakta, die für Aktivistinnen aktivierend sein können, aber für niemanden sonst. Wir haben hier auch kein »Übersetzungsproblem«, wie manche dann meinen und CO_2-Comics publizieren und Videos drehen und sich dann abermals wundern, dass das kein Schwein interessiert. Wir haben kein Übersetzungs-, sondern ein Lebensweltproblem: Ein Thema muss einen erstens angehen, und zweitens muss man etwas daran tun können, sonst ist es komplett uninteressant. Aktivierung ist eine Sache der Praxis, nicht der Theorie, und sei sie noch so gut (was sie meist ohnehin nicht ist).

Beteiligt sein

Und hier ist mal wieder ein autobiographischer Einschub fällig: Ich fand es als Schüler, vermutlich wegen der Erfahrungen mit Hoffmann II, sehr attraktiv, zu denen zu gehören, die gegen irgendetwas waren. Bei uns an der Schule waren das die Coolen, die Uncoolen waren die von der Jungen Union. Die Coolen hatten Themen wie die fürchterliche Atomenergie, und gegen die konnte man viel machen: demonstrieren. Und zwar oft und an vielen Orten. Man konnte an die Baustellen nach Grohnde und nach Brokdorf reisen, und da die Polizei hochgerüstet vorbereitet war auf die vielen gewaltbereiten Demonstranten, konnte man davon ausgehen, dass diese Reisen abenteuerlich werden würden. Wir rüsteten uns mit Motorradhelmen, Sturmhauben, Knüppeln und Zitronensaft gegen das Tränengas aus und kamen uns sehr gefährlich vor. In der ersten Situation, wo wir in einem dieser unübersichtlichen Demozüge in Grohnde standen und durch die Reihen der Ruf ging, dass »die mit Ausrüstung« dringend nach vorn kommen sollten, denn da tobe bereits die Schlacht mit der Polizei, schauten wir unbeteiligt und auffällig schwerhörig wie die römischen Legionäre im Asterixheft: »Uns können sie ja wohl nicht meinen ...?«

Und bevor ich jetzt noch vom Kriegsspielen erzähle, komme ich gleich zur eigentlichen Botschaft: Mich haben, glaube ich, damals die Atomkraftwerke nicht besonders interessiert. Ich hätte auch nicht ernsthaft erklären können, warum sie gefährlich waren. Wir hatten den alarmistischen »Atomstaat« von Robert Jungk gelesen (oder wenigstens so getan, als hätten wir ihn gelesen), das genügte als Grund, »Widerstand zu leisten.«

Tatsächlich ging es, ziemlich unabhängig vom Anlass, genau darum: dagegen zu sein und es zu zeigen. Und dabei cool zu sein. Schlachtbeschreibungen liefern zu können. Dabei gewesen zu sein. Die Mutter zu Hause in tiefster Besorgnis zu wissen, wenn sie in der Tagesschau die »Schlacht um Brokdorf« sah und den Vater in tiefster Empörung über den missratenen Sohn. Herrlich. Insgesamt ging es wenig um die Atomkraft und viel um eine ganz wichtige Erfahrung: zusammen mit anderen gegen etwas zu sein und gegen etwas zu protestieren. Sich wichtig zu fühlen. Irgendwie am Lauf der Dinge *nicht* unbeteiligt zu sein.

Dasselbe galt später für die Proteste gegen die Stationierung der Pershings in Deutschland, da konnte man gegen Helmut Kohl und Ronald Reagan sein und dabei unwahrscheinlich viel Spaß haben. Die legendäre Anti-Pershing-Demo in Bremerhaven unter dem Motto »Petting statt Pershing« war sogar noch asterixiger als die Sache in Grohnde, weil eigentlich niemand so recht wusste, wo zentral zu demonstrieren sei, man daher ziellos durch das Städtchen schlenderte und an manchen Straßenkreuzungen fliehende Trupps von Demonstranten mit schlagstockschwingenden Polizisten hintendran vorbeikamen, wenn man gerade die Straße überqueren wollte. Das war alles wirklich total sinnlos und, ehrlich gesagt, ich habe in meinem Leben nicht eine Sekunde Angst gehabt, dass ich im finalen Atomschlag zu Staub zerfallen könnte. Darum ging es nicht. Es ging darum, eine Position in der Gesellschaft zu finden, die des kritischen, engagierten, spaßbereiten Gegners von allen Dingen, die einfach über den eigenen Kopf hinweg entschieden wurden. Das und nichts anderes ist ja die zentrale Antriebskraft für Protest, ganz egal, um was es im Einzelnen geht. Man möchte an seinem Leben, und was für selbiges wichtig ist, beteiligt sein. Und nicht unbeteiligt.

Der Schweizer Ökonom Bruno Frey hat dafür den Begriff »Prozessnutzen« geprägt und ihn vom »Ergebnisnutzen« abgegrenzt: »Ergebnisnutzen« ist, wenn eine Energiewende beschlossen und umgesetzt wird, »Prozessnutzen« ist, wenn man selbst in irgendeiner Weise daran beteiligt war, dass das möglich wurde. Menschen ziehen Prozessnutzen dem reinen Ergebnisnutzen vor,[5] und damit sind wir wieder bei dem Punkt, dass das, wogegen oder wofür man Menschen aktivieren möchte, mit ihnen und ihrem Leben etwas zu tun haben muss. Fakten genügen dafür nicht, es kommt darauf an, die Beteiligung an der eigenen Sache interessant zu machen. Man kann bei Popovic, der übrigens die sehr erfolgreiche Protestberatung CANVAS ins Leben gerufen hat, zum Beispiel die Geschichte von zwei als Männer verkleideten jungen iranischen Frauen nachlesen, die sich ins Fußballstadion einschmuggelten, als der Iran gegen Südkorea um die Qualifikation zur Weltmeisterschaft spielte. Im Iran dürfen nur Männer ins Stadion, aber sobald Fatma und Shabnam ihre Plätze eingenommen hatten, enttarnten sie sich, jubelten und sangen für ihre Mannschaft und luden von sich massenweise Fotos in soziale Netzwerke.

Da das Spiel international übertragen wurde, war es für die Polizei unmöglich, die Frauen öffentlich zu verhaften. Andererseits machte die Aktion der beiden klar, wie absurd es ist, dass 35 Millionen Frauen im Iran keine Sportveranstaltungen besuchen dürfen, auch keine, in denen das Land sich selbst feiert. Die Aktion hatte also einen starken symbolischen Wert, indem sie zeigte, dass die Wirklichkeit nicht statisch ist, sondern jeden Augenblick auch anders sein könnte. Das ist etwas anderes als die auf ein Flugblatt gedruckte Forderung nach Gleichberechtigung. Unter einem repressiven Regime sind beide Strategien sogar gleich gefährlich, die praktische aber unendlich viel wirkungsvoller: »Die Aktivistinnen hatten das Dilemma der Behörden ausgenutzt und einen der meistgefürchteten Sicherheitsapparate der Welt in eine Situation gebracht, in der er nur verlieren konnte.«[6]

Das inspiriert, weil es mutig ist *und* Unterhaltungswert hat. Fatma und Shabnam haben eine Geschichte in die Welt gebracht, die man weitererzählen konnte, eine Geschichte von Spaß, Widerstand, Austricksen eines übermächtigen Gegners. Und der revolutionäre Wert dieser Form von Aktion liegt genau darin, dass sie auch attraktiv und spannend für die sein kann, die sich (noch) gar nicht als Systemgegner verstehen.

Der Wille zum Interesse an Protest oder zur Beteiligung muss überhaupt nicht in der Sache selbst liegen, um die es geht. Eine Bewegung kann zum Engagement einladen, weil dann mal »etwas los« ist, weil man es den »Mächtigen« mal zeigen kann, weil »die Coolen« da mitmachen, weil man sich in einer anderen Situation ausprobieren möchte, weil man sich solidarisiert, weil man die vertritt, die keine Stimme haben, was auch immer. Das heißt nicht, dass es dann in der Bewegung nicht auch um »die Sache« ginge, es kann sogar sein, dass man sich, je länger man dabei ist, desto mehr zum Experten oder zur Expertin dieser Sache entwickelt. Das ist aber nicht zu verwechseln mit dem Motiv, aus dem heraus man den ersten Schritt gemacht. Der Witz ist nur der, dass der erste Schritt aus der passiven Normalität heraus die Wahrscheinlichkeit erhöht, dass ihm weitere Schritte in dieselbe abweichende Richtung folgen werden. Umgekehrt: Erfolgt der erste Schritt nie, ist die Wahrscheinlichkeit, dass zweite, dritte, vierte Schritte stattfinden, null.

Solche kleinen Schritte, die einen Handlungspfad immer weiter austreten, bestimmen auch die erstaunliche Entwicklung in der bereits angesprochenen Flüchtlingsfrage: Hier ist es gerade die Verschärfung der Probleme, sind es die Anschläge von Neonazis, sind es ausgrenzende Politiker, die in weiten Teilen der Bevölkerung das Motiv verstärken, zu zeigen, dass *sie nicht so* sind. Zu den 10 000 ehrenamtlichen Flüchtlingshelfern in der 80 000-Einwohner-Stadt Flensburg zählen viele Dänen aus dem Grenzgebiet, die mit der ausgrenzenden Flüchtlingspolitik der dänischen Regierung nicht einverstanden sind und daher in Deutschland helfen. Auf dieselbe Weise finden sich Menschen, die bislang lediglich eine Meinung zu dem Thema hatten, plötzlich auf einer Demonstration gegen Nazis oder Pegidas, danach in einer Initiative zur Unterstützung der professionellen Helfer in den Flüchtlingsheimen, danach als Gründerinnen einer eigenen Initiative usw. So seltsam es sich vielleicht anhört: Für die Entstehung einer sozialen Bewegung kommt es vor allem darauf an, dass viele einen ersten Schritt aus ihrer Normalität heraus machen. Danach entwickeln sich die Dinge fast von selbst.

Wir haben vergleichbare Entwicklungen in den Geschichten, die wir bei FUTURZWEI über Menschen, die nachhaltig wirtschaften und leben, in Hülle und Fülle, und konnten die Ausweitung des Engagements bei Leuten, die sich einmal zu engagieren begonnen haben, auch in zwei Forschungsprojekten nachzeichnen.[7] Das alles unterstreicht, dass es ziemlich sinnlos ist, auf den Irrsinn bestimmter Entwicklungen mit Fakten, Fakten, Fakten hinzuweisen, sondern um ein Vielfaches attraktiver, Anlässe zu schaffen, die den Wunsch hervorrufen, dabei sein zu wollen.

Wenn eine Sache ernst ist, ist es zu wenig, immer nur die neuesten Sorgen und Bedenken auszutauschen. Es reicht auch nicht, sich irgendwo mit Plakaten auf die zugewiesenen Plätze zu stellen. Es kommt darauf, zu stören, sich den Erwartungen an die eigene Gegnerschaft zu entziehen, nicht mitzumachen, das auch zu sagen und deutlich zu machen. Dazu gehört: die Dinge beim Namen nennen, sich der Sprachpolizei der Political Correctness zu verweigern, aufhören, beim Lügen mitzumachen.

Denken Sie immer daran, dass Ihnen in einem Rechtsstaat für intelligente Regelverletzungen nichts Existentielles droht. Geldstrafen können Sie einkalkulieren, Sie können Strafandrohungen auch gut für Ihre Kommunikationsstrategie verwenden. Diejenigen, die sich in armen und unsicheren Ländern nicht von ihrem Land vertreiben lassen, die sich organisieren und Widerstand gegen die dort mit ganz anderer Härte vorgehenden Konzerne leisten, gehen ganz andere Risiken ein. Und argumentieren Sie nicht damit, dass die nichts zu verlieren hätten: Gerade wenn man fast nichts hat, ist das Risiko etwas zu verlieren, weitaus bedrohlicher, als wenn man viel hat. Ihre Beispiele sollten Sie ermutigen, Risiken einzugehen, Regeln zu verletzen, Konflikte heraufzubeschwören.

Schauen Sie sich, nur als Beispiel, mal an, was das Berliner Peng!-Kollektiv macht: Auf einem von Shell gesponsorten Science-Slam führten sie einen Motor vor, der angeblich der Luft CO_2 entziehen konnte, während der Vorführung aber explodierte und Salven von Öl in die Veranstaltung schoss. Mit dem Ruf »Den Saal könnt Ihr reinigen, die Arktis nicht!« verließen die Aktivisten den Ort des Geschehens. In anderen Aktionen simulierten sie eine Präsentation der neuesten Produkte von Google, eine Pressekonferenz von Vattenfall oder produzierten einen Werbefilm für das Einschmuggeln von Flüchtlingen. Alle diese Aktionen könnten Strafverfolgung nach sich ziehen, tun es aber meistens nicht, weil die Angegriffenen sich vor noch mehr negativer Publicity fürchten. Ganz ähnlich gehen die Yes-Men vor, die mit paradoxen Interventionen wie gefakten Pressemeldungen und -konferenzen die Aktienkurse von zerstörerischen Unternehmen in den Keller rauschen ließen. Auch ihnen sind Gegendarstellungen höchst willkommen – ganz ähnlich, wie es OTPOR vor allem darum ging, Reaktionen der Gegner hervorzurufen, die diese gerade nicht mächtig, sondern lächerlich erscheinen lassen. Solche Strategien haben den Spaß auf ihrer Seite und entmächtigen die Angegriffenen, und zwar, indem sie sie zu Reaktionen zwingen. Yes-Men und Peng! kalkulieren mit den Strafanzeigen der betroffenen Unternehmen, denn in dem Augenblick, in dem die Angegriffenen zu reagieren versuchen, bereiten sie den Aktivisten eine größere Bühne. Das heißt: Man muss sie auf paradoxe Weise zu unfreiwilligen Verbündeten im Kampf gegen sie selbst machen. Alles, was man dafür braucht, ist ein wenig Mut und jede Menge soziale Phantasie: Wo ist die Stelle, an der ich mit dem geringsten Aufwand den größten Effekt erziele? Occupy war schwach, weil es im Park vor der City Bank demonstriert hat. Das hält der Banker für eine willkommene Abwechslung. *In der Bank* wäre der Protest viel erfolgreicher gewesen.

Nicht zufällig fallen mir Künstlergruppen ein, wenn ich über zeitgemäßen Protest nachdenke. Rimini-Protokoll, Yes-Men, Peng! und viele mehr finden diesen Zipfel, an dem man den Wirklichkeitsbehauptungen der smarten Diktatur die Decke wegziehen und sie nackt als das daliegen lassen kann, was sie sind: die mit der Mission, ihre Macht zu vergrößern. Die Perforierung von deren Wirklichkeit lässt sofort andere Wirklichkeiten aufscheinen und öffnet Wege. Dagegen stören die konventionellen Proteste den Betrieb nicht und verbreiten hauptsächlich schlechte Laune.

Weder die Ökologiebewegung noch die des Widerstands gegen die smarte Diktatur haben eine eigene Ästhetik entwickelt, das ist ihre größte Schwäche. Denn wenn ich erfolgreich für eine andere Wirklichkeit kämpfen will, dann muss die Form dieses Kampfes selbst schon etwas von dieser anderen Wirklichkeit zeigen. Das heißt: Die schöneren Menschen, die lustigeren Ideen, das größere Abenteuer, die stärkere Gemeinschaft ist dort, wo der Protest ist, die Ödnis dort, wo die Macht ist. Soziale Bewegungen haben nie auf eine eigene Ästhetik verzichten können – Arbeiter-, Frauen- wie Bürgerrechtsbewegung hatten ihre ikonischen Personen, Kleidungsstile, Lieder, Bilder und Sätze.

Denn Protest ist nicht Information. Idealerweise ist er die symbolische Darstellung der realen Möglichkeit eines anderen Lebens und in der gemeinsamen Wirksamkeit schon ein Teil von ihm. Die Botschaft ist: keine Angst vor dem System. Es ist durch eine Methode angreifbar, gegen die sie kein Mittel hat. Das Mittel ist Spaß.

Und wenn das der Fall ist, gibt es *ein* positives Ergebnis *sofort*, es besteht nicht in einem Versprechen auf ein irgendwann zu erreichendes Ziel. Merken Sie, warum es bislang keine erfolgreiche Bewegung gegen, zum Beispiel, den Klimawandel gibt? Weil hier auf das über die Zeit ganz und gar unwirksame Mittel der Information und Skandalisierung gesetzt wird, nichts aber in der gelebten Praxis verändert wird. Tatsächlich ist die mit dem Global Warming verbundene Wahrheit, wie Al Gore ja seinen Film genannt hat, nur deshalb »unbequem«, weil man im Angesicht dieser Wahrheit nicht mehr so weiter wirtschaften und konsumieren kann wie bisher, weshalb die meisten Menschen die bequeme Lüge vorziehen. Das ist einfach so, zumal dann, wenn einem die Wahrheit noch nicht unausweichlich vor oder auf die Füße fällt.

Man muss also über die Bande spielen und kurzerhand, spielerisch, experimentell eine andere Wirklichkeit schaffen – eine andere Situation, die andere Entscheidungswege öffnet.

Und auch was die scheinbar unaufhaltsame Entwicklung einer smarten Diktatur angeht: Ja, es hat – von Wikileaks über Edward Snowden bis zu den Protestaktionen, die Ilija Trojanow und Juli Zeh angestoßen haben – eine ganze Menge Versuche der gesellschaftspolitischen Intervention gegeben. Aber die Menge der Datenskandale und aufgeflogenen Totalüberwachungen wächst trotzdem unaufhörlich, und genauso zuverlässig bleibt eine Politisierung gegen den digitalen Totalitarismus aus. Nicht einmal die Mitglieder des Deutschen Bundestags, in deren Zuständigkeit die Sicherung des Rechtsstaats fällt, schienen sich ja sehr beunruhigt zu fühlen, als man feststellte, dass die Parlamentsserver gehackt waren. Und die Kanzlerin schien ein bisschen empört, als herauskam, dass ihr Mobiltelefon permanent abgehört wurde, hielt das aber vor allem für eine persönliche Fehlleistung der NSA: »Abhören unter Freunden«, sagte ihr Regierungssprecher, als handele es um eine private Angelegenheit, »das geht gar nicht.« Geht aber doch. Und geht vor allem dann, wenn es keine praktische, sondern nur eine rhetorische Gegenwehr gibt.

In dieser Hinsicht ähneln sich Klimawandel und smarte Diktatur: Beide scheinen hinsichtlich ihrer Folgen einstweilen noch weit vom wirklichen Leben entfernt. Vielleicht ist das irgendwann ein Problem – aber doch noch nicht jetzt! Und sicher betrifft es Menschen irgendwo – aber doch noch nicht uns! Und selbst wenn das beides der Fall sein sollte: Mir selbst wird das doch nicht schaden! Dieselbe Trilogie der Problemwahrnehmung und -verdrängung – nicht jetzt, nicht hier, nicht ich – hat der Sozialwissenschaftler Udo Kuckartz anhand der Wahrnehmung des Klimawandels herausgearbeitet.[8] Solche Verdrängung ist lebensdienlich, weil man das Problem als nicht akut definieren und aus den Anforderungen und Aufgaben des täglichen Lebens heraushalten kann. Das ist der zentrale Grund dafür, dass man zwar abstrakt anerkennt, dass es hier ein gravierendes Problem gibt – immerhin 85 Prozent der Bundesbürger fühlen sich in einer Allensbach-Umfrage vom April 2015 von zunehmender Überwachung bedroht –, aber nur 16 Prozent sind der Auffassung, dass die Nachteile der Digitalisierung die Vorteile überwiegen.[9]

Das ist das Leben: Die App zeigt einem die Abfahrtszeit des

Zuges *jetzt*, optimiert den Sound der Musik *jetzt*, zeigt das Video *jetzt*, liefert die Wettervorhersage *jetzt* – die Diktatur kommt, wenn überhaupt, auf jeden Fall *später*. Genauso – wenn wir auf den Klimawandel schauen – ist die Flugzeit *jetzt* kürzer als die Fahrt mit der Bahn, kann man *jetzt* noch SUV fahren, können wir *jetzt* zum Christmas-Shopping nach New York – der Klimawandel kommt auf jeden Fall *später*. Man kann sagen: Das Leben ist eben *jetzt*, alles andere ist *später*.

Es kommt also nicht darauf an, zukünftige Probleme immer verbissener auszumalen, sondern über das Leben *jetzt* zu sprechen, wenn man Menschen veranlassen möchte, mit einem zusammen Widerstand zu leisten. Das bedeutet: dort anzusetzen, wo etwas *jetzt* schon bedrängt und einschränkt und zugleich jetzt Wege für attraktive Gegenwehr aufzuzeigen. Grundsätzlich gilt dafür: Auch wenn das Netz eine virtuelle Welt geschaffen hat, wirken sich seine Folgen in der realen Welt aus, weshalb man aus der realen Welt heraus die virtuelle Welt angreifen muss.

Alles jetzt. Untergang später.

Paradoxe Intervention: Google? Find ich gut.

Da die smarten Diktatoren die Prinzipien und Werte des Rechtsstaats nicht interessieren, werden sie alles daran setzen, sie zu umgehen, zu modifizieren, zu ersetzen, obsolet werden zu lassen. Die wirtschaftliche Macht, die sie akkumuliert haben, hilft ihnen dabei genauso wie die Naivität der politischen Eliten. Eine der wirksamsten Waffen ist daher die Affirmation: Wenn man die smarte Diktatur schon mal simuliert, indem man mehr Daten liefert, als gebraucht werden, wird man Dissonanz erzeugen. Umgekehrt: Da von Intellektuellen und Aktivisten Protest erwartet wird (was sonst würde man von ihnen erwarten?), stören sie das System am effektivsten, wenn sie zustimmen. Mit Nachdruck zustimmen. Google? Find ich gut!

Man kann die smarten Diktatoren mit ihren eigenen Waffen schlagen, vor allem, wenn man konsequent das Prinzip der »paradoxen Intervention« anwendet. Kriminologen raten in bedrohlichen Situationen zu scheinbar paradoxem Verhalten: Angreifer erwarten, dass ihre Opfer Angst haben, weshalb sie ihre Drohungen und Attacken steigern, weshalb das Opfer noch mehr Angst bekommt und hilfloser wird, was den Angreifer motiviert, weiter zu gehen usw. Kurz: Solche Entwicklungen haben in gewisser Weise ein Skript oder eine Choreographie, die wechselseitigen Erwartungen folgt. Wenn man diese Choreographie stört, etwa indem man den Angreifer fragt: »Wo hast du denn diese tolle Uhr gekauft?« oder »Wie hat eigentlich Schalke gegen Hertha gespielt?«, wird er irritiert sein, wodurch die Chance eröffnet wird, dass die Entwicklung einen anderen Verlauf nimmt. Das gute Ende ist nicht sicher, aber viel wahrscheinlicher, als wenn man dem Skript folgt. Das gilt vor allem in Fällen, wo es dem Angreifer, wie bei einer Vergewaltigung, gerade darauf ankommt, sein Opfer in eine Situation zu bringen, in der es sich so verhält, wie er es erwartet. Verlässt das Opfer dieses Skript, kann es die Situation der Kontrolle des Angreifers entreißen.

Ich habe mal in einem Streit mit einer Autofahrerin, die mich um ein Haar angefahren hatte und mich fürchterlich anschrie, mit Blick auf ihr Cabriolet gesagt: »Du hast aber ein schickes Auto!« Daraufhin schrie sie mich an: »Das ist überhaupt nicht mein Auto!«, merkte aber im selben Moment, wie absurd das jetzt war, wodurch der Konflikt sofort entschärft war. Ein harmloses Beispiel, aber es zeigt, warum die paradoxe Intervention wirkungsvoll ist. Ihre Durchschlagskraft liegt einfach darin, dass sie eine andere Wirklichkeitsdefinition behauptet. Darauf kommt es an: nicht zu akzeptieren, dass die Wirklichkeitsbehauptungen mächtigerer Gegner stimmen. Eigene Wirklichkeitsbehauptungen dagegen zu setzen. Geschichten, die behaupten, dass alles ganz anders ist.

Man kann also den smarten Diktatoren wie einem bissigen Hund Knochen vorwerfen, an denen sie herumkauen, während man selbst unbehelligt seiner Wege geht. Und man muss ihren Wirklichkeitsbehauptungen nur eine andere entgegensetzen, um sie zu entzaubern. Ich fühle mich von Shitstorms gegen mich in sozialen Netzwerken nicht betroffen, weil ich nicht in sozialen Netzwerken bin. Mir muss ein Nazi einen Brief schreiben, das machen aber nur die ganz alten. Sehr einfach. Es könnten sich auch große Teile der Bevölkerung als Seitenspringer, Lügner, Swinger, Damenwäscheträger, Hörer und Hörerinnen von Volksmusik oder Helene Fischer, Drogenkonsumenten, Inhaber von Vorurteilen und Denkbereitschaften gegen andere outen – wo wäre dann der Wert von Eric Schmidts Drohung, dass man besser nicht tun sollte, was später im Netz skandalisiert werden könnte? Sind wir nicht alle Teil von abweichenden Minderheiten? Haben schon mal einen Ladendiebstahl begangen, illegale Drogen konsumiert, sind besoffen Auto gefahren, haben einen sexistischen Witz erzählt oder über einen gelacht? Den Chef belogen? Falsch herausgegebenes Wechselgeld behalten? Morgens Elmex und abends Aronal benutzt statt umgekehrt? Daraus lässt sich doch ein prächtiges Schulduniversum machen! Speisen wir alle denkbaren Verfehlungen des Zeitalters der smarten Diktatur ins Netz und schicken sie an alle Zuständigen, die in diesem Buch schon vorgekommen sind. »Es muss jetzt heraus, Herr Schmidt, ich war schon mal im Puff! Und mit meiner Frau sogar auch mal im Swingerklub! Bitte verwenden Sie es gegen mich! Ich sage Ihnen auch, wer sonst noch da war! Aber bitte, bitte verwenden Sie alles gegen mich! Ich möchte, dass das auf Google kommt, wenn man meinen Namen eingibt! Ich will kein Recht auf Vergessen! Ich möchte, dass alle meine Sünden erinnerbar bleiben und von allen erinnert werden! Auch die erfundenen!«

Mehr Daten bitte! Eine Gebrauchsanweisung zur Erzeugung von Systemstörungen

1. Das Leben ist analog. Beziehungen sind analog, Empathie, Liebe, Hass, Wut, Mitleid und Freude sind analog. Erinnern Sie sich stets daran, dass Sie im Netz Hilfe nur in trivialen Fällen bekommen; wenn es hart auf hart kommt, brauchen Sie richtige Menschen. Die da sind. Die mit Ihnen gemeinsam etwas machen. Mit denen gemeinsam Sie etwas machen. Lassen Sie sich nicht isolieren. Lassen Sie sich nicht personalisieren, denn dann verlieren Sie Ihre Persönlichkeit. Sie gehört dann jemand anderem.
2. Handeln Sie politisch, solange es den gesellschaftlichen Raum dafür gibt. Sichern und erweitern Sie diesen Raum, indem Sie politisch handeln. Machen Sie es wie der österreichische Jurastudent Maximilian Schrems, der solange ge-

gen den mangelnden Datenschutz bei Facebook geklagt hat, dass schließlich der Europäische Gerichtshof im Oktober 2015 ein wegweisendes Urteil fällte, das die komplette Grundlage des transatlantischen Datenaustausches, das sogenannte Safe-Harbor-Abkommen, für ungültig erklärte. Damit ist dem ungehemmten Zugriff des NSA auf Unternehmensdaten vorerst Einhalt geboten. Die Initiative dazu ging von einem einzelnen Bürger aus! Ähnlich war es mit den Urteilen gegen die Vorratsdatenspeicherung und für ein Recht auf Vergessenwerden im Internet, beide aus dem Jahr 2014. Das heißt: Die Interessen von Konzernen und Geheimdiensten müssen sich nicht in Schicksal übersetzen, wenn Sie Ihre Handlungsspielräume als Bürgerin und Bürger nutzen. Also tun Sie es!

3. Konsum von Produkten und Dienstleistungen ist die zentrale Datenquelle. Hören Sie schlicht und einfach auf, sich das, was Sie brauchen oder zu brauchen glauben, online zu besorgen. Informieren Sie sich offline, vor allem: Kaufen Sie offline im stationären Einzelhandel ein, dort werden Sie nicht überwacht. Und dieser Handel wird Intelligenz

What the fuck is »amazon«?

entwickeln, wenn Sie ihn unterstützen. Zum Beispiel so wie das Wiesbadener »Kiezkaufhaus«[10]: Die Dinge, die man im Geschäft gekauft hat, werden per Fahrradkurier nach Hause geliefert. Das ist sauber, bequem, emissions- und drohnenfrei und geht niemand etwas an. Schon an so etwas Einfachem kann man sehen, wie doof Amazon-Services sind.

4. Machen Sie mit bei einer kollektiven update-Verweigerung. Hören Sie auf, »Erleichterungen« und »Verbesserungen« zu akzeptieren, nach denen Sie nie ein Bedürfnis gehabt haben. Derlei Dinge dienen dazu, Sie besser ausnutzen zu können, zu nichts anderem. Weisen Sie das alles zurück, auch die chronischen Angebote Ihres Kommunikationsdienstleisters, dass Sie das neueste Smartphone usw. bekommen können. Sie wollten das vorher nicht, wieso also sollten Sie es wollen, nur weil man es Ihnen anbietet?
5. Dasselbe gilt für ALLE Apps. Am besten schmeißen Sie Ihr Smartphone überhaupt weg und besorgen sich, die gibt's noch für Rentner, gute alte Handys, die *nichts* können. Es gibt auch jede Menge gebrauchte, noch besser. Die ultimative Alternative ist das iStone, ein Stück Granit, geformt wie ein iPhone. Das kann gar nichts. Perfekt.
6. Und jetzt die Umkehrung, da brauchen wir aber Hilfe von den Nerds (den guten): Jeder Geheimdienst kollabiert, wenn er zu viele Daten hat. Die Stasi etwa hat pausenlos ihre Datenmenge vergrößert, bis hin zur Konservierung von Körpergeruchsproben in Einweckgläsern, wusste aber nicht, wie um Himmels willen sie das alles hätte auswerten sollen. Bitte entwickelt für alle Stellen, wo Daten und Metadaten geliefert werden, Algorithmen, die die Menge dieser Daten exponentiell erhöhen und am besten noch per Zufallsgenerator durcheinandermixen. Ein solcher Overflow müsste selbst die gigantischen Server der NSA überlaufen lassen und

die Informationen durch ihre schiere Menge unbrauchbar werden lassen. Wir verhalten uns damit äußerst kooperativ, schließlich lautet die NSA-Devise ja: Alles, immer, überall.

7. Man kann sich Browsererweiterungen wie »DoNotTrackMe«, »Disconnect.me« oder »Privacy Badger« auf den Rechner laden, die alle das Tracken und damit die Personalisierung verhindern.[11] »TrackMeNot« ist lustiger, denn es stellt unablässig Suchanfragen an alle gängigen Suchmaschinen, während man seinen Computer benutzt, was ein ziemlich verwirrendes Persönlichkeitsprofil ergibt. Das Programm »AdNauseam« gründet auf demselben Prinzip und »klickt selbständig auf sämtliche Werbebanner und Pop-Up-Anzeigen, die dem Nutzer auf seinem Weg durch das Netz so begegnen.«[12] Tipps dieser Art finden sich zahlreich in einem Handbuch zur Irreführung von Datensammlern von Finn Brunton und Helen Nissenbaum.[13]
8. Diese Strategie würde gleich auch das Geschäftsmodell aller Datenverkäufer ruinieren: Denn wenn die Trendanalysen

Kann absolut nichts: iStone.

und Personalisierungen auf falschen Daten basieren, sind sie ja nichts wert und niemand wird für sie bezahlen. Calvin Klein muss sich dann wieder selbst ausdenken, was der Trend der übernächsten Saison sein wird. Das macht ihm vielleicht sogar Spaß.

9. Und wo wir gerade dabei sind: Begrüßen wir es doch, dass die großindustriellen Datenkünstler in ihrer Grandiosität genau über die Beine stolpern, die sie selbst gestellt haben. Während ich diese Zeilen schreibe, explodiert gerade der VW-Skandal, in dem herauskommt, dass dieses hochseriöse High-Tech-Unternehmen mit manipulierter Software nicht nur elf Millionen Autokäufer betrogen hat, sondern auch zahlreiche nationale und internationale Behörden. Der Schaden ist gigantisch, und das ist gut so: Denn hier zeigt sich, wie banal all die »Leadership«-Darsteller der Großindustrie sind. Vertrauen wir einfach darauf, dass viele negative Entwicklungen an ihrer Selbstüberschätzung scheitern werden. Alles, was man tun muss, ist, den Finger ganz tief in die Wunde zu legen: Das wird nichts mit Industrie 4.0.
10. Und damit sind alle Geistes- und Sozialwissenschaftler, Juristen und Historiker (und -innen) aufgefordert, sich Gedanken über die surrealen Folgen der lächerlichen digitalen Utopien zu machen: Sie sollten Kongresse zu der Frage veranstalten, ob sich der Computer des selbstfahrenden Autos für das Überrollen eines fünfjährigen Kindes entscheiden soll statt in eine fünfköpfige Gruppe von Rentnern zu rasen, die gerade bei Rot über die Straße gehen, direkt vor dem nahenden Fahrzeug. Oder nicht? Was ist, wenn die vermeintlichen Rentner zufällig ein Teil des Bundeskabinetts sind? Oder das Kind ein künftiger Nobelpreisträger? Wie sieht es mit der Ethik des Aussterbens aus – ist aus philosophischer Sicht das Sechste Sterben nicht vertretbar, wenn die Menschen dafür unendlich auf Festplatte leben können?

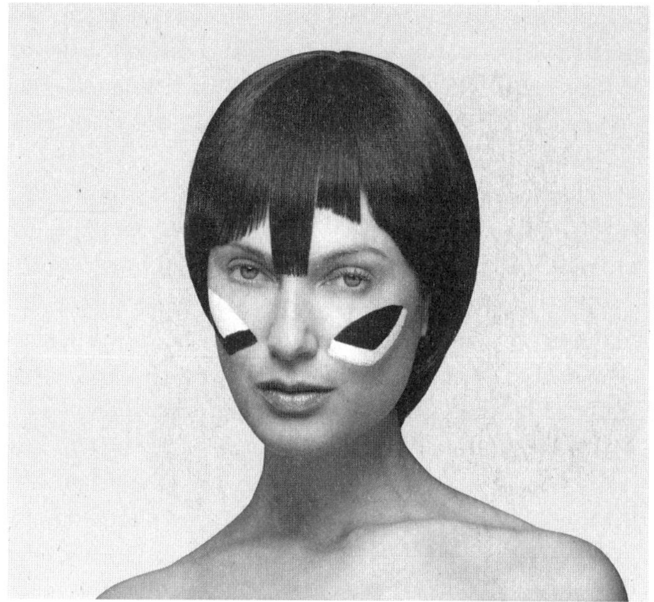

Besser als Software: cvdazzle look no. 1.

11. Critical Design zeigt Wege, wie man Überwachungstechniken unterläuft, zum Beispiel Gesichtserkennung durch Frisur und Make-up. Der amerikanische Künstler Adam Harvey hat dafür Modelle entworfen (www.cvdazzle.com), von denen man sich inspirieren lassen kann. Ebenso wie von den Arbeiten der Designerin Simone C. Niquille, die den umgekehrten Weg und T-Shirts entwirft, auf die Gesichter gedruckt sind (technofle.sh): Weitere Inspiration findet sich auf dem empfehlenswerten Blog camoupedia.
12. Und schließlich für diejenigen mit ein wenig krimineller Energie: In den USA gibt es bereits Bürgerwehren, die Drohnen abschießen, oder den Wettbewerb CamOver zur Zerstörung von Überwachungskameras.[14] Mit ein wenig Phan-

Jede Menge Gesichter zum Erkennen.

tasie eröffnet sich ein ganzes Universum von Interventionen vom Google-Glass-Brillen-Zertreten (ihre Träger heißen übrigens im amerikanischen Volksmund »Glassholes«) bis zum Hacken smarter Häuser, in denen dann das Internet der Dinge hübsch verrückt spielt.

Zukunftspolitik. Ein Epilog

Ich habe dieses Buch im Jahr 2015 geschrieben. In diesem Jahr gab es in Syrien, in der Ukraine, im Irak, in Nigeria, in Burundi und in vielen anderen Ländern organisierte Gewalt, also Krieg und Bürgerkrieg. Und es gab eine Menge terroristischer Anschläge, viele in Paris, die auf das Konto des sogenannten Islamischen Staats gehen, noch mehr in afrikanischen Ländern, die ebenfalls von islamistischen Terrorgruppen wie Boko Haram verübt werden. Afghanistan wird wieder an die Taliban verloren gehen, ebenso wie der Irak nach Abzug der Alliierten in Terror versunken ist; in Libyen hat es gar nicht erst den Versuch gegeben, nach dem Sturz Gaddafis eine stabile Staatlichkeit einzurichten. Die Entstaatlichung, die die verhängnisvollen militärischen Interventionen im Zuge des »Kriegs gegen den Terror« vielerorts eingeleitet hat, lieferte erst die Aufstiegsmöglichkeit des »IS« sowie seiner wahlverwandten Terrortruppen. Und zugleich die Begründung für die uferlose Überwachung der Menschen in der brandgefährlichen Kombination von privater Datenindustrie und staatlicher Ausforschung. Das Gelingen der Terroranschläge in Europa ebenso wie in den USA zeigt die Untauglichkeit der Überwachung für präventive Zwecke immer aufs Neue, und wie die Pawlow'schen Hunde rufen Politik- und Medienvertreter immer aufs Neue nach mehr Überwachung. Für die permanente Wiederholung von militärischen wie rechtsstaatlichen Fehlentscheidungen kann entweder nur Dummheit oder Absicht ursächlich sein, und wenn ich mir so einige europäische Politiker anschaue, muss ich zu dem Schluss kommen: Es geht auch beides zusammen.

Das Projekt Europa zerfällt vor unseren Augen – erst wurde die Konfliktlinie in der Eurokrise zwischen Nord und Süd gezogen, die Flüchtlingsbewegung zog sie zwischen Ost und West. Normativ ist das europäische Projekt entleert: Wer offenen Autokraten wie Orban oder Kaczyinski nicht Einhalt gebietet, ist moralisch unglaubwürdig und zerstört die Identifikation mit der Demokratie, die gerade in Krisensituationen notwendig ist. Führt man sich das alles vor Augen, hat man eine Kaskade von Problemen vor sich, von denen nicht ein einziges mit den Mitteln der Digitalisierung zu lösen ist. Nehmen wir Umweltzerstörung, Klimawandel, Landraub und all die anderen Folgen eines in seiner Steigerungslogik ungebremsten Hyperkonsums dazu, wird im Gegenteil etwas ganz anderes deutlich: Die Digitalisierung ist in ihrer unmittelbaren Verschwisterung mit dem Konsum von Gütern und Dienstleistungen nichts anderes als die radikalisierte Fortschreibung des wachstumswirtschaftlichen Programms, das weder an der vernünftigen Einrichtung von Gesellschaften noch an einem zukunftstauglichen Naturverhältnis interessiert ist. Hier zählt nur die reine Gegenwart und wie ihre Gegebenheiten auszuschöpfen sind. Auch in dieser Hinsicht ist das Digitale fossil. Es verbrennt Zukunft. Radikal.

Die größte zivilisatorische Errungenschaft ist Lebenssicherheit, die Freiheit ermöglicht. Das haben die demokratischen Gesellschaften mit ihren Institutionen bislang gewährleistet, und das gilt es zu schützen – gegen die fortgesetzte Zerstörung der natürlichen Überlebensbedingungen und ihrer mentalen Voraussetzungen. Deshalb, um auf den Anfang zurückzukommen, herrscht in den Demokratien immer noch mehr Nichtkrise als Krise.

Sagen wir: Wir befinden uns gerade in einer Phase starker Verwirrung; die Freiheitsfeinde kommen aus so gegensätzlichen Richtungen wie dem Islamismus und dem Libertarismus. Fundamentalistisch sind beide Sorten von Freiheitsfeinden, bieten sie doch beide Weltbilder, in denen alles gelöst werden kann, wenn man nur dem rechten Glauben folgt, im einen Fall ist das ein religiös grundiertes Glaubenssystem, im anderen ein technoides. Beide versprechen sie Entbindung von Verantwortung, Entlastung von Freiheit. Jeder Fundamentalismus bedeutet die Wiedereinsetzung der Kategorie Schicksal als zentraler Voraussetzung individuellen Glücks oder Unglücks. Beide sind das Gegenteil von Aufklärung.

Den religiösen Fundamentalismus muss man mit den Mitteln des Rechtsstaats bekämpfen. Das gelingt manchmal besser und manchmal schlechter, Misslingen gehört auch zum Leben. Und gegen die smarte Diktatur, die digitale Entlebendigung, muss man das analoge Leben setzen: Poesie, Musik, Sex, Liebe, alles, was das Leben ausmacht, sind analog und es gibt sie nur offline. Was man für Geld nicht kaufen kann: gibt es nur offline. Was einem niemand wegnehmen kann: gibt es nur offline. Freiheit: gibt es nur offline. Ach so: Und Intelligenz gibt es auch nur offline. Im Netz gibt es bloß künstliche Intelligenz, und die eben auch nur dann, wenn Strom da ist, der übrigens auch offline erzeugt wird. Wie überhaupt alles, was man zum Leben braucht, offline existiert wie die Luft zum Atmen und Wasser zum Trinken, oder offline produziert wird, wie Nahrung, Kleidung, Dächer über dem Kopf. Übrigens haben die smarten Diktatoren das Geld, das sie online verdienen, offline. Und die Macht, die sie im Netz akkumulieren, üben sie ebenfalls auf das wirkliche Leben aus. Das steht ihnen nicht zu. Macht hat immer zwei Seiten: Man kann sie nur ausüben, wenn die Beherrschten zustimmen. Und hier ist dann Ende mit der smarten Diktatur.

Anmerkungen

Kapitel 1: Überwachung

1 Marquard, Odo: Skepsis in der Moderne. Philosophische Studien. Stuttgart 2007.
2 Franzen, Jonathan: Freiheit. Reinbek bei Hamburg 2010, S. 283.
3 http://www.nytimes.com/2015/02/15/magazine/how-one-stupid-tweet-ruined-justine-saccos-life.html?_r=0.
4 Elias, Norbert / Scotson, John L.: Etablierte und Außenseiter. Frankfurt am Main 2002.
5 SZ, 24.11.2015, S. 9.
6 Pörksen, Bernhard / Detel, Hanne: Der entfesselte Skandal. Das Ende der Kontrolle im digitalen Zeitalter. Köln 2012, S. 21.
7 http://www.tageswoche.ch/de/2015_44/international/702501.
8 FAZ, 18.7.2015, S. 5.
9 SZ, 23.7.2015, S. 9.
10 Sáenz-Arroyo, Andrea / Roberts, Callum M. / Torre, Jorge / Cariño-Olvera, Micheline / Enríquez-Andrade, Robert R.: Rapidly shifting environmental baselines among fishers of the Gulf of California. Proceedings of the Royal Society of London B 272, 1957–1962; Welzer, Harald: Klimakriege. Wofür im 21. Jahrhundert getötet wird. Frankfurt am Main 2008.
11 SZ, 23.7.2015, S. 9.
12 Ascherson, Neal: Im Namen der Sicherheit. Großbritannien und der »Krieg gegen den Terror«. Édition Le Monde diplomatique 16, 2015, S. 42.
13 Rosenbach, Marcel / Stark, Holger: Der NSA Komplex. Edward Snowden und der Weg in die totale Überwachung. München 2015, S. 117.
14 Selke, Stefan: Livelogging. Wie die digitale Selbstvermessung unsere Gesellschaft verändert. Berlin 2014, S. 228.
15 Rosenbach & Stark, Der NSA Komplex (wie Anm. 13).

16 Ebd., S. 131.
17 Ebd., S. 132.
18 http://www.internetworld.de/technik/digitalisierung/weltweite-digitalisierung-nimmt-rasant-zu-998190.html.
19 Rosenbach & Stark, Der NSA Komplex (wie Anm. 13), S. 135.
20 Ebd., S. 19.
21 Jalowicz Simon, Marie: Untergetaucht. Eine junge Frau überlebt in Berlin 1940–1945. Frankfurt am Main 2014.
22 Tausendfreund, Doris: Erzwungener Verrat. Jüdische »Greifer« im Dienst der Gestapo 1943–1945. Berlin 2006.
23 Rosenbach & Stark, Der NSA Komplex (wie Anm. 13).
24 Herold, Horst: Polizeiliche Datenverarbeitung und Menschenrechte. Zit. nach Heribert Prantl: Wie nach 9/11 in der Bundesrepublik der Präventionsstaat den Rechtsstaat ablöste. Édition Le Monde diplomatique 16, 2015, S. 57.
25 Goffman, Erving: Stigma. Über Techniken der Bewältigung beschädigter Identität. Frankfurt am Main 1975, S. 16.
26 FAS, 26. 7. 2015, S. 3
27 Foucault, Michel: Überwachen und Strafen. Die Geburt des Gefängnisses. Frankfurt am Main 1994, S. 34.
28 Ebd., S. 37.
29 Welzer, Harald: Mentale Infrastrukturen. Wie das Wachstum in die Welt und in die Seelen kam. Berlin 2011.
30 Thompson, Edward P.: Die Entstehung der englischen Arbeiterklasse. Frankfurt am Main 1987.
31 Foucault, Überwachen und Strafen (wie Anm. 27), S. 38.
32 Ebd., S. 241.
33 Pinker, Steven: Gewalt. Eine neue Geschichte der Menschheit. Frankfurt am Main 2012.
34 Veblen, Thorstein: Theorie der feinen Leute. Eine ökonomische Untersuchung der Institutionen. Frankfurt am Main 2007 (1909).
35 Goffman, Erving: Asyle. Über die soziale Situation psychiatrischer Patienten und anderer Insassen. Frankfurt am Main 1973.

Kapitel 2: Ökologie und Digitalisierung

1 Rosenbach & Stark, Der NSA Komplex (wie Anm. 13, S. 291), S. 116.

2 http://www.tageswoche.ch/de/2015_26/schweiz/692030/.

3 Sommer, Bernd / Welzer, Harald: Transformationsdesign. Wege in eine zukunftsfähige Moderne. München 2014.

4 Werz, Michael / Conley, Laura: Climate Change, Migration, and Conflict Addressing Complex Crisis Scenarios in the 21st Century. Center for American Progress, 3. Januar 2013.

5 Pariser, Eli: Filter Bubble. Wie wir im Internet entmündigt werden. München 2012, S. 19.

6 Der folgende Abschnitt entstammt einem Essay von Dana Giesecke und Luise Tremel im FUTURZWEI-Zukunftsalmanach 2015/16, den die beiden Autorinnen mit mir zusammen im S. Fischer Verlag herausgegeben haben. Ich habe diesen Abschnitt stark gekürzt und zum Teil umformuliert und aktualisiert, aber eigentlich handelt es sich um eine Übernahme. Allerdings eine freundliche: Die beiden Autorinnen haben dem Plagiat zugestimmt.

7 Arbeits- und Funktionsteilung führt generell schon zu einer Diffusion von Verantwortung, die überhaupt ein Merkmal moderner Gesellschaften ist. Zygmunt Bauman hat das »Adiaphorisierung« genannt: Niemand ist für die Handlungsfolgen verantwortlich zu machen, die über den unmittelbaren Handlungsbereich hinaus entstehen. Diese Adiaphorisierung wird durch die transnationale Produktionsweise und Auftragsdelegation auf eine neue Stufe gehoben (vgl. Bauman, Zygmunt: Dialektik der Ordnung. Die Moderne und der Holocaust. Frankfurt am Main 2002).

8 Brand eins/statista.com: Die Welt in Zahlen 2011. Hamburg 2011 [destatis (o.D. a)]

9 Diese Zahl wurde 2014 erreicht. 2012 war es noch eine Milliarde. http://www.internetworld.de/technik/digitalisierung/weltweite-digitalisierung-nimmt-rasant-zu-998190.html.

10 Hartmann, Kathrin: Aus kontrolliertem Raubbau. Wie Politik und Wirtschaft das Klima anheizen, Natur vernichten und Armut produzieren. München 2015.

11 FAZ vom 21./22.12.2013, C1.
12 Brand eins/statista.com: Die Welt in Zahlen 2011. Hamburg 2011, S. 56.

Kapitel 3: Ist der Kapitalismus noch der Kapitalismus?

1 Streeck, Wolfgang: Gekaufte Zeit: Die vertagte Krise des demokratischen Kapitalismus. Berlin 2013.
2 Sassen, Saskia: Ausgrenzungen. Brutalität und Komplexität in der globalen Wirtschaft. Frankfurt am Main 2015.
3 Ebd., S. 8 ff.
4 Ebd., S. 14 ff.
5 Ebd., S. 36.
6 FAZ, 14.8.2015, S. 17.
7 Sassen, Ausgrenzungen (wie Anm. 2, S. 294), S. 37.
8 OECD und Levy Economic Institute, http://www.levyinstitute.org/pubs/wp_589.pdf und http://www2.ucsc.edu/whorulesamerica/power/wealth.html.
9 Spiegel-online, »Deutschland ist gespalten – in Superreiche und den Rest«, 3.9.2015 (http://www.spiegel.de/wirtschaft/soziales/vermoegen-sind-in-deutschland-sehr-ungleich-verteilt-a-1051286.html).
10 So jedenfalls Oxfam (http://www.oxfam.de/informieren/soziale-ungleichheit).
11 Allmendinger, Jutta / Nikolai, Rita: Bildung und Herkunft, 23.10.2006; http://www.bpb.de/apuz/29445/bildung-und-herkunft?p=all.
12 Sassen, Ausgrenzungen (wie Anm. 2, S. 294), S. 42.
13 Ebd., S. 38.
14 http://www.unhcr.de/service/zahlen-und-statistiken.html; Sassen, Ausgrenzungen (wie Anm. 2, S. 294), S. 69.
15 Süß, Christoph: Morgen letzter Tag. Du und Ich und der Weltuntergang. München 2012.
16 Hartmann, Aus kontrolliertem Raubbau (wie Anm. 10, S. 293).
17 Sassen, Ausgrenzungen (wie Anm. 2, S. 294), S. 114.
18 Ebd., S. 126.
19 Ebd., S. 99.
20 Ebd., S. 136.

21 Ebd., S. 259.
22 Ebd., S. 247.

Kapitel 4: Ist die Freiheit noch die Freiheit?

1 Der Demokratie-Index der Economist Intelligence Unit listet für das Jahr 2015 insgesamt 79 Nationen als demokratisch, wobei der größere Teil die Kriterien nur mit Einschränkungen erfüllt. Der Index ist nach fünf Kategorien differenziert, nämlich »Freie Wahlen«, »Bürgerrechte«, »funktionierende Regierung«, »politische Teilhabe« und »poltische Kultur«. 48,4 Prozent der Weltbevölkerung leben in »vollen« (8,9 Prozent) bzw. »fehlerhaften« Demokratien (39,5 Prozent), das sind absolut rund 3,56 Milliarden Menschen. Legt man zugrunde, dass sich die Zahl der Demokratien in der Zeit nach dem zweiten Weltkrieg durch die Entkolonialisierung und das Ende der Sowjetunion stark erhöht hat, würde ich schätzen, dass es insgesamt kaum mehr als 7 bis 8 Milliarden Menschen sind, die je unter den Bedingungen von Demokratie gelebt haben. Man endet also bei einer eher optimistischen Schätzung bei 7 Prozent aller Menschen, die je gelebt haben.
2 Marquard, Odo: Skepsis in der Moderne. Philosophische Studien. Stuttgart 2007, S. 52.
3 Ebd.
4 Pfister, Christian: Das 1950er Syndrom. Der Weg in die Konsumgesellschaft. Bern 1995.
5 Dies ist etwa die Größenordnung, die man zugrunde legen muss, wenn man von global gerechten Pro-Kopf-Verbräuchen bzw. -Emissionsmengen ausgeht.
6 Man kann hier an die behavioristische Utopie der völlig rationalistisch eingerichteten Welt denken, wie sie Skinner in »Futurum II« entworfen hat, und in praktischer Perspektive an allerlei Selbstaufgabekommunen von Scientology bis Otto Mühl.
7 Rowan, David: Die Auswertung persönlicher Daten. In: John Brockman (Hg.): Was macht uns schlauer? Frankfurt am Main 2012, S. 397.
8 Ebd., S. 398.
9 Livelogging (wie Anm. 14, S. 291), S. 54.

10 Ebd., S. 34.
11 Ebd., S. 45.
12 Ebd., S. 47.
13 Ebd., S. 95.
14 Das hab ich geklaut von Christoph Süß (aus Süß, Christoph: Morgen letzter Tag. Du und Ich und der Weltuntergang. München 2012).
15 Selke, Livelogging (wie Anm. 14, S. 289), S. 251.
16 https://ehealthblog.de/2015/03/26/generali-bringt-die-personalisierte-versicherung-nach-europa/.
17 FAZ, 8. 8. 2014, S. 15.
18 Markowitsch, Hans-J. / Welzer, Harald: Das autobiographische Gedächtnis. Hirnorganische Grundlagen und biosoziale Entwicklung. Stuttgart 2005.
19 Luria, Alexander: Der Mann, dessen Welt in Scherben ging. Reinbek bei Hamburg 1991.
20 Selke, Livelogging (wie Anm. 14, S. 291), S. 273.

Kapitel 5: Die allseits reduzierte Persönlichkeit und ihr Konsum

1 FAZ, 3. 8. 2015, S. 15.
2 Vgl. Zurawski, Nils: Geheimdienste und Konsum der Überwachung. Aus Politik und Zeitgeschichte Nr. 18–19, 2014, S. 14–19.
3 FAZ, 22. 8. 2015, S. 19.
4 Simanowski, Roberto: Data Love. Berlin 2014, S. 138.
5 FAZ, 4. 8. 2015, S. 14.
6 Pariser, Filter Bubble (wie Anm. 5, S. 293), S. 10.
7 Ebd., S. 74.
8 Simanowski, Data Love (wie Anm. 4, S. 296), S. 80.
9 FAZ, 6. 8. 2015, S. 13.
10 FAS, 23. 8. 2014, S. 19.
11 Marquard, Skepsis in der Moderne (wie Anm. 1, S. 291), S. 63.
12 Zitiert nach Pariser, Filter Bubble (wie Anm. 5, S. 293), S. 99.
13 Kandel, Eric: Auf der Suche nach dem Gedächtnis. Die Entstehung einer neuen Wissenschaft des Geistes. München 2006.
14 http://internethalloffame.org/blog/2012/06/06/berners-lee-world-finally-realizes-web-belongs-no-one#sthash.rwmjZST6.dpuf.

15 Simanowski, Data Love (wie Anm. 4, S. 296), S. 134.
16 Sandel, Michael J.: Was man für Geld nicht kaufen kann. Die moralischen Grenzen des Marktes. Berlin 2012.
17 http://pandawhale.com/post/61574/something-interesting-is-happening-tom-goodwin-on-uber-facebook-alibaba-and-airbnb.
18 Fritzen, Florentine: Die Schattenseite der Babyindustrie. FAS, 22.11.2015, S. 12.
19 Welzer, Harald: Das kommunikative Gedächtnis. München 2002; Markowitsch & Welzer, Das autobiographische Gedächtnis (wie Anm. 18, S. 296).
20 Pauen, Michael / Welzer, Harald: Autonomie. Eine Verteidigung. Frankfurt am Main 2015.
21 Allerdings gibt es verstärkt Versuche, sogenannte Ökosystemdienstleistungen mit »Preisen« zu versehen, um dann Umweltzerstörungen monetär zu beziffern. Oder, das wäre die dunklere Lesart, Dinge, die bislang niemandem gehörten, in Eigentum zu verwandeln, mit dem perfiden und auch schon von Nestlé gebrauchten Argument, dass nur auf diese Weise Ressourcen wirkungsvoll zu schützen seien.
22 Beispielhaft und sehr zu empfehlen: Diamond, Jared: Kollaps. Warum Gesellschaften überleben oder untergehen. Frankfurt am Main 2005; McNeill, John R.: Blue Planet. Die Geschichte der Umwelt im 20. Jahrhundert. Bonn 2005; Osterhammel, Jürgen: Die Verwandlung der Welt. Eine Geschichte des 19. Jahrhunderts. München 2009.
23 Kolbert, Elisabeth: Das sechste Sterben. Wie der Mensch Naturgeschichte schreibt. Berlin 2015, S. 82.
24 Ebd., S. 93 ff.
25 Ebd., S. 10.
26 Derzeit sterben etwa 100 Spezies pro Millionen Spezies pro Jahr aus, was eine 100- bis 1000-fache Steigerung bedeutet. Das Stockholm Resilience Centre geht in einer Studie von 2009 davon aus, dass sich die Zahl in der aktuellen Dekade noch verzehnfachen wird. http://labs.russell.wisc.edu/peery/files/2011/12/7.-Extinction-a-Natural-and-Human-caused-Process.pdf https://news.brown.edu/articles/2014/09/extinctions; http://www.stockholmresilience.org/download/18.8615c78125078c8d3380002197/ES-2009–3180.pdf.

27 Kolbert, Das sechste Sterben (wie Anm. 23, S. 297), S. 27.
28 Ebd., S. 210 ff.
29 Ebd., S. 192.
30 Lévi-Strauss, Claude: Traurige Tropen. Frankfurt am Main 1982, S. 411.
31 Ebd., S. 268.

Kapitel 6: Willkommen im Knetozän

1 FAZ, 22.8.2015, S. 1.
2 Klein, Naomi: Die Schock-Strategie. Der Aufstieg des Katastrophen-Kapitalismus. Frankfurt am Main 2007.
3 Ther, Philipp: Die neue Ordnung auf dem alten Kontinent. Eine Geschichte des neoliberalen Europa. Berlin 2014.
4 Fricke, Thomas: Wie viel Bank braucht der Mensch? Raus aus der verrückten Finanzwelt. Frankfurt am Main 2013, S. 22.
5 Ebd., S. 23.
6 Vitali, Stefania / Glattfelder, James B. / Battiston, Stefano: The Network of Global Corporate Control, PLOS ONE, 6(10) e25995 (2011) doi:10.1371/journal.pone.0025995.
7 FAS, 28.9.2014, S. 26.
8 Keese, Christoph: Silicon Valley. Was aus dem mächtigsten Tal der Welt auf uns zukommt. München 2014, S. 27.
9 Thiel, Peter: Zero to One. Wie Innovation unsere Gesellschaft rettet. Frankfurt am Main 2014, S. 27.
10 Ebd., S. 164.
11 Zitiert nach Packer, George: Die Abwicklung. Eine innere Geschichte des neuen Amerika. Frankfurt am Main 2014, S. 453.
12 Ebd., S. 454.
13 Berggruen, Nicolas / Gardels, Nathan: Klug regieren. Politik für das 21. Jahrhundert. Freiburg 2013, S. 26.
14 Schmidt, Eric / Cohen, Jared: Die Vernetzung der Welt. Ein Blick in unsere Zukunft. Reinbek bei Hamburg 2013, S. 28.
15 Ebd., S. 59.
16 Ebd., S. 58.
17 Ebd., S. 198.
18 Ebd., S. 86 ff.

19 Ebd., S. 89.
20 Ebd., S. 87.
21 Lanier, Jaron: Noch erscheinen die Diktatoren des Internets milde. Interview in der Frankfurter Allgemeinen Zeitung vom 2. 7. 2015, S. 13.
22 Die Skinner-Box war ein Apparat zur Konditionierung von Verhalten. Lanier, Diktatoren des Internets (wie Anm. 21, S. 299), S. 13.
23 Ebd.
24 Schmidt & Cohen, Die Vernetzung (wie Anm. 14, S. 298), S. 62 ff.
25 http://www.faz.net/aktuell/feuilleton/the-surveillance-paradigm-be-the-friction-our-response-to-the-new-lords-of-the-ring-12241996.html?printPagedArticle=true.
26 Pfaller, Robert: Zweite Welten. Und andere Lebenselixiere. Frankfurt am Main 2012.
27 FAS, 6. 9. 2015, S. 46.
28 Simanowski, Data Love (wie Anm. 4, S. 296), S. 151
29 Elsberg, Marc: Blackout. Morgen ist es zu spät. München 2012. Das Szenario ist im November 2015 auf der Krim Wirklichkeit geworden.
30 Fromm, Erich: Die Furcht vor der Freiheit. München 1990 (1941), S. 31.
31 Arendt, Hannah: Elemente und Ursprünge totaler Herrschaft. München 1986, S. 675 ff.
32 Haffner, Sebastian: Geschichte eines Deutschen. Die Erinnerungen von 1914–1933. Stuttgart – München 2000.
33 Arendt, Elemente und Ursprünge (wie Anm. 31, S. 299), S. 727.
34 Fromm, Furcht vor der Freiheit (wie Anm. 30, S. 299), S. 127.
35 Arendt, Elemente und Ursprünge (wie Anm. 31, S. 299), S. 723 ff.
36 Haffner, Geschichte eines Deutschen (wie Anm. 32, S. 299).
37 Baberowski, Jörg: Verbrannte Erde. Stalins Herrschaft der Gewalt. München 2012.
38 Die neueste Initiative von Google heißt denn auch »Weltweit wachsen« (www.weltweitwachsen.de).

Kapitel 7: Zurück zur Zukunft

1 Apple-Werbung, FAS vom 27.9.2015, S. 21. Das steht tatsächlich alles so da. Ich schwöre es.
2 Hölscher, Lucian: Die Entdeckung der Zukunft (= Europäische Geschichte). Frankfurt am Main 1999.
3 Lessenich, Stephan: Die Externalisierungsgesellschaft. Eröffnungsvortrag des 37. Kongresses der Deutschen Gesellschaft für Soziologie am 6.10.2014 in Trier.
4 Popovic, Srdja / Miller, Matthew: Protest. Wie man die Mächtigen das Fürchten lehrt. Frankfurt am Main 2015.
5 Rammler, Stefan: Schubumkehr. Die Zukunft der Mobilität. Frankfurt am Main 2014.
6 Loske, Reinhard: Politik der Zukunftsfähigkeit. Konturen einer Nachhaltigkeitswende. Frankfurt am Main 2015.
7 www.slow-journalism.com.

Kapitel 8: Widerstand

1 Welzer, Klimakriege (wie Anm. 10, S. 291).
2 Das Pariser IFOP-Institut hat im Auftrag der »Fondation Jean-Jaurès«, die Frankreichs Sozialisten nahesteht, und der Brüsseler »Europäischen Stiftung für progressive Studien« in sieben Ländern die Stimmung gegenüber Flüchtlingen untersucht. Die Zustimmung zu einer liberalen Flüchtlingspolitik war in Deutschland am höchsten, auch wenn sie mit der Zeit abnahm. Eine nur in Deutschland unternommene Nachbefragung im Oktober 2015 ergab, dass »41 Prozent der Deutschen (statt 32 % im September) verschärfte Grenzkontrollen und härtere Bekämpfung illegaler Einwanderung fordern. Auch wächst der Wunsch, die Flüchtlinge mögen ›wieder zurückgehen, sobald es die Lage in ihrem Land erlaubt‹ (80 % statt zuvor 72 %). Das sei zwar ›eine Verhärtung‹, urteilt IFOP-Chef Jérôme Fourquet. Aber, die Stimmung kippt noch nicht: Im europäischen Vergleich verharrt die deutsche Zustimmung zur Willkommens-Kultur ›auf extrem hohem Niveau‹ (79 % im September, 75 % im Oktober)« (Süddeutsche Zeitung, 28.10.2015).

3 http://www.spiegel.de/wirtschaft/soziales/umfrage-44-prozent-der-deutschen-beteiligen-sich-an-fluechtlingshilfe-a-1056902.html.
4 Popovic & Miller, Protest (wie Anm. 4, S. 300), S. 44 ff.
5 Stutzer, Alois / Frey, Bruno S.: Prozessnutzen in der Demokratie. In: Rehbinder, Manfred / Usteri, Martin (Hg.): Glück als Ziel der Rechtspolitik. Bern 2002, S. 193–209.
6 Popovic & Miller, Protest (wie Anm. 4, S. 300), S. 95.
7 Welzer, Harald / Giesecke, Dana / Tremel, Luise (Hg.): Der FUTURZWEI-Zukunftsalmanach 2015/16. Frankfurt am Main 2014; Ernst, Andreas / Welzer, Harald (Hg.): SPREAD – Szenarios of Perception and Reaction to Adaption. Unv. Forschungsbericht. Kassel 2014; Sommer, Bernd u. a.: Von der Nische in den Mainstream. Umweltbundesamt. Dessau 2015; http://www.umweltbundesamt.de/sites/default/files/medien/378/publikationen/texte_86_2015_von_der_nische_in_den_mainstream.pdf.
8 Kuckartz, Udo: »Nicht hier, nicht jetzt, nicht ich.« In: Giesecke, Dana / Soeffner, Hans-Georg / Welzer, Harald (Hg.): Klimakulturen. Soziale Wirklichkeiten im Klimawandel. Frankfurt am Main 2012.
9 http://www.wiwo.de/politik/deutschland/allensbach-chefin-renate-koecher-deutsche-sehen-digitalisierung-positiv/12241326.html.
10 https://www.kiezkaufhaus.de.
11 Cachelin, Joel Luc: Offliner. Die Gegenkultur der Digitalisierung. Bern 2015, S. 65.
12 SZ, 28. 9. 2015, S. 11.
13 Brunton, Finn / Nissenbaum, Helen: Obfuscation. A User's Guide for Privacy and Protest. Cambridge 2015.
14 Cachelin, Joel Luc, Offliner (wie Anm. 11, S. 301), S. 66.

Bibliographie

Arendt, Hannah: Elemente und Ursprünge totaler Herrschaft. München 1986.

Ascherson, Neal: Im Namen der Sicherheit. Großbritannien und der »Krieg gegen den Terror«. Édition Le Monde diplomatique 16, 2015, S. 42.

Allmendinger, Jutta / Nikolai, Rita: Bildung und Herkunft. 23. 10. 2006.

Baberowski, Jörg: Verbrannte Erde. Stalins Herrschaft der Gewalt. München 2012.

Berggruen, Nicolas / Gardels, Nathan: Klug regieren. Politik für das 21. Jahrhundert. Freiburg 2013.

Brand eins/statista.com: Die Welt in Zahlen 2011. Hamburg 2011.

Brunton, Finn / Nissenbaum, Helen: Obfuscation. A User's Guide for Privacy and Protest. Cambridge 2015.

Cachelin, Joël Luc: Offliner. Die Gegenkultur der Digitalisierung. Bern 2015.

Elias, Norbert; Scotson, John L.: Etablierte und Außenseiter. Frankfurt am Main 2002.

Elsberg, Marc: Blackout. Morgen ist es zu spät. München 2012.

Ernst, Andreas / Welzer, Harald (Hg.): SPREAD – Szenarios of Perception and Reaction to Adaption. Unv. Forschungsbericht. Kassel 2014.

Foucault, Michel: Überwachen und Strafen. Die Geburt des Gefängnisses. Frankfurt am Main 1994.

Franzen, Jonathan: Freiheit, Reinbek bei Hamburg 2010.

Fricke, Thomas: Wie viel Bank braucht der Mensch? Raus aus der verrückten Finanzwelt. Frankfurt am Main 2013.

Fromm, Erich: Die Furcht vor der Freiheit. München 1990 (1941).

Goffman, Erving: Asyle. Über die soziale Situation psychiatrischer Patienten und anderer Insassen. Frankfurt am Main 1973.

Goffman, Erving: Stigma. Über Techniken der Bewältigung beschädigter Identität. Frankfurt am Main 1975.

Haffner, Sebastian: Geschichte eines Deutschen. Die Erinnerungen von 1914–1933. Stuttgart – München 2000.

Hartmann, Kathrin: Aus kontrolliertem Raubbau. Wie Politik und Wirtschaft das Klima anheizen, Natur vernichten und Armut produzieren. München 2015.

Hölscher, Lucian: Die Entdeckung der Zukunft (= Europäische Geschichte). Frankfurt am Main 1999.

Jalowicz Simon, Marie: Untergetaucht. Eine junge Frau überlebt in Berlin 1940–1945. Frankfurt am Main 2014.

Kandel, Eric: Auf der Suche nach dem Gedächtnis. Die Entstehung einer neuen Wissenschaft des Geistes. München 2006.

Keese, Christoph: Silicon Valley. Was aus dem mächtigsten Tal der Welt auf uns zukommt. München 2014.

Klein, Naomi: Die Schock-Strategie. Der Aufstieg des Katastrophen-Kapitalismus. Frankfurt am Main 2007.

Kolbert, Elizabeth: Das sechste Sterben. Wie der Mensch Naturgeschichte schreibt. Berlin 2015.

Kuckartz, Udo: »Nicht hier, nicht jetzt, nicht ich.« In: Dana Giesecke, Hans-Georg Soeffner & Harald Welzer (Hg.): Klimakulturen. Soziale Wirklichkeiten im Klimawandel. Frankfurt am Main 2012.

Lessenich, Stephan: Die Externalisierungsgesellschaft. Ein Internalisierungsversuch. Eröffnungsvortrag des 37. Kongresses der Deutschen Gesellschaft für Soziologie am 6. 10. 2014 in Trier.

Lévi-Strauss, Claude: Traurige Tropen. Frankfurt am Main 1982.

Loske, Reinhard: Politik der Zukunftsfähigkeit. Konturen einer Nachhaltigkeitswende. Frankfurt am Main 2015.

Luria, Alexander: Der Mann, dessen Welt in Scherben ging. Reinbek 1991.

Marquard, Odo: Skepsis in der Moderne. Philosophische Studien. Stuttgart 2007.

Markowitsch, Hans J. / Welzer, Harald: Das autobiographische Gedächtnis. Hirnorganische Grundlagen und biosoziale Entwicklung. Stuttgart 2005.

Packer, George: Die Abwicklung. Eine innere Geschichte des neuen Amerika. Frankfurt am Main 2014.

Pariser, Eli: Filter Bubble. Wie wir im Internet entmündigt werden. München 2012.

Pauen, Michael / Welzer, Harald: Autonomie. Eine Verteidigung. Frankfurt am Main 2015.

Petrowskaja, Katja: Vielleicht Esther. Frankfurt am Main 2014.

Pfaller, Robert: Zweite Welten. Und andere Lebenselixiere. Frankfurt am Main 2012.

Pfister, Christian: Das 1950er Syndrom. Der Weg in die Konsumgesellschaft. Bern 1995.

Pinker, Steven: Gewalt. Eine neue Geschichte der Menschheit. Frankfurt am Main 2012.

Popovic, Srdja / Miller, Matthew: Protest. Wie man die Mächtigen das Fürchten lehrt. Frankfurt am Main 2015.

Pörksen, Bernhard / Detel, Hanne: Der entfesselte Skandal. Das Ende der Kontrolle im digitalen Zeitalter. Köln 2012.

Prantl, Heribert: Wie nach 9/11 in der Bundesrepublik der Präventionsstaat den Rechtsstaat ablöste. Édition Le Monde diplomatique 16, 2015, S. 54–58.

Rammler, Stefan: Schubumkehr. Die Zukunft der Mobilität. Frankfurt am Main 2014.

Rosenbach, Marcel / Stark, Holger: Der NSA Komplex. Edward Snowden und der Weg in die totale Überwachung. München 2015.

Rowan, David: Die Auswertung persönlicher Daten. In: John Brockman (Hg.): Was macht uns schlauer? Frankfurt am Main 2012, S. 397–399.

Sáenz-Arroyo, Andrea / Roberts, Callum M. / Torre, Jorge / Cariño-Olvera, Micheline / Enríquez-Andrade, Robert R.: Rapidly shifting environmental baselines among fishers of the Gulf of California. Proceedings of the Royal Society of London B272, 1957–1962.

Sandel, Michael J.: Was man für Geld nicht kaufen kann. Die moralischen Grenzen des Marktes. Berlin 2012.

Sassen, Saskia: Ausgrenzungen. Brutalität und Komplexität in der globalen Wirtschaft. Frankfurt am Main 2015.

Schmidt, Eric / Cohen, Jared: Die Vernetzung der Welt. Ein Blick in unsere Zukunft. Reinbek 2013.

Selke, Stefan: Livelogging. Wie die digitale Selbstvermessung unsere Gesellschaft verändert. Berlin 2014.

Simanowski, Roberto: Data Love. Berlin 2014.

Sommer, Bernd / Welzer, Harald: Transformationsdesign. Wege in eine zukunftsfähige Moderne. München 2014.

Sommer, Bernd u. a.: Von der Nische in den Mainstream. Umweltbundesamt. Dessau 2015.

Streeck, Wolfgang: Gekaufte Zeit: Die vertagte Krise des demokratischen Kapitalismus. Berlin 2013.

Stutzer, Alois / Frey, Bruno S.: Prozessnutzen in der Demokratie. In: Rehbinder, Manfred / Usteri, Martin (Hg.): Glück als Ziel der Rechtspolitik. Bern 2002.

Süß, Christoph: Morgen letzter Tag. Du und Ich und der Weltuntergang. München 2012.

Tausendfreund, Doris: Erzwungener Verrat. Jüdische »Greifer« im Dienst der Gestapo 1943–1945. Berlin 2006.

Ther, Philipp: Die neue Ordnung auf dem alten Kontinent. Eine Geschichte des neoliberalen Europa. Berlin 2014.

Thiel, Peter: Zero to One. Wie Innovation unsere Gesellschaft rettet. Frankfurt am Main 2014.

Thompson, Edward P.: Die Entstehung der englischen Arbeiterklasse. Frankfurt am Main 1987.

Veblen, Thorstein: Theorie der feinen Leute. Eine ökonomische Untersuchung der Institutionen. Frankfurt am Main 2007 (1909).

Vitali, Stefania / Glattfelder, James B. / Battiston, Stefano: The Network of Global Corporate Control, PLOS ONE, 6(10) e25995 (2011) doi:10.1371/journal.pone.0025995.

Welzer, Harald: Das kommunikative Gedächtnis. München 2002.

Welzer, Harald: Klimakriege. Wofür im 21. Jahrhundert getötet wird. Frankfurt am Main 2008.

Welzer, Harald: Mentale Infrastrukturen. Wie das Wachstum in die Welt und in die Seelen kam. Berlin 2011.

Welzer, Harald / Giesecke, Dana / Tremel, Luise (Hg.): Der FUTURZWEI-Zukunftsalmanach 2015/16. Frankfurt am Main 2014.

Werz, Michael / Conley, Laura: Climate Change, Migration, and Conflict Addressing Complex Crisis Scenarios in the 21st Century. Center for American Progress, 3. Januar 2013.

Zurawski, Nils: Geheimdienste und Konsum der Überwachung. Aus Politik und Zeitgeschichte Nr. 18–19, 2014, S. 14–19.

Zeitung

FAS, 23.8.2014, S. 19
FAS, 26.7.2015, S. 3
FAS, 6.9.2015, S. 46
FAS, 27.9.2015, S. 21; Apple Werbung.
FAS, 28.9.2014, S. 26
FAS, 22.11.2015, S. 12; Fritzen, Florentine: Die Schattenseite der Babyindustrie.
FAZ, 21./22.12.2013, C1
FAZ, 8.8.2014, S. 15
FAZ, 02.07.15; Lanier, Jaron: Noch erscheinen die Diktatoren des Internets milde. Interview.
FAZ, 18.7.2015, S. 5
FAZ, 3.8.2015, S. 15
FAZ, 4.8.2015, S. 14
FAZ, 6.8.2015, S. 13
FAZ, 14.8.2015, S. 17
FAZ, 22.8.2015, S. 1, 19
SZ, 23.7.2015, S. 9
SZ, 28.9.2015, S. 11
SZ, 28.10.2015

Internet

http://www.bpb.de/apuz/29445/bildung-und-herkunft?p=all
http://www.faz.net/aktuell/feuilleton/the-surveillance-paradigm-be-the-friction-our-response-to-the-new-lords-of-the-ring-12241996.html?printPagedArticle=true
http://www.internetworld.de/technik/digitalisierung/weltweite-digitalisierung-nimmt-rasant-zu-998190.html
http://internethalloffame.org/blog/2012/06/06/berners-lee-world finally-realizes-web-belongs-no-one#sthash.rwmjZST6.dpuf
https://www.kiezkaufhaus.de
http://labs.russell.wisc.edu/peery/files/2011/12/7.-Extinction-a-Natural-and-Human-caused-Process.pdf
http://www.levyinstitute.org/pubs/wp_589.pdf

https://news.brown.edu/articles/2014/09/extinctions
http://www.nytimes.com/2015/02/15/magazine/how-one-stupid-tweet-ruined-justine-saccos-life.html?_r=0
http://www.oxfam.de/informieren/soziale-ungleichheit
http://pandawhale.com/post/61574/something-interesting-is-happening-tom-goodwin-on-uber-facebook-alibaba-and-airbnb
www.slow-journalism.com
http://www.spektrum.de/frage/wieviele-menschen-lebten-auf-der-erde/1253576
http://www.spiegel.de/wirtschaft/soziales/vermoegen-sind-in-deutschland-sehr-ungleich-verteilt-a-1051286.html
http://www.spiegel.de/wirtschaft/soziales/umfrage-44-prozent-der-deutschen-beteiligen-sich-an-fluechtlingshilfe-a-1056902.html
http://www.stockholmresilience.org/download/18.8615c78125078c8d3380002197/ES-2009-3180.pdf
http://www.tageswoche.ch/de/2015_44/international/702501/
http://www.tageswoche.ch/de/2015_26/schweiz/692030/
http://www2.ucsc.edu/whornlesamerica/power/wealth.html
http://www.umweltbundesamt.de/sites/default/files/medien/378/publikationen/texte_86_2015_von_der_nische_in_den_mainstream.pdf
http://www.unhcr.de/service/zahlen-und-statistiken.html
www.weltweitwachsen.de

Bildnachweise

S. 14: Pop! Stolizei!-Comic; Gerhard Seyfried, www.gerhardseyfried.de
S. 17: Robert Mankoff, New Yorker
S. 34: Shutterstock / Creatista
S. 54: Panoptikum Presidio Modelo, Kuba. Foto: Friman
S. 68/69: Peter Palm, Berlin
S. 75: picture alliance / dpa
S. 81: Silke Meyer, www.salzundhonig.de
S. 112/113: Peter Palm, Berlin
S. 126: Eric J. Smith
S. 150: picture alliance / dpa
S. 159: (nach einem Entwurf von Tom Goodwin) Peter Palm, Berlin
S. 188: The Seasteading Institute
S. 213: © Lucky Comics 2015
S. 220: picture alliance / dpa
S. 223: Mick Stevens, New Yorker
S. 243: Klaus Bürgle / www.retrofuturismus.de
S. 280: Rui Camilo / Kiezkaufhaus
S. 282: Horst Bohnet, iStone, CH
S. 284: Adam Harvey
S. 285: Simone C. Niquille, »Realface Glamouflage«, 2013

Register